**Inhalt, Über den Autor,
Symbole & Abkürzungen**

Einleitung

Reise-Infos von A bis Z

**Der Pilgerweg
von Schloss Corvey nach Aachen**

Nachwort, Index

Der Kittelbach in Düsseldorf-Mörsenbroich

Ev. Pauluskirche in Bochum Mitte

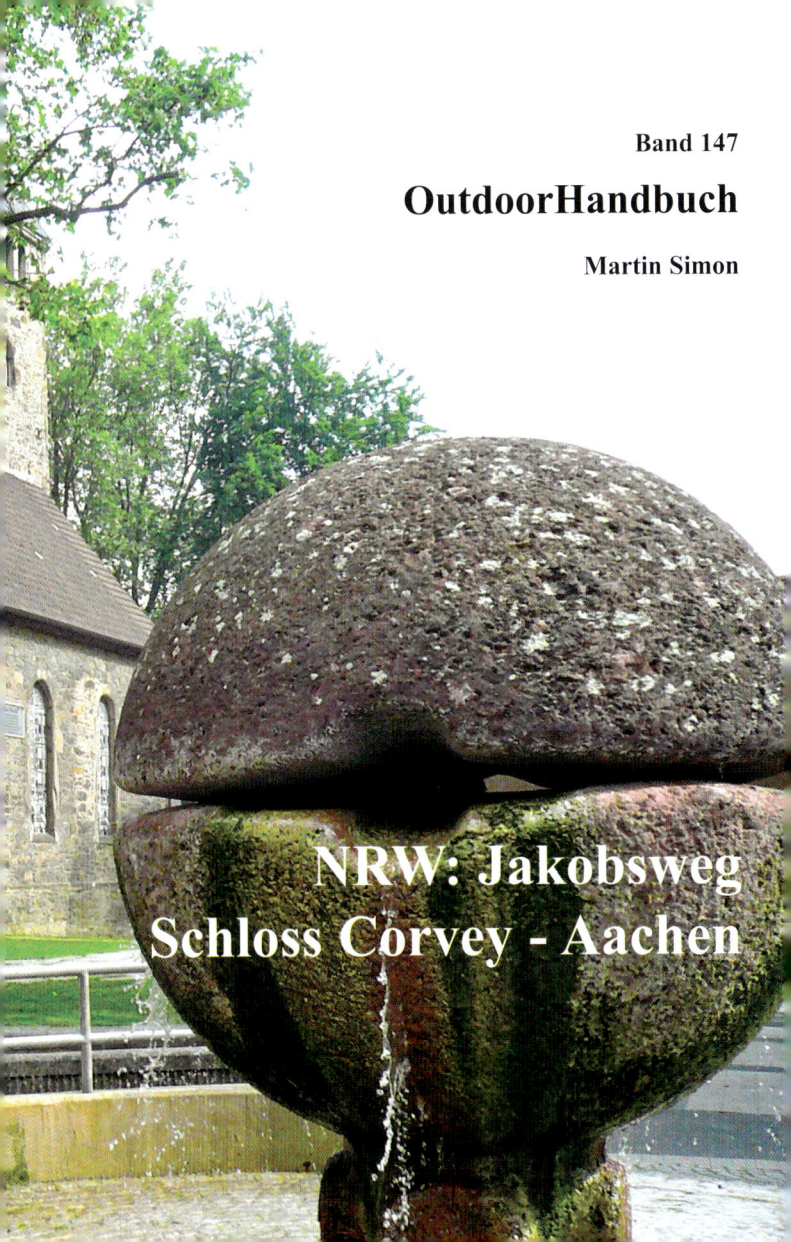

Band 147

OutdoorHandbuch

Martin Simon

NRW: Jakobsweg
Schloss Corvey - Aachen

NRW: Jakobsweg

Mit uns nach draußen

Copyright Conrad Stein Verlag GmbH.
Alle Rechte vorbehalten.

Der Nachdruck, die Übersetzung, die Entnahme von Abbildungen, Karten, Symbolen, die Wiedergabe auf fotomechanischem Wege (z.B. Fotokopie) sowie die Verwertung auf elektronischen Datenträgern, die Einspeicherung in Medien wie Internet (auch auszugsweise) sind ohne vorherige schriftliche Genehmigung des Verlages unzulässig und strafbar.

Alle Informationen, schriftlich und zeichnerisch, wurden nach bestem Wissen zusammengestellt und überprüft. Sie waren korrekt zum Zeitpunkt der Recherche. Eine Garantie für den Inhalt, z.B. die immerwährende Richtigkeit von Preisen, Adressen, Telefon- und Faxnummern sowie Internetadressen, Zeit- und sonstigen Angaben, kann naturgemäß von Verlag und Autor - auch im Sinne der Produkthaftung - nicht übernommen werden.

Der Autor und der Verlag sind für Lesertipps und Verbesserungen (besonders per E-Mail) unter Angabe der Auflagen- und Seitennummer dankbar.

Dieses OutdoorHandbuch hat 272 Seiten mit 77 farbigen Abbildungen, 25 farbigen Kartenskizzen, 18 farbige Höhenprofile und 2 farbigen Übersichtskarten. Es wurde auf chlorfrei gebleichtem Papier gedruckt, in Deutschland klimaneutral hergestellt und transportiert (die Zertifikatnummer finden Sie auf unserer Internetseite) und wegen der größeren Strapazierfähigkeit mit PUR-Kleber gebunden.

Schloss Corvey - Aachen

OutdoorHandbuch aus der Reihe „Der Weg ist das Ziel", Band 147

ISBN 978-3-86686-147-3   1. Auflage 2013

© BASISWISSEN FÜR DRAUSSEN, DER WEG IST DAS ZIEL und FERNWEHSCHMÖKER sind urheberrechtlich geschützte Reihennamen für Bücher des Conrad Stein Verlags

Dieses OutdoorHandbuch wurde konzipiert und redaktionell erstellt vom Conrad Stein Verlag GmbH, Postfach 1233, 59512 Welver, Kieferstraße 6, 59514 Welver, ☏ 023 84/96 39 12, FAX 96 39 13, ✉ info@conrad-stein-verlag.de, 🖥 www.conrad-stein-verlag.de

 Werden Sie unser Fan: 🖥 www.facebook.com/outdoorverlage

Unsere Bücher sind überall im wohl sortierten Buchhandel und in cleveren Outdoorshops in Deutschland, Österreich und der Schweiz erhältlich.
Auslieferung für den Buchhandel:

D	Prolit, Fernwald und alle Barsortimente
A	freytag & berndt, Wolkersdorf
CH	AVA-buch 2000, Affoltern und Schweizer Buchzentrum
I	Leimgruber A & Co. OHG/snc, Kaltern
BENELUX	Willems Adventure, LT Maasdijk
E	mapiberia f&b, Ávila

Text und Fotos: Martin Simon
Karten: Heide Schwinn
Lektorat: Amrei Risse
Layout: Manuela Dastig
Gesamtherstellung: AZ Druck und Datentechnik GmbH, Kempten

Titelfoto: St. Jakobus als Pilger vor dem Neusser St. Quirinius Münster

Inhalt

Über den Autor	9
Symbole & Abkürzungen	10
Einleitung	**11**
Der Hellweg	13
Der Jakobsweg in NRW	14
Land und Leute	16
Reise-Infos von A bis Z	**19**
An- und Abreise, Verkehrsmittel unterwegs	20
Ausrüstung	23
Essen und Trinken	27
Etappen	28
Feiertage	29
Geld	30
Informationen	30
Klima und Reisezeit	31
Markierung	32
Pilgerpass und Pilgerstempel	34
Radfahrer	36
Unterkunft	37
Updates	38
Wanderkarten	38
Zeit	40

Der Pilgerweg von Schloss Corvey nach Aachen		**41**
1. Etappe: Von Corvey nach Brakel	25,0 km	44
2. Etappe: Von Brakel nach Schwaney	25,0 km	63
3. Etappe: Von Schwaney nach Paderborn	18,5 km	76
4. Etappe: Von Paderborn nach Salzkotten	14,5 km	87
5. Etappe: Von Salzkotten nach Bad Westernkotten	22,0 km	97

6. Etappe: Von Bad Westernkotten nach Soest	25 km	106
7. Etappe: Von Soest nach Werl	17 km	124
8. Etappe: Von Werl nach Unna	18 km	132
9. Etappe: Von Unna nach Dortmund	18 km	141
10. Etappe: Von Dortmund nach Bochum	23 km	155
11. Etappe: Von Bochum nach Essen-Werden	25 km	168
12. Etappe: Von Essen-Werden nach Ratingen	19 km	189
Wegvariante: Von Hösel über Homberg nach Ratingen	*12 km*	*202*
13. Etappe: Von Ratingen nach Neuss	21 km	205
14. Etappe: Von Neuss nach Grevenbroich	20 km	217
15. Etappe: Von Grevenbroich nach Kaster	14 km	228
16. Etappe: Von Kaster nach Jülich	25 km	233
17. Etappe: Von Jülich nach Aachen	34 km	243

Kleines Nachwort   258

Index   267

📖 farbige Übersichtskarten   42-43

Outdoorliteratur und Umweltschutz
- was könnte besser zusammenpassen?
Wir vom Conrad Stein Verlag produzieren unsere Bücher so umweltschonend wie möglich.

Wir drucken klimaneutral!
Wir verwenden nicht nur umweltfreundliche Materialien, sondern arbeiten auch mit einer Druckerei zusammen, die sich für Klimaschutz engagiert.

Dass beim Druck klimaschädliches CO_2 entsteht, lässt sich leider nicht vermeiden. Dies versuchen wir aber auszugleichen, indem wir Klimaschutzprojekte unterstützen - z.B. den Bau von Wasserkraftwerken, die besonders wenig CO_2 produzieren. So werden die Treibhausgase, die beim Druck unserer Bücher entstehen, an anderer Stelle eingespart.

Auf unserer Homepage finden Sie für jedes Buch eine Climate-Partner-Zertifikatsnummer und einen Link zu der Seite 💻 www.climatepartner.com. Hier finden Sie weitere Informationen und können sehen, welche Umweltprojekte mit unseren Abgaben gefördert wurden.

Übrigens ...
... war der Conrad Stein Verlag der erste Buchverlag in Deutschland, der konsequent klimaneutral produzieren und transportieren ließ. Wir hoffen, dass uns viele andere Verlage auf diesem Weg folgen!

Sport und Natur
bewusster draußen unterwegs

Conrad Stein Verlag
OutdoorHandbuch Band 239
Basiswissen für draußen

ISBN 978-3-86686-275-3

Erleben & Lernen: *„Es liegt ein kleines, kompaktes Buch vor, klimaneutral gedruckt - alle Achtung! -, voller Informationen, Verweise und anregender Fotos."*

Über den Autor

Martin Simon ist in Westfalen geboren und wohnhaft und schon immer ein leidenschaftlicher Fußgänger. Nicht nur NRW hat er auf vielen Wegen durchstreift.

Seit 2005 widmet er sich auch der Beschreibung seiner Unternehmungen. Publiziert sind bisher sieben Wanderführer zum rund 2.700 km langen internationalen Fernwanderweg „Eisenach - Budapest".

Ausrüstung I von Kopf bis Fuß

Conrad Stein Verlag
OutdoorHandbuch Band 100
Basiswissen für draußen
192 Seiten ▶ 70 farbige Abbildungen

ISBN 978-3-86686-417-7

>> Zeitschrift **Berlin Alpin**: „"... dieses Handbuch vermittelt die notwendigen Infos für einen sinnvollen Kauf der Ausrüstung ..."

Symbole & Abkürzungen

- Achtung, Vorsicht
- Apotheke
- Bahn
- Bus
- Burg, Ruine, Schloss
- Bank, Sparkasse
- Bar/Kiosk
- Buchtipp
- Café, Bistro, Bäckerei/Café
- Campingplatz/-möglichkeit
- E-Mail
- Entfernung
- Fahrradtipps: Unterstellmöglichkeiten in Herbergen, Routenvorschläge
- Fax
- Fototipp
- Hol- und Bringservice
- Homepage
- Hotel, Pension
- Hotel/Unterkunft mit öffentlichem Restaurant
- Übernachtung mit Hund möglich
- Information, Informationstafel, Lageplan
- Jugendherberge
- Kirche, Kapelle, Kloster
- Krämerladen, eingeschränktes Lebensmittelsortiment
- Krankenhaus
- Museum, Sehenswürdigkeit
- Öffnungszeiten
- Pilgerinfos, Hinweise für Fußgänger, Wegbeschreibung
- Pilgerstempel
- Post
- Postleitzahl
- Schutzhütte, Rastplatz, Ruhebank
- Restaurant, Imbiss
- Schwimmbad, Pool
- Supermarkt, Discounter
- Telefon
- Telefon (mobil)
- Teeküche, Wasserkocher
- Tipp
- Umweg, Abstecher
- Verkehrsmittel
- Verweis
- Vorwahlnummer

Abkürzungen:

- DZ   Doppelzimmer
- EZ   Einzelzimmer
- DBZ Dreibettzimmer
- MBZ Mehrbettzimmer
- Ü   Übernachtung
- ÜF   Übernachtung mit Frühstück

Einleitung

Historischer Hellweg vor Bad Sassendorf

„E ultreia! E sus eia! Deus aia nos!
Los! Auf geht's! Gott steh uns bei!" lautet ein alter Pilgergruß, motivierend und beruhigend zugleich. Die Lust zum Aufbruch in neue Welten mischt sich mit der Angst vor dem Unbekannten und Fremden. Mit Gottes Hilfe wird die Reise gelingen.

Pilger früherer Zeiten, die auf ihrem Weg zum Grab des Apostels Jakobus das Gebiet des heutigen Nordrhein-Westfalens durchquerten, nutzten die großen Handelswege des Mittelalters. Hier war sicheres und zügiges Vorankommen gewährleistet. Hier gab es die zum Überleben wichtige Infrastruktur im Schutze der Mauern der Städte, die nach damaligen Maßstäben in erreichbaren Tagesetappen von 15 bis 30 km voneinander entfernt lagen. Hier entwickelten sich auch die spirituellen, kulturellen und wirtschaftlichen Zentren seit der Ausdehnung des Fränkischen Reiches durch Karl den Großen bis nach Westfalen.

Wer sich heute auf den Spuren der Jakobspilger, aus moderner Sicht im Schneckentempo, zu Fuß oder mit dem Rad durch NRW bewegt, erlebt einen spannenden Querschnitt der Geschichte und Gegenwart des bevölkerungsreichsten Bundeslandes in Deutschland. Auf einer Länge von rund 360 km zieht sich der Weg durch NRW. Er beginnt am äußersten Nordosten des Landes, dem auf karolingische Gründung zurückgehenden ehemaligen Kloster und heutigem Schloss Corvey (nahe Höxter an der Weser gelegen), führt weiter über die Domstadt und Kaiserpfalz Paderborn, die „Salzstraße" der westfälischen Bucht entlang und über die alte, bedeutende Hansestadt Soest zum Marienwallfahrtsort Werl. Von dort geht es durch das Ruhrgebiet, das von der Entwicklung und dem Niedergang der Montanindustrie sowie vom Umbau zum Technologie- und Dienstleistungsstandort geprägt ist, bis in die Landeshauptstadt Düsseldorf. In der im äußersten Südwesten des Landes gelegenen alten Kaiserstadt Aachen hat der Pilger schließlich das Ziel dieses Weges erreicht.

Der hier beschriebene Pilgerweg folgt in weiten Teilen dem Westfälischen Hellweg, einer uralten Verbindungslinie zwischen Rhein und Weser, heute repräsentiert durch die Bundesstraße 1. Zwischen Essen-Kettwig etwa und Aachen orientiert sich der Weg an den Routen, die Kaiser und Könige im Mittelalter nahmen, einer Zeit des Reisekönigtums, in der das Reich keine Hauptstadt hatte und die Provinzen immer wieder bereist werden mussten, und selbstverständlich an den Spuren, die Pilger auf ihrem Weg zum Grab des Apostels hinterlassen haben.

Der Hellweg

Niemand weiß, wie alt diese Landverbindung durch die Hellwegregion wirklich ist - vermutlich gibt es sie aber genauso lange, wie Menschen hier leben. Ergab sich doch, bedingt durch die topografischen Gegebenheiten, eine ganzjährig begehbare, da weitgehend trockene, nicht versumpfende Trasse entlang der Nordabdachung von Haarstrang und Ardeygebirge.

Gleichzeitig verläuft der Hellweg entlang einer der großen naturräumlichen Grenzlinien Europas vor der Mittelgebirgsschwelle am Rande zum Nordeuropäischen Tiefland, die sich von der Kanalküste bis in die Ukraine und darüber hinaus noch bis nach Asien erstreckt. Sie gewährleistet bis heute ein Vorankommen über weite Entfernungen, ohne große Höhenunterschiede überwinden zu müssen. Auch über die Hellwegzone hinaus verbleibt der Weg auf dieser Linie.

Kein Wunder also, dass sich der Hellweg zum Teilstück einer großen europäischen Ost-West-Verbindung ausgebildet hat. Nicht sicher ist, ob bereits die Römer den Hellweg nutzten, dies wird nur vermutet. König- und Kaiserstraße war er allemal und eine bedeutende Landverbindung der mittelalterlichen Handelsvereinigung der Hanse. Waren aus dem Hellwegraum gelangten auf dieser Trasse bis tief in den osteuropäischen Raum.

Man darf sich den mittelalterlichen Hellweg nicht als befestigte Straße vorstellen. Bis auf einige wichtige Straßenkreuzungen, die gepflastert waren, oder den Verlauf innerhalb der Städte führte der Hellweg überwiegend über festgetretene Erdwege oder mit Gras bewachsene Pfade, sich den jeweiligen Geländeformen anpassend. Stellenweise haben sich tiefe Hohlwege ausgebildet, von denen sich einige heute noch entdecken lassen.

Erst unter preußischer Herrschaft, seit Anfang des 19. Jh., erhielt der Hellweg einen nennenswerten Ausbau und Wegweiser, verbunden auch mit dem Aufkommen des Postkutschenwesens (preußische Chaussee). Im Dritten Reich wurde er Teil der Reichsstraße 1 zwischen Aachen und Königsberg.

Heute erstreckt sich die Bundesstraße 1, dem Pilger von heute zwar ständiger Begleiter, aber nur in Ausnahmefällen auch Teil des Jakobsweg, zwischen Aachen und Höxter und weiter bis zur Oder.

Und noch etwas trägt zur außerordentlichen Bedeutung der Hellwegzone bei, was für den gesamten Raum am Nordrand der europäischen Mittelgebirge zutrifft: Nacheiszeitliche Winde der letzten Eiszeit vor etwa 10.000 Jahren haben feinste Lößpartikel am Nordrand der Mittelgebirge abgelagert, bis zu 10 m hoch. Beste steinfreie Böden entstanden hier. Bezeichnet werden sie mit dem niederdeutschen Wort „Börden", das sich von „bören", tragen, herleitet und ertragreich meint.

Aber nicht nur die guten Böden begünstigten den Raum. Auch Bodenschätze konzentrieren sich hier. Am Weg treffen Sie auf gegenwärtige oder vergangene Kalk- und Zementmergel-, Steinkohle-, Eisenerz-, Salz- und Braunkohlenutzung.

Nicht nur die ältesten Siedlungsplätze Nordrhein-Westfalens finden sich hier, Sie wandern auch entlang einer alten und gegenwärtigen Siedlungskette, die sich im Ruhrgebiet zu einem der größten Ballungsräume Europas verdichtet hat.

Der Jakobsweg in NRW

Viele Wege führen nach Rom, sagt ein altes Sprichwort. Genauso könnte man sagen: Viele Wege führen nach Santiago zum Grab des Apostels. In der Tat überzieht heute ein schon fast unübersichtliches Netz von Jakobswegen den europäischen Kontinent. Manche gehen mit Bezug auf die zunehmende Zahl der modernen Pilger, die vor der eigenen Haustür starten, sogar so weit, zu sagen: Jeder Weg ist ein Jakobsweg, sofern er nur das ferne Galicien zum Ziel hat.

Licht ins Dunkel der unscharfen Begrifflichkeit brachte bereits 1985 eine internationale, vom Europarat eingesetzte und heute in der autonomen Region Galicien angesiedelte Expertenkommission. Diese bestimmte: Es gibt nur einen Jakobsweg, den Camino de Santiago, den spanischen Hauptweg und die einzige mittelalterliche Route im Norden Spaniens von den Pyrenäen bis Santiago, auch als Camino Francés bekannt.

Der Grund ist ein einsehbarer. Alle europäischen Wege mündeten (und tun es weitgehend noch) in diesen einen Hauptweg, dem alle Pilger folgten und dessen Hauptzweck dem Pilgern diente. Alle anderen heranführenden Routen waren sogenannte Altstraßen wie z.B. Handels- oder Heerwege, denen die Pilger folgten. Sie werden heute korrekt als Wege der Jakobspilger bezeichnet, es waren Wege, die *auch* Pilger nutzten, aber nicht überwiegend.

Pilger im einem Muldental der Paderborner Hochfläche

Seit in den 1970er- und 1980er-Jahren die moderne Pilgerbewegung erwacht ist, richtet sich auch das institutionelle Interesse auf das religiöse und kulturelle Erbe der alten Pilgerbewegung. Papst Johannes Paul II. rief 1982 bei einem Besuch der Kathedrale in Santiago dazu auf, die Pilgerwege neu zu beleben. 1987 erhob der Europarat die Wege der Jakobspilger in ganz Europa zur europäischen Kulturroute und deklarierte ihren „symbolischen Wert für die Entstehung Europas". Er empfahl, die alten Wege aufzuspüren und eine einheitliche Kennzeichnung vorzunehmen.

Mit der Umsetzung und der historischen und archäologischen Erforschung des mittelalterlichen Wegenetzes sind in Nordrhein-Westfalen die Landschaftsverbände Westfalen und Rheinland betraut. Der hier beschriebene Pilgerweg folgt einer offiziellen Route der Jakobspilger, die das Land von Nordost nach Südwest durchstreift.

Land und Leute

Nordrhein-Westfalen ist kulturell gesehen kein einheitliches Land. Nach dem Zweiten Weltkrieg wurde es von der britischen Besatzungsmacht aus dem Nordteil der preußischen Provinz Rheinland und der Provinz Westfalen zusammengefügt. Hinzu kam das Land Lippe. Seit 1949 ist das Konglomerat Nordrhein-Westfalen Teil der Bundesrepublik Deutschland.

Bis heute markiert ein Stein an der Stadtgrenze zwischen Bochum und Essen die Grenze zwischen den namengebenden Landesteilen. Direkt am Pilgerweg ist er nicht zu sehen, ein sehr aufmerksamer Autofahrer wird ihn vielleicht erkennen. Die Grenze ist nicht wirklich wahrnehmbar, sondern eher fließend. Bei meiner Recherchewanderung war ich längst tief ins Rheinland eingedrungen, bis ich es am Dialekt erkannte. Die Menschen sprechen in allen Landesteilen Hochdeutsch, jedenfalls mit den Fremden.

Und doch ist diese Grenze eine uralte. Vor 1.200 Jahren stießen hier die Reiche der bereits christlichen Franken und der noch nicht christlichen Sachsen aufeinander. Im Verlauf der Essener Frankenstraße, die Ihr Weg berühren wird, will ein Heimatforscher diese alte Grenze erkannt haben. Im Jahre 804 wurden die Gebiete der Sachsen dann nach langen Kriegsjahren von Karl dem Großen in das Frankenreich eingegliedert und damit auch Westfalen. Dies hat insofern Bedeutung für diesen Weg, da viele der bis heute sichtbaren kulturellen Spuren zumindest in Westfalen, aber auch zum Teil im Rheinland, bis auf diese Zeit zurückgehen. Die kulturellen Spuren der Sachsen jedoch sind bedingungslos vernichtet.

Die ersten Kirchenbauten entstanden zu dieser Zeit, die Kaiser bauten ihre Pfalzen, die Städte entwickelten sich. In Corvey am Start des Weges siedelten die ersten Mönche. Die gemeinsame christliche Geschichte nahm ihren Anfang und bildet bis heute die Grundlage für die christliche Kultur Nordrhein-Westfalens.

Sie können sich auf einen Weg freuen, der das facettenreiche Nordrhein-Westfalen erlebbar macht:

Vom Ufer der Weser steigen Sie durch das waldreiche Weserbergland, lernen die Dörfer und Städtchen kennen, trinken aus Heilquellen, besuchen die schönen Kirchen und lernen Menschen kennen, die hier auf besondere Weise mit dem Pilgerweg vertraut sind.

Bei Bad Driburg überqueren Sie den Osning im Eggegebirge und treten in den Paderborner Karst ein, in dem Bäche plötzlich verschwinden und erst viele Kilometer weiter wieder auftauchen. In Paderborn, am Kreuzungspunkt zweier großer Handels- und Pilgerwege, entdecken Sie eines der größten Karstquellgebiete Europas. In Verbindung mit dem Jakobsweg wurde die Bischofsstadt Paderborn erstmals um 1150 erwähnt.

Der Gunstraum der westfälischen Tieflandbucht liegt Ihnen nun zu Füßen. Die Weite der Hellwegbörden breitet sich aus. Wie Perlen auf einer Schnur reihen sich Dörfer und Städtchen aneinander. Die Türme der Kirchen weisen den Weg, immer ist einer auf dem vor Ihnen liegenden Wegstück zu sehen. Die zurückliegenden haben Sie erkundet und können sie jetzt benennen. Die Vorfreude begleitet Sie bis zum nächsten.

Frühere Sälzersiedlungen, die als Kurorte weiterleben, liegen am Weg. Der Reichtum alter Handelsstädte zeigt sich bis heute in mittelalterlichen Bauten und Kirchenausstattungen. Heder und Gieseler sind zwei weitere, von kräftigen Karstquellen gespeiste Flussläufe am Weg. Die Wadis an der Haar, nur zeitweilig Wasser führende Täler, werden passiert.

Dazwischen liegt das Grün der endlosen Felder unter dem Blau des Himmels. Horizonte verschieben sich nur ganz allmählich. Sanfte Anhöhen verschaffen großartigen Überblick. Viel Zeit bleibt dem Pilger, um seinen Gedanken nachzuhängen und Gespräche zu führen, dann ist wieder eine Stadt, ein Dorf erreicht, dessen Wärme sich vielleicht erst jetzt wirklich intensiv empfinden lässt.

Die Wanderung durch die Börde beschert dem Pilger den ständigen Wechsel zwischen der Schönheit der Ansiedlungen und der offenen Landschaft der Börde, wo es mitunter keinen Schatten gibt und Wanderer den Kapriolen des Wettergottes, dem Aufziehen des Regens oder einem plötzlich auftauchenden Gewitter, schutzlos ausgeliefert sind.

Gerade wenn Sie sich an diesen Rhythmus gewöhnt haben, treten hügelige Veränderungen im Landschaftsbild auf. Im Norden schieben sich die ersten Kühltürme des Kraftwerkgürtels von Westfalen ins Bild. In Unna ist dann das Ruhrgebiet erreicht.

Die Kontraste in diesem Revier, das sich in einem Prozess der Verwandlung befindet, und die Vielfältigkeit des hier stattfindenden menschlichen Lebens hinterlassen einen tiefen Eindruck. Außerdem beeindrucken natürlich die großartigen Kunstwerke aus Jugendstil, Backsteingotik, Neoromanik und Moderne in sakralen, industriellen und profanen Bauten, die uns der Reichtum der Montanindustrie hinterlassen hat. Eine spannende Vielfalt, die diesen Weg so außergewöhnlich werden lässt, ist hier zu erleben.

Von der Ruhr geht es zum Rhein, in die Landeshauptstadt Düsseldorf, die Sie ganz durchqueren und intensiv erkunden. An der linken Rheinseite liegt dann die 2.000 Jahre alte Stadt Neuss an der Mündung der Erft in den Rhein.

Die Erft werden Sie ausgiebig kennenlernen. Zwei Tage pilgern Sie im Uferbereich und der umgebenden Niederung des fischreichen Gewässers. Die Jülicher Börde, die Sie anschließend auf Ihrem Weg nach Aachen noch durchqueren, ist vom Braunkohletagebau und der Kohleverstromung gezeichnet. Ganze Landstriche werden verschoben, Dörfer und Städte müssen weichen und werden an anderer Stelle wiederaufgebaut. Künstliche Berge und riesige Löcher entstehen. Der Weg führt Sie dicht an das Geschehen heran und erzeugt sowohl Faszination als auch Betroffenheit.

Irgendwann geht es überraschend beständig bergab. Das Raumgefühl wird auf den Kopf gestellt, meinte man doch, in einer welligen Ebene und nicht auf einer Anhöhe zu sein. Es geht hinab in den Aachener Kessel. Wie eine große Schüssel ist er eingesenkt, auf dem Grund breitet sich die Karlsstadt aus - das Ziel dieses Weges.

Reise-Infos von A bis Z

Armsäule mit historischen Meilenangaben in Ampen

An- und Abreise, Verkehrsmittel unterwegs

Für den Pilger des Mittelalters begann der Weg vor der eigenen Haustür. Ein Transportsystem, wie wir es heute kennen, gab es nicht. In der Regel ging man zu Fuß, die Betuchteren reisten mit Pferd oder mit Pferd und Wagen.

Immer mehr Menschen greifen diesen Gedanken auf, schließen das Gartentor hinter sich und wandern, nach und nach das Bekannte hinter sich lassend, in die Welt hinaus, schwenken irgendwann auf eine der großen Routen ein oder suchen sich auch eigene Wege.

Die heutigen Verkehrsmittel ermöglichen es, den Jakobsweg oder die Wege der Jakobspilger auf verschiedenste Weise zu begehen. Das Grab des Apostels könnten Sie jederzeit besuchen, von heute auf morgen mit dem Flugzeug, mit dem Bus, mit dem Zug. Aber darum geht es nicht. Es geht um den Weg, den Weg aus eigener Kraft zurückzulegen, und sei es auch nur ein Stück. Es geht um das Gehen selbst, im Rhythmus des Gehens Harmonie und Mitte zu finden, Grenzen zu überwinden, europäische Regionen in Zusammenhänge zu bringen und natürlich auch darum, den vielen schönen Dingen am Weg zu begegnen.

Anreise mit der Bahn

Der Ausgangspunkt des Pilgerwegs am Bahnhof Höxter-Rathaus liegt an der Bahnstrecke Paderborn - Holzminden. Am Bahnhof beginnt auch die Wegbeschreibung, sodass Sie gleich nach Ihrer Ankunft loslaufen können.

Bedient wird diese Strecke im Stundentakt, auch an Wochenenden. Umsteigemöglichkeiten zum Fernverkehr gibt es in Altenbeken und Paderborn.

Anreise mit dem Auto

Höxter liegt eingebettet in eine vielfältige Gebirgslandschaft, die von Autobahnen nicht berührt ist. Einige Bundesstraßen führen aber dort hin. Von Süden schlängelt sich die B 83, die aus Kassel an der A 7 kommt, zuletzt durchs Wesertal nach Höxter. Im Norden erreicht dieselbe Straße die A 2 bei Bad Eilsen/Bückeburg. Von Westen führt die B 64 aus Paderborn (A 33: Abfahrt Paderborn-Zentrum) über Bad Driburg und Brakel parallel zur Bahnlinie und zum Pilgerweg nach Höxter. Nach Osten riegelt der Solling die

Stadt recht zuverlässig ab. Nur kleinste Sträßchen führen hier aus Richtung Göttingen und Nordheim direkt auf Höxter zu. Die B 241 allerdings trifft südlich von Höxter, in Beverungen, auf das Wesertal und die B 83.

Um einen Parkplatz in Höxter brauchen Sie sich keine Sorgen zu machen. Im Stadtbereich gibt es insgesamt 1.656 Abstellplätze für Pkw. Davon sind folgende Standorte unbegrenzt nutzbar und gebührenfrei:
- ▷ Floßplatz (140 Plätze)
- ▷ Am Roten Turm/Petriwall (55 Plätze)
- ▷ An der Steinmühle (70 Plätze)
- ▷ Godelheimerstraße unterhalb Felsenkeller (110 Plätze)

Kostenlose Parkplätze gibt es auch direkt am Schloss Corvey.

Abreise

Der Hauptbahnhof Aachen am Ziel der Pilgerreise ist sowohl Fern- als auch Nahverkehrsbahnhof. So haben Sie ein großes Angebot an Rückreisemöglichkeiten. Wollen Sie nach Höxter zurück, da Sie vielleicht Ihr Auto dort geparkt haben, empfiehlt sich auf jeden Fall die Nutzung von Regionalzügen (Aachen-Hamm, Hamm-Altenbeken, Altenbeken-Höxter). Je nach gewählter Verbindung sind Sie in 4,5 bis 5 Std. wieder am Ausgangspunkt. Schneller sind auch die IC-Verbindungen nicht und Sie können das Schöner-Tag-Ticket NRW (☞ unten) nutzen. Verbindungen gibt es etwa stündlich.

Infos zu Bus und Bahn

Die Verbindungssuche und das Buchen von Fahrkarten über das Internet (auch zur An- und Abreise mit Bus und Zug) sind sehr komfortabel, brauchen aber wie alles etwas Übung: 🖥 www.bahn.de. Ansonsten werden Sie in einem der Reisezentren der Deutschen Bahn AG sowie in vielen Reisebüros gut bedient.

In der Regel lohnt es sich, auch bei kürzeren Anfahrten, das Reiseticket wenigstens drei Tage vor dem Gebrauch zu besorgen. Zumeist gibt es bis dahin auch kurzfristig noch günstige Sparangebote. Die jeweils günstigsten Preise der vielfältigen Angebote werden in der Regel bei der Auswahl einer

Verbindung auf dem Online-Portal der Bahn angezeigt (Ausnahme: Fahrten innerhalb eines Verkehrsverbundes oder Busanschlussfahrten).

Innerhalb Nordrhein-Westfalens gilt im Regionalverkehr der NRW-Tarif, gedacht, die Tarife der unterschiedlichen Verkehrsverbünde zu vernetzen. Sparpreise sind eine Alternative zum NRW-Tarif, wenn Sie ein längeres Teilstück der zu buchenden Strecke in Fernverkehrszügen zurücklegen. Auch mit dem Schöner-Tag-Ticket NRW für bis zu 5 Personen oder dem Schöner-Tag-Ticket NRW Single können Sie innerhalb der Grenzen Nordrhein-Westfalens sehr preisgünstig fahren. Für Fahrten bis zu 2 Std. Dauer gibt es außerdem noch das Schöne-Fahrt-Ticket NRW. Auch die zuletzt genannten Alternativen zum Normalpreis werden - falls vorhanden - nach dem Wählen der Verbindung auf der Homepage der Bahn angezeigt.

Liegen Ihre Fahrten innerhalb eines Verkehrsverbundes, z.B. beim Pilgern von einem festen Standort aus (☞ unten), gelten besondere Tarifbestimmungen für Bus und Bahn. Auf den Internetseiten der jeweiligen Verkehrsverbünde bekommen Sie genaue Information zu den Preisen und Fahrpläne. Achten Sie bei der Auswahl Ihres Tickets auch hier auf eventuell günstigere Tages- und Gruppenkarten.

Ihr Weg durch NRW berührt folgende Verkehrsverbünde: im Kreis Höxter und im Kreis Paderborn den Nahverkehrsverbund Paderborn-Höxter (🖳 www.nph.de), im Kreis Soest und im Kreis Unna die Verkehrsgemeinschaft Ruhr-Lippe (🖳 http://vgm-vrl.de), in den Kreisen Dortmund, Bochum, Essen, Düsseldorf und Rhein-Kreis Neuss den Verkehrsverbund Rhein-Ruhr (🖳 www.vrr.de). In Bedburg berühren Sie den Rhein Erft-Kreis, der zum Verkehrsverbund Rhein-Sieg (🖳 http://vrsinfo.de) gehört, nur kurz. Nur wenige Kilometer hinter Bedburg erreichen Sie dann den Kreis Düren, der wie die Städteregion Aachen zum Aachener Verkehrsverbund (🖳 www.avv.de) zählt.

Pilgern ohne Gepäck oder in Etappen

Die Verkehrsmittel können den weniger Sportlichen, den im Streckenwandern nicht Geübten oder denjenigen, die einfach keine Lust haben, ihr Gepäck zu schleppen, helfen, den Weg mit nur kleinem Tagesgepäck zu gehen. Dank der guten Verkehrsinfrastruktur entlang des Weges lässt sich dies leicht organisieren. Die Etappenorte von wenigstens jeweils immer drei der ersten 15 Etappen können Sie von einem festen Quartier aus erreichen, oft nach wenigen Minuten Fahrt. In der Wegbeschreibung finden Sie weitere Hinweise.

Nur zwischen Bedburg-Kaster und Aachen begleitet keine Bahnlinie oder durchgehende Busverbindung den Weg. Hier ist das Pilgern von einem festen Standort aus mit längeren Fahrtzeiten und Umstiegen verbunden und weniger komfortabel, aber trotzdem möglich. Grundsätzlich lässt sich Gepäck immer auch mal mit dem Taxi vorausschicken.

Selbstverständlich ermöglicht es die gute Erreichbarkeit der Etappenorte sowie vieler Stationen unterwegs auch, den Weg bequem abschnittsweise zu begehen. Einzelne Tage, ein Wochenende oder drei oder vier Tage zum Wandern lassen sich oft eher organisieren als gleich drei Wochen an einem Stück.

Auch wer mit dem Auto zum Ausgangspunkt seiner Wanderung anreist, kommt mit Bus oder Bahn abends oder nach ein paar Tagen leicht wieder zurück.

Die **kostenlose telefonische Fahrplanauskunft** der Bahn AG für unterwegs (☏ 08 00/150 70 90) werden Sie in der Regel nicht benötigen. Die häufig dichte Taktung der Verkehrsmittel am Weg ermöglicht auch spontanen Anschluss ohne lange Wartezeiten.

Ausrüstung

Der Pilger von einst trug praktisches, festes Schuhwerk, kurze Gewänder und eine lederverstärkte Pelerine sowie einen breitkrempigen Hut. Hinzu kamen der Wanderstock, eine Umhängetasche, die Kürbisflasche und die Muschel als äußeres Zeichen seines Anliegens. (In den Anfängen der Pilgerbewegung brachte man die Schale der Jakobsmuschel vom Kap Finisterre (60 km östlich von Santiago), dem Ende der damals bekannten Welt, als Andenken und Zeichen erfolgreicher Pilgerschaft mit. Erst später wurde sie Handelsgut.) Was sich anfangs aus rein praktischen Erwägungen entwickelte, wurde mit der Zeit zu der charakteristischen Pilgerkleidung, die den Pilger als solchen auswies und ihm das Recht auf Gastfreundschaft in den Herbergen verlieh.

So viel anders ist das heute auch nicht. Mit wachsender Erfahrung kristallisiert sich die praktischste Pilgerkleidung und Ausrüstung heraus, die in der

Regel einer auf wechselnde Wetterlagen und dem zu erwartenden Gelände abgestimmten Wanderausrüstung entspricht.

Oft wird derjenige, der sich mit Rucksack und Wanderschuhen auf den Pilgerweg begibt, auch als Pilger erkannt - zumindest in Regionen, in denen der Weg im Bewusstsein der Bevölkerung verankert ist. Im Weserbergland ist der Pilgerweg innerhalb der Bevölkerung offenbar bestens bekannt. Wer mit dem Rucksack auf dem Rücken dort entlangspaziert, wird selbstverständlich als Pilger angesehen und angesprochen und erhält, für mich überraschenden, aber wohltuenden Zuspruch sowie manchmal auch eine Einladung zum Kaffee.

In Driburg haben Pilger freien Eintritt beim Durchqueren des Kurparks, offiziell, wenn Sie Pilgerausweis und Stempel vorweisen können. Bei mir reichte allein der Rucksack als „Ausweis".

Der wichtigste Ausrüstungsgegenstand ist nach wie vor der **Schuh**. Auch auf überwiegend geteertem oder gepflasterten, flachen Land ist ein hoher (zum Schutz vor Umknicken) und fester Wanderschuh mit gutem Sohlenaufbau unverzichtbar. Was Sie nicht brauchen, ist eine wasserundurchlässige Membran. Ein gut gefetteter Lederschuh nässt erst dann durch, wenn man längere Zeit durch nasses und hohes Gras oder Buschwerk läuft. Das kommt auf diesem Weg nicht vor.

Zum Lederschuh passen am besten **Wandersocken** mit hohem Wollanteil (ein Paar zum Anziehen und eins zum Wechseln).

Den **Stock** wird man nicht brauchen. Wölfe oder bösartige Hunde sind nicht zu erwarten. Es gibt nur selten stärkere Steigungen oder Gefälle und wenn, dann nur kurz (Weserbergland, Ruhrtal). Auch schlammige oder sehr unebene Wege, auf denen ein Stock vor einem Ausrutschen oder Ungleichgewicht schützen würde, könnten höchstens zeitweise bei Ausnahmewetterlagen entstehen. Aus sportlichem Interesse macht es Sinn, die Stöcke mit den Gummifüßen mitzunehmen. Der Weg ist überwiegend auch gut zum Walken geeignet.

Ein **Hut**, in welcher Form auch immer, dient dem Sonnenschutz.

Eine **Flasche** für Wasser ist dringend erforderlich. 1 Liter Inhalt reicht, da es immer wieder Gelegenheiten zum Nachfüllen gibt, z.B. in Gaststätten, Cafés, Geschäften, Kiosken oder bei freundlichen Einheimischen in Privathäusern. Auch nahezu jeder Friedhof hat eine Zapfstelle mit Trinkwasser.

Im Übrigen passt man seine Ausrüstung der Jahreszeit und Witterung an.

☺ Eine **Wanderhose** mit wenigstens einer aufgesetzten Beintasche (bei Männerhosen üblich, bei Frauenhosen seltener die Norm) ist praktisch für alles, was man griffbereit haben will, wie zum Beispiel den Wanderführer oder die Karte. Es gibt aber auch passende Taschen, die sich am Beckengurt des Rucksacks befestigen lassen.

Der **Rucksack** ersetzt heutzutage die Umhängetasche. Ein Volumen von 40 bis 50 l reicht auch für längere Pilgerfahrten, es sei denn, Sie sind mit dem Zelt unterwegs. Wenn Sie größer als 1,80 m sind, wird es allerdings vielleicht schwierig, ein zur Rückenlänge passendes kleines Modell zu bekommen.
Viele Hersteller haben „Light"-Modelle im Angebot. Für die anzustrebenden maximal 10 kg Gesamtgepäck sind diese stabil genug und man kann etwas mehr hineinpacken. Bis zu 1 kg lässt sich schon am Rucksack selbst einsparen.

📖 **Trekking ultraleicht** von Stefan Dapprich, Conrad Stein Verlag, OutdoorHandbuch Band 184, ISBN 978-3-86686-395-8, € 9,90

In den Rucksack kommen:
- ☐ Regenhülle für den Rucksack
- ☐ leichte Windjacke (falls Sie sie nicht tragen)
- ☐ leichte Ersatzschuhe für abends (Sie können aber auch mit Wanderschuhen essen gehen.)
- ☐ eine Ersatzhose für abends (Wer will, lässt diese zu Hause, da man im Normalfall nicht wirklich schmutzig wird und der Wegverlauf nicht so anstrengend ist, dass man wie auf einer Bergtour durchschwitzt.)
- ☐ Was man direkt auf der Haut trägt (Unterwäsche, Wanderhemd/-bluse, T-Shirt) will man abends wechseln, dafür braucht man mindestens einmal Ersatz. Falls man waschen muss, kann es sein, dass die

Trocknungszeit bis zum nächsten Gebrauch nicht ausreicht. Dies gilt insbesondere für Baumwolle. Funktionswäsche aus Kunstfaser muss zwar häufig gewaschen werden, die Trocknungszeit von einer Nacht reicht aber in aller Regel aus, sodass Sie mit zwei Teilen auskommen. Wandershirts aus reiner Schurwollle, die zunehmend auch bei Outdoorausstattern Platz im Sortiment finden, bleiben viele Tage durch nächtliches Lüften frisch. Auch in diesem Fall braucht es nur ein Teil zum Wandern und eines zum Wechseln.

☺ Wer ein Wollshirt zum Wandern sucht, findet dieses preisgünstiger und in größerer Auswahl als in den Outdoorshops bei den traditionellen Naturfaserhändlern wie z.B. Wollhandwerk, Assmus oder Hess. Insbesondere Shirts aus einer Kombination von Wolle und Seide haben sich zum Wandern bewährt.

- ein Hemd, Shirt etc. zum Überziehen als „zweite Haut". (Falls wärmere Wetterlagen zu erwarten sind, kann dies aber auch entfallen). Alles was Sie mitnehmen, sollte sich kombinieren lassen, falls Sie mal ein Teil mehr anziehen wollen.
- Pullover oder Fleece (falls man ihn/es nicht trägt). Ich bevorzuge Wollfleece oder, in der warmen Jahreszeit, ein dünnes Strickshirt aus reiner Schurwolle. Wolle stinkt nicht, ist selbstreinigend und immer noch leichter als jede Kunstfaser (im Verhältnis zur Wärmeleistung).
- Schlafanzug (bei Bedarf)
- Mütze, Schal und Handschuhe (im Winter)
- Badehose oder -anzug (bei Bedarf)
- Stoffbeutel o.Ä. für kurze gepäckfreie Touren, Stadterkundungen etc.
- Geld, Geldkarten, Ausweis, Schüler- oder Studentenausweis, Pilger-, Jugendherbergsausweis, Bahncard, Fahrkarten. Ihr Portemonnaie sollten Sie bedingungslos ausmisten, überflüssige Karten etc. zu Hause lassen, Kleingeld vermeiden.
- Wanderkarten, diesen Wanderführer
- Apotheke: Blasenpflaster, Pflaster, Nagelschere, Nadel, Faden, Toilettenpapier (eine Portion für Notfälle), eventuell persönliche Medikamente, Papiertaschentücher
- Zahnbürste und Zahncreme, Kamm oder Haarbürste, Fußcreme, Sonnencreme, Shampoo (auch zum Waschen der Wäsche, portioniert in

beschrifteten Filmdöschen oder kleinen Salbenbehälter aus der Apotheke bzw. in kleinen Probepackungen). Wer in Hotels übernachtet, braucht in der Regel keine Seifenprodukte mitzunehmen, da diese dort häufig vorhanden sind.

- Taschenmesser für Apfel, Apfelsine etc.
- Taschenlampe für Übernachtungen in Herbergen, wenn man nachts das Licht nicht anknipsen will. In der lichtarmen Zeit kann man auch schon mal von der Dunkelheit überrascht werden.
- Kompass (Ein einfacher Kompass hat mich schon so manches Mal vor der Orientierungslosigkeit bewahrt.)
- Fotoapparat (eventuell Ladegerät oder zweiter Akku)
- Buch, Tagebuch, Stift nach Bedarf
- Trekkingschirm, der auch bei Wind zu gebrauchen ist (in den städtischen Bereichen schicker als ein Regenponcho, außerdem schwitzt man darunter nicht)
- Sonnenbrille, Brille
- Wecker oder Handy, damit man zum Frühstück auch aufwacht
- eventuell Verpflegung für die Anfahrt, für unterwegs
- Wasser

Abwägen kommt von wiegen: Bei der Auswahl der Kleidungsstücke zieht man im Zweifel (aber auch, um eine realistische Einschätzung zu bekommen) eine Waage zu Rate und nimmt das Leichtere. Beim Packen sollten Sie bedenken, dass Sie unterwegs alles Fehlende fast jederzeit kaufen können. Es geht durch Nordrhein-Westfalen.

Essen und Trinken

Die heute in Gaststätten übliche internationale Küche ist auch in NRW inzwischen sehr verbreitet, regionale Ausprägungen beim Speiseangebot werden zunehmend verdrängt. Lediglich an der servierten Biersorte lässt sich das Voranschreiten durch die Regionen noch recht zuverlässig feststellen. Trotz der Konzentration im Brauereiwesen haben sich viele Marken, fußend auf den alten Rezepten, ihre überwiegend regionale Verbreitung erhalten. In Brakel trinkt man regionalbewusst Schloss Rheder Bier, in Paderborn das Paderborner Pils.

Im Ostwestfälischen sind auch die Sauerländer Sorten Veltins und Warsteiner stark verbreitet. Soest wartet mit Soester Hell, Dunkel und Weizen vom Brauhaus Zwiebel auf. Das Dortmunder Bier trinkt man aus dem Stößchen, einem besonderen Bierglas. In Essen gibt es dann Stauder. Im Rheinland kommt das Kölsch in der Stange, doch Düsseldorf trinkt Alt. Einige Hausbrauereien halten diese klassisch obergärige Tradition des Bierbrauens noch aufrecht. Dies nur, um einige Unterschiede und Marken zu nennen.

Wer etwas sucht und fragt, findet aber durchaus auch beim Essen noch die Eigenheiten der Regionen, zu denen auf jeden Fall die Currywurst im Ruhrgebiet zählt. Auch wenn sie in Berlin erfunden wurde - im Ruhrgebiet kam sie zum ersten Mal als Bratwurst in den Schredder und mir schmeckt sie nur hier.

Westfälisch ist das Pfefferpotthast mit Pumpernickel, ein Rindfleisch mit Schmalz und Zwiebeln. Zum Pumpernickel gibt es auch Möppkenbrot aus Blut, Speck und Roggenschrot (Soest). Paderborn hat ein Landbrot (Roggenmisch) erfunden und in alle Welt geschickt, das Paderborner. Im Rheinischen gibt es Flöns (Blutwurst) mit Ölk (Zwiebeln), auch „Kölscher Kaviar" genannt, Rosenkränzchen (geringelte Bratwurst) und Himmel un' Ähd aus gestampften Kartoffeln und Apfelmus (Letzteres ist in Westfalen ebenfalls verbreitet). In Aachen machen sich Lambertz und Lindt gegenseitig den Rang streitig, wenn es um die besten Printen geht.

Eins ist sicher: Der Pilger, der Nordrhein-Westfalen durchquert, braucht sich um ausreichend Essen und Trinken keine Sorgen zu machen. Nicht nur an den Etappenorten bieten sich Gastronomie, Supermärkte, Bäckereien, Kioske und Ähnliches für die Verpflegung an, sondern meistens auch unterwegs.

Etappen

Die von mir vorgenommene Einteilung der Etappen ist nur ein Vorschlag, viele andere Tagesetappen sind denkbar. Einziges zwingendes Kriterium sind am Weg befindliche Übernachtungsmöglichkeiten. Durch die guten Verkehrsanbindungen erhalten Sie allerdings zusätzliche Flexibilität.

Die Wahl der Etappenlänge hängt auch immer von der persönlichen Leistungsbereitschaft bzw. vom Leistungsvermögen ab, die Wahl des Etappenortes von den eigenen Vorlieben. Wer langsamer und intensiver unterwegs ist, hat oft mehr davon.

Meine Etappenvorschläge sind ein Ergebnis meiner Erfahrung vor Ort und orientieren sich an einem durchschnittlich leistungsfähigen Fußgänger (zur Gehgeschwindigkeit: ☞ Zeit).

Erftidylle

Feiertage

Wer die Feiertage, sei es Ostern oder Pfingsten, oder auch die für viele langen Mai- und Juniwochenenden zum Pilgern nutzen will, ist damit gut beraten. Kirchen und Museen sind geöffnet, die Menschen unterwegs sind entspannt und gesprächig. Überfüllte Unterkünfte müssen Sie eher nicht befürchten, denn außer dem Weserbergland und vielleicht den Kurorten durchläuft der Weg keine ausgesprochenen Tourismusregionen. Im Westen Westfalens und insbesondere im Rheinland ist man an Feiertagen und Wochenenden sogar antizyklisch unterwegs und kann mit erheblichen Rabatten in vielen Unterkünften rechnen. Etwas vorausschauend muss man allerdings auch dann planen, da die auf überwiegend beruflich Reisende ausgerichteten Hotels und Pensionen mitunter ab Samstagmittag die Rezeption nicht mehr besetzt halten und ein Übernachten nur nach Voranmeldung möglich ist. In Nordrhein-Westfalen sind neben den bundesweit gültigen Feiertagen zusätzlich Fronleichnam und Allerheiligen gesetzliche Feiertage.

Geld

Es reicht, wenn Sie immer nur einen kleinen Vorrat Bargeld mit sich führen. Die meisten Übernachtungsstellen akzeptieren Kartenzahlung. Täglich lassen sich Bankautomaten finden.

Informationen

Sehr engagiert fördert Frau Gesine de Castro vom Pilgerbüro der Jakobusfreunde Paderborn den Pilgergedanken in Ostwestfalen. Pilger sind mit Fragen im Pilgerbüro zu den Öffnungszeiten willkommen. Vermittelt werden auch private Unterkünfte für Pilger bei dem Pilgergedanken aufgeschlossenen Menschen. Im Pilgerbüro bekommen Sie auch Informationen zu den Wegen in Spanien und Frankreich, den Pilgerpass und natürlich auch eine Jakobusmuschel für Ihren Rucksack. Die Kontaktdaten finden Sie im Abschnitt ☞ Paderborn.

Weitere Jakobusgesellschaften in NRW sind:
- **„Jakobus Münster"**, Rita Maria Meyer, ☎ 02 51 6 74 95 83, ✉ jakobsweg.muenster@web.de, 🖳 www.muenster.org/jakobus. Hier bekommen Sie einen Pilgerpass für ganz Westfalen mit ausreichend Stempelfeldern für diesen Weg (auch per Post).
- **Sankt-Jakobusbruderschaft Düsseldorf e.V.**, Lützowstr. 24, 542653 Solingen, ✉ sankt-jakobusbruderschaft@t-online.de, 🖳 www.jakobusbruderschaft.de
- **Deutsche St. Jakobus-Gesellschaft e.V.**, Tempelhofer Straße 21, 52068 Aachen, ☎ 02 41/47 90-127, FAX 02 41/47 90-112 ✉ info@deutsche-jakobus-gesellschaft.de, 🖳 www.deutsche-jakobus-gesellschaft.de
- **Santiagofreunde Köln** c/o Robert Recht, Wilensteinweg 11, 50739 Köln, ☎ 02 21/170 14 23, FAX 02 21/261 82 78, ✉ robertrecht-santiagofreundekoeln@yahoo.de, 🖳 santiagofreunde.homesites.de
- **Freunde des Jakobusweges** Marienhospital Eickel, Marienstraße 2, 44651 Herne

Zum Weiterlesen habe ich hier einige der vielen interessanten Webseiten aufgeführt:

- www.pilgern-erzbistum-paderborn.de
- www.paderborn.de/freizeit (➔ Touristisches Angebot ➔ Dies & Das ➔ Paderborn als Station auf dem Jakobsweg)
- www.soest.de/touristinfo/117040100000022261.php
- www.badsassendorf.de/jakobsweg.html
- www.geseke.de (➔ Stadtinfos ➔ Jakobsweg)
- www.deutsche-jakobswege.de/westfalen.html
- www.jakobspilger.lwl.org
- www.pilgern-im-pott.de
- www.gottesdienste-am-hellweg.de
- www.kirchen-am-hellweg.de
- www.evangelisch-am-hellweg.de

In vielen Fällen liefern auch die Heimatvereine der am Weg befindlichen Orte schöne Einblicke in ihre Region. Oftmals engagieren diese sich in besonderer Weise für den Jakobsweg. Über die Suchfunktion erhalten Sie schnelle Ergebnisse auf Webseiten, wenn Sie das Stichwort „Heimatverein" und den entsprechenden Ort oder auch zusätzlich noch „Jakobsweg" eingeben.

Klima und Reisezeit

Grundsätzlich lässt sich der Pilgerweg durch Nordrhein-Westfalen zu jeder Jahreszeit begehen. Jede Zeit hat ihre Vor- und Nachteile und die Witterung spielt selbstverständlich immer eine wichtige Rolle. Schöne Stimmungen hat fast jede Zeit, sei es nun der neblige November oder das anbrechende Frühjahr. Glücklich ist derjenige, der spontan aufbrechen kann, wenn es ihm in den Füßen juckt.

Einiges weniges gibt es zu bedenken. Ihre Planung hängt z.B. davon ab, ob Sie nur ausgewählte Wegabschnitte, den Weg als Ganzes oder sogar komplett bis Santiago gehen wollen. Die Pilger des Mittelalters brachen im zeitigen Frühjahr auf, um vor dem Winter wieder zurück zu sein.

Am wenigsten geeignet ist der Dezember, weil Sie nur relativ kurze Zeit Tageslicht haben. Bestimmte Wegabschnitte können aber auch dann reizvoll sein, insbesondere dort, wo der lange Abend im Licht der Städte genutzt werden kann. Öffnungszeiten der Museen und der Kirchen sind im Winterhalbjahr allerdings oft reduziert und in einigen Fällen ganz eingestellt. Das lässt sich aber einplanen. Die Zeit von Mitte Januar bis Ende März zeigt oft ein wunderbares, klares Licht. Die Städte leuchten, kein Laub verdeckt die schönen Bauten. Für den Abschnitt von Soest bis Neuss ist das eine wunderbare Zeit, in der Sie den Schutz der Mauern und die überwiegend befestigten Wege schätzen werden.

Schnee wird in Nordrhein-Westfalen nur in wenigen Ausnahmejahren zum Problem. Für den Abschnitt im Weserbergland sollten Sie sich allerdings vorher über eventuelle Schneehöhen informieren. Mit eisigen Winden muss bei bestimmten Wetterlagen im Winter schon gerechnet werden, insbesondere in den flachen Börderegionen.

Für den Auftakt im Weserbergland werden wohl die meisten als schönste Zeit die Tage des ersten zarten Grüns der Buchen, die Zeit der Obstbaum- und Holunderblüte ansehen. Die Wiesen stehen dann im Gelb des Löwenzahns, auf den Feldern blüht der Raps. Feuchte Senken zeigen Wiesenschaumkraut und die Wälder Bärlauch, Veilchen und Buschwindröschen.

Eher meiden sollten Sie die Hitze des Sommers, da kann der Asphalt auch schon mal glühen. September und Oktober bieten dann wieder überwiegend ideale Wanderzeiten.

Markierung

Die Verantwortlichkeit für die Wegmarkierung des Jakobsweges durch NRW liegt bei der Altertumskommission für Westfalen (bis Bochum) und beim Fachbereich Umwelt des Landschaftsverbandes Rheinland (Essen bis Aachen).

▷ **Altertumskommission für Westfalen**, Landschaftsverband Westfalen-Lippe (LWL), An den Speichern 7, 48157 Münster,
 ☏ 0251/591 89 93, 🖥 www.jakobspilger.lwl.org
▷ **Landschaftsverband Rheinland** (LVR), Fachbereich Umwelt,
 Ottoplatz 2, 50679 Köln, ☏ 02 21/809 37 80,
 🖥 www.jakobspilger.lvr.de

Markiert ist der Weg durch NRW durchgängig mit der stilisierten gelben Muschel auf blauem Grund, mitunter ergänzt durch gelbe Pfeile. In ganz Europa hat man sich auf diese Zeichen geeinigt. Daneben finden sich immer wieder schöne kreative Gestaltungen der Muschelsymbolik.

Pilgerzeichen im Astloch

Die auf ein Zentrum (Santiago de Compostela) gerichteten Strahlen (Wege der Jakobspilger) geben Anlass dazu, dieses Kennzeichen an geeigneten Untergründen in der Landschaft so anzubringen, das es auch die Richtung weist, das vom Strahlenbündel gebildete Zentrum also je nach Wegverlauf nach rechts, links oder vorne (an Laternenmasten, Verkehrsschildern u.Ä. nach oben) auszurichten.

Auf dem Wegabschnitt von **Paderborn bis Dortmund** ist dieses Prinzip durchgängig verwendet worden. Irritierend bleibt allein, dass die Ausrichtung des Zeichens an langen Geraden vernachlässigt wurde. Dort ist das Zentrum nicht konsequent nach oben (geradeaus) gerichtet. Eine Besonderheit ist auch, dass manchmal nach dem Prinzip „Wenn keine Richtungsänderung erfolgt, gibt es auch keine Zeichen" markiert wurde. Das führt schon mal dazu, dass der Pilger an Abzweigen nicht mehr weiß, ob er noch richtig ist.

Zwischen **Dortmund und Aachen** gibt der zusätzlich zum Symbol angebrachte gelbe Pfeil die Richtung an. Die Ausrichtung des Zeichens bleibt ohne Bedeutung.

Die am wenigsten einheitliche Markierung fand ich im **Weserbergland** in den ersten drei Tagen bis Paderborn vor, muss aber auch zugeben, dass ich vielleicht zu Anfang des Weges die Feinheiten der Markierung auf diesem Abschnitt noch nicht hinreichend durchblickt habe. Es gibt bisher keine offizielle Beschreibung und offensichtlich auch keine einheitliche Vorschrift zur Art und Weise der Kennzeichnung. Jedenfalls werden hier auch die gelben Pfeile bei Abzweigen eingesetzt, mitunter sind - sehr hilfreich - zusätzlich Wegweiser angebracht. Einmal sind aber auch Richtungsmarkierungen mit der roten Sprühfarbe der Förster ergänzt. (✋ Grundsätzlich geben ansonsten ohne Schablone an Bäumen angebrachte farbige Markierungen aus der Sprühdose keinen Hinweis auf Wanderwege!) An manchen Stellen fehlt die gelbe Muschel und nur ein blaues Quadrat ist zu sehen. An Landstraßen und in Siedlungen ist an der rechten Straßenseite markiert. Das hilft dem Radfahrer, der Fußgänger, der dem Verkehr entgegengeht, bekommt dagegen an breiten Straßen Probleme.

Vorbildlich ist das Teilstück zwischen **Neuss und Aachen** markiert. Hier kommt es nur in Ausnahmefällen zu Irritationen. Weitere Hilfsmittel wie Wegbeschreibung und Karten werden dort weitgehend überflüssig. Allerdings kann es auch dort, wie überall, vorkommen, dass Markierungen verschwinden, sei es durch Vandalismus (selten), Alterung, Überkleben oder auch durch kurzfristige Überlagerung beispielsweise durch Wahlplakate.

Markiert ist der Weg grundsätzlich nur in einer Richtung, nämlich nach Santiago de Compostela.

Pilgerpass und Pilgerstempel

Der Pilgerpass (auf Spanisch „credencial"), oft verbunden mit einem Empfehlungs- oder Geleitschreiben, war das wichtigste Dokument für den Pilger des Mittelalters. Nur so konnte er in Herbergen und Hospitälern auf Aufnahme oder mit Hilfe in der Not rechnen. Das ist heute wieder genauso, allerdings nur im Norden Spaniens, auf dem Hauptweg, in den die Wege aus ganz

Europa einmünden. Die Infrastruktur der preisgünstigen Herbergen, die dort seit den 1950er-Jahren entstanden sind, ist alleine denjenigen vorbehalten, die zu Fuß, mit dem Rad und zu Pferd pilgern. Die Stempel im Pass dokumentieren den zurückgelegten Weg und belegen, dass man berechtigt ist, in einer Herberge zu übernachten. Einzelwanderer haben Vorrang vor Gruppen. Wer ein bestimmtes Reglement einhält, bekommt am Ziel im Pilgerbüro der Kathedrale von Santiago de Compostela eine Urkunde, die Compostela, ausgehändigt.

Frau Bojarzin versorgt Pilger mit Etappenstempel der Bartholomäuskapelle und Pilgerzeichen

Für den Weg durch NRW brauchen Sie keinen Pilgerpass, jedenfalls nicht unbedingt. Es gibt ein Netz von Stempelstellen mit Stempeln, die teilweise eigens für diesen Weg kreiert wurden. Diese können Sie sammeln, im Pilgerpass oder in Ihrem Tagebuch oder Ähnlichem. Sie werden sehen, das macht richtig Spaß und hat den schönen Nebeneffekt, dass Sie Menschen kennenlernen, die auch, wie Sie, an diesem Weg interessiert sind.

Im Text führe ich alle mir bekannten ⊙ Stempelstellen auf.

Manchmal bieten Gasthöfe, Restaurants etc. aber auch Vergünstigungen speziell für Pilger an. Falls Sie diese in Anspruch nehmen wollen oder müssen, sollten Sie Ihre Pilgerschaft glaubhaft - am einfachsten mit dem Pilgerpass - vermitteln können.

Einen Pilgerpass erhalten Sie bei allen Jakobusgesellschaften. Für Pilger in NRW gibt „Jakobus Münster" (☞ Informationen) ein spezielles kartoniertes Stempelsammelblatt heraus.

Radpilger, am geografischen Mittelpunkt von Unna angelangt

ᚼᚼ Radfahrer

Der Jakobsweg von Corvey nach Aachen ist sowohl für Fuß- als auch für Radpilger gedacht.

Die Beschreibung des Weges hier richtet sich aber vor allem nach den Bedürfnissen der Fußgänger. Radfahrer können im Wesentlichen diesen Beschreibungen folgen, finden im Text aber auch zusätzlich an entsprechenden Stellen Hinweise für radfahrerfreundlichere Umgehungen. Insbesondere im Weserbergland können Sie so mitunter recht heftige Steigungen vermeiden. Nur in wenigen Ausnahmefällen, und dann auch nur auf ganz kurzen Wegabschnitten, **müssen** Radfahrer Umgehungen wählen, um Fußgänger nicht zu behindern. Auch dies wird im Einzelnen im Text erwähnt.

Unterkunft

Für die einzelnen Etappenorte und für unterwegs finden Sie eine Vielzahl von Übernachtungsbetrieben aufgeführt. In das Verzeichnis aufgenommen sind in der Regel nur die Betriebe, die für Fußgänger leicht erreichbar sind und möglichst direkt am Weg liegen. Radfahrer haben einen größeren Radius und können manchmal in einem der weiter entfernt liegenden Dörfer günstiger oder einfach ruhiger übernachten. Dies ist hier aber nur in Ausnahmen berücksichtigt.

In den meisten Etappenorten sind **Informationsstellen für Touristen** eingerichtet. Oft ist ein Anruf dort oder die Kontaktaufnahme bei Ankunft die einfachste Art, eine Unterkunft zu buchen und weitere Information über die Region zu erhalten. Manche Touristenbüros sind auch bemüht, für Pilger Sonderkonditionen bei Übernachtungsbetrieben auszuhandeln. Im Einzelnen entnehmen Sie dies an der entsprechenden Stelle dem Text.

Ferienwohnungen habe ich in der Regel nicht aufgeführt, da sie meist nicht für Einzelübernachtungen gedacht sind. In Großstädten und in Orten mit unübersichtlich vielfältigem Übernachtungsangebot habe ich weitgehend auf eine Auflistung der Beherbergungsbetriebe verzichtet. Hier können Ihnen die Spezialisten vor Ort besser weiterhelfen.

Manchmal finden sich Unterkünfte, die besonders christlich orientierten Pilgern (aber auch anderen) eine passende Umgebung sind. Dieses sind insbesondere das ein oder andere Kloster am Weg sowie kirchliche Einrichtungen. Mitunter kann es für größere Pilgergruppen schwierig sein, ausreichend Übernachtungsplätze zu finden. Viele Kirchengemeinden am Weg bemühen sich gerne um eine Lösung.

Extra für Pilger eingerichtete Herbergen gibt es nicht am Weg. Einzig in Paderborn hält ein Krankenhaus vier Plätze in einem Wohnheim speziell für Pilger frei. Wer preisgünstig und einfach übernachten will oder muss, findet in vielen Orten noch Zimmer mit Etagenduschen. Auch die Jugendherbergen sind bei Nutzung der Mehrbettzimmer eine preisgünstige, gute Lösung. Denken

Sie aber daran, dass hier in der Regel der Herbergsausweis notwendig ist. Für Pilger mit Pilgerausweis werden nur in den Jugendherbergen zwischen Höxter und Paderborn Ausnahmen gemacht (☞ Beschreibung der einzelnen Betriebe). Manchmal bieten Beherbergungsbetriebe Vergünstigungen speziell für Pilger an. Das Preisniveau der Übernachtungsbetriebe liegt im Großraum Düsseldorf durchschnittlich etwas über dem der anderen Regionen. Insbesondere Messezeiten sollten Sie dort meiden. Die preisgünstigsten Übernachtungsmöglichkeiten gibt es im Weserbergland und in Dortmund.

⚠ Das Campen außerhalb der dafür vorgesehenen Plätze ist in Deutschland verboten. Campingplätze gibt es nur relativ selten am Weg. Trotzdem ist es auch in NRW möglich, auf feste Quartiere unterwegs zu verzichten. Bitten Sie bei Privatleuten, Landwirten oder Pastoren um ein kleines Wiesenstück. Manchmal ist das Zelten auch neben Jugendherbergen möglich. Ein Kloster unterwegs bietet seinen Park ganz offiziell zum Campen an. Sicher wird Ihnen auch niemand Vorwürfe machen, wenn es an einer der zum Rasten vorgesehen Schutzhütten einmal zu dunkel zum Weiterwandern geworden ist und Sie dort die Nacht verbringen müssen, sofern Sie den Platz sauber hinterlassen.

Updates

Der Conrad Stein Verlag veröffentlicht Updates zu diesem Buch, die direkt vom Autor oder von Lesern dieses Buches stammen. Bitte suchen Sie vor Ihrer Abreise auf der Verlags-Homepage 💻 www.conrad-stein-verlag.de diesen Titel. Unter dem Link „mehr lesen" finden Sie alle wichtigen Informationen. Der links abgebildete QR-Code führt Sie direkt zu der richtigen Seite.

Wanderkarten

Mit dieser Wegbeschreibung und den Wegmarkierungen sollten zusätzliche Karten zum Auffinden des Weges eigentlich überflüssig sein. Zurzeit gibt es am Markt auch keine, welche den Verlauf des Weges zeigen. Die früher einmal flächendeckend für das Land Nordrhein-Westfalen vom Landesvermessungsamt (Maßstab 1:50.000) herausgegebenen hervorragenden Freizeitkarten werden nicht mehr aufgelegt. Die Ausschnitte der noch herausgegebenen topografischen Serien sind zum Streckenwandern ungeeignet, da zu viele Einzelblätter benötigt werden.

Diese schmerzliche Lücke soll der Karten- und Reiseführerfachhändler schließen:

◆ GeoCenter Touristik Medienservice GmbH, Schockenriedstr. 44, 70565 Stuttgart, 💻 www.geocenter.de

Die Komplettierung entsprechender Serien wird aber noch einige Jahre in Anspruch nehmen. Solange bleibt NRW ohne gute Wanderkarten.

Als Ersatz können die unten aufgeführten Karten vom Kompass-Verlag dienen. Der Verlauf des Weges ist dort zwar nicht eingezeichnet, jedenfalls nicht in den 2012 erhältlichen Ausgaben (ausgenommen die ersten drei Etappen im Weserbergland, diese aber stellenweise falsch), sie geben aber einen guten Überblick und lassen eine Einordnung der durchwanderten Orte in die weitere Umgebung zu. Auch sind vom Weg aus erblickte Objekte des Interesses nach entsprechender Nordung der Karten leichter zu identifizieren.

▷ Etappen 1 bis 4: Kompass Wanderkarte Nr. 844, 1:50.000, Südlicher Teutoburger Wald, Eggegebirge, ISBN 978-3-85026-192-0, € 7,95
▷ Etappen 5 und 6: Kompass Wanderkarte Nr. 843, 1:50.000, Beckumer Berge-Senne-Paderborn-Lippetal, ISBN 978-3-85026-191-3, € 7,95
▷ Etappen 7 bis 13: Kompass Wanderkarte Nr. 821, 1:50.000, Ruhrgebiet, Set mit 3 Karten, ISBN 978-3-85026-250-7, € 14,95
▷ Etappen 14 bis 16: Kompass Wanderkarte Nr. 755, 1:50.000, Niederrhein Süd, ISBN 978-3-85491-678-9, € 7,95
▷ Etappen 17 bis 18: Kompass Wanderkarte Nr. 757, 1:50.000, Aachen und das Dreiländereck, ISBN 978-3-85491-620-8, € 7,95

Das Landesvermessungsamt NRW hat ein Online-Portal eingerichtet, über das sich der Pilgerweg nach Auflegen der Freizeitinformationen über die

topografischen Karten 1:25.000 lückenlos verfolgen lässt. Ein Ausdrucken der Kartenausschnitte ist für den privaten Gebrauch möglich, aber aufwendig.
💻 www.tim-online.nrw.de

Buchseitengroße Kartenausschnitte mit eingezeichnetem Pilgerweg im Maßstab 1:25.000 enthalten die folgenden zwei Bände der Landschaftsverbände:

- 📖 Landschaftsverband Westfalen-Lippe: Wege der Jakobspilger in Westfalen, Band 8 (Corvey - Dortmund), ISBN 978-3-7616-2380-0, € 14,95
- ♦ Landschaftsverband Rheinland, Landschaftsverband Westfalen-Lippe: Wege der Jakobspilger in Rheinland und Westfalen, Band 9 (Dortmund - Aachen), ISBN 978-3-7616-2381-7, € 14, 95

Radpilgern könnten die Radtourenkarten vom ADFC als Orientierung dienen:
- ▷ ADFC-Radtourenkarte 11, Ostwestfalen/Sauerland, 1:150.000, ISBN 978-3-87073-515-9, € 6,95
- ▷ ADFC-Radtourenkarte 10, Münsterland/Niederrhein, 1:150.000, ISBN 978-3-87073-366-7, € 6,95
- ▷ ADFC-Radtourenkarte 15, Rheinland/Eifel, 1:150.000, ISBN 978-3-87073-371-1, € 6,95

Zeit

Die im Text angegebenen Wegzeiten habe ich häufig näher erläutert. Es sind immer nur Annäherungswerte, die sich auf ein „Tagewerk" beziehen, das die ein oder andere Besichtigung, mehr oder weniger häufige Anlässe zum Stehenbleiben und Verweilen, aber keine längeren Pausen miteinbezieht. Bei der reinen Gehzeit rechne ich maximal 4 km in der Stunde, das entspricht meinem Wandertempo auf weitgehend ebenem und festem Untergrund. Im Gelände mit Steigungen, wie sie auf den ersten drei Etappen vorkommen, rechne ich mit 3,2 bis 3,5 km/Stunde.

Für den gesamten Weg sollten Sie knapp drei Wochen einplanen. Dann ist auch mal ein Pausentag drin.

Der Pilgerweg von Schloss Corvey nach Aachen

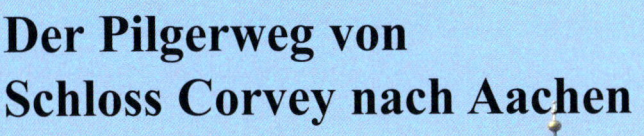

Kath. St.-Patrokli-Dom in Soest

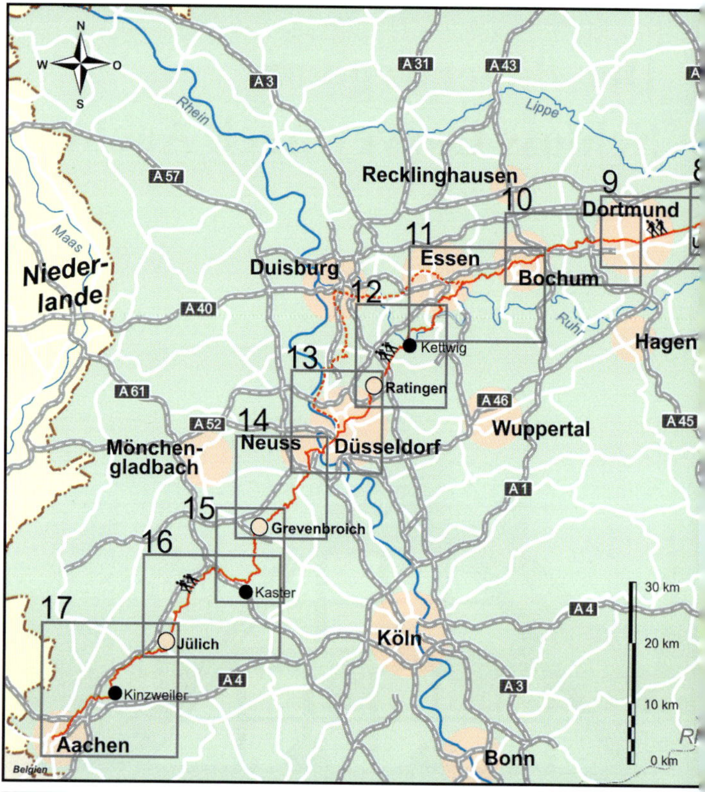

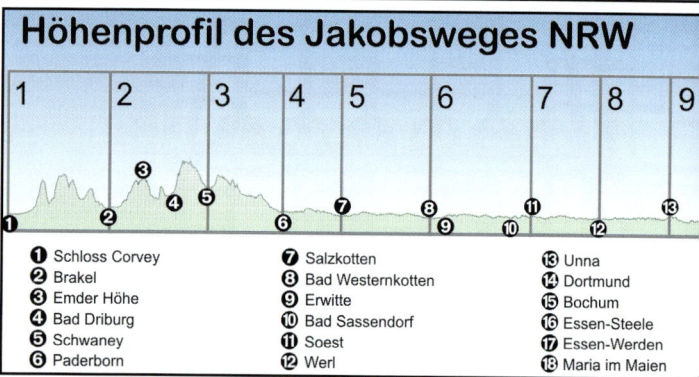

Höhenprofil des Jakobsweges NRW

1. Schloss Corvey
2. Brakel
3. Emder Höhe
4. Bad Driburg
5. Schwaney
6. Paderborn
7. Salzkotten
8. Bad Westernkotten
9. Erwitte
10. Bad Sassendorf
11. Soest
12. Werl
13. Unna
14. Dortmund
15. Bochum
16. Essen-Steele
17. Essen-Werden
18. Maria im Maien

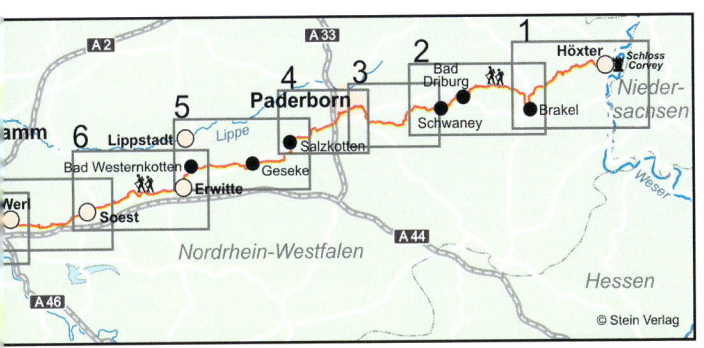

Schloss Corvey - Aachen

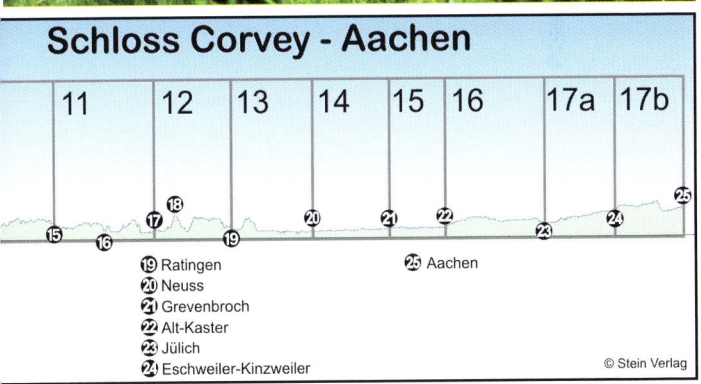

⑲ Ratingen
⑳ Neuss
㉑ Grevenbroch
㉒ Alt-Kaster
㉓ Jülich
㉔ Eschweiler-Kinzweiler
㉕ Aachen

© Stein Verlag

1. Etappe: Von Corvey nach Brakel

➲ 25 km, ⌛ 9 Std.

Je nachdem, ob Sie nun eine kurze oder längere Anreise haben, mit dem Auto, dem Zug oder vielleicht sogar zu Fuß ankommen oder mit dem Rad unterwegs sind, werden Sie vielleicht einen anderen Einstieg in den Weg finden. Empfehlenswert ist es auf jeden Fall, schon einen Tag früher anzureisen, sich mehr Zeit für die Besichtigung von Corvey und Höxter zu nehmen, vielleicht sogar eine Führung zu buchen oder auch eines der Museen zu besuchen und anderntags dann entspannt loszumarschieren. Im Abschnitt zu ☞ Höxter weiter unten beschreibe ich eine Möglichkeit, wie Sie die ersten drei Pilgertage von Corvey bis Paderborn gepäckfrei, von einem festen Standort aus, genießen können.

Offiziell startet der Weg in Corvey. In meiner Beschreibung gehe ich davon aus, dass Sie früh am Bahnhof Höxter ankommen (oder bereits am Vortag angereist sind), von dort zunächst nach Corvey laufen und dann noch am selben Tag wieder über Höxter (also zurück) bis Brakel gehen. Die angegebene Entfernung schließt den Weg vom Bahnhof bis Corvey mit ein. Inklusive der Besichtigung der Klosterkirche, der St.-Kiliani-Kirche in Höxter und einer Stippvisite im mittelalterlichen Höxter benötigen Sie etwa 9 Std.

🚶🚶 Am **Bahnhof „Höxter Rathaus"** angekommen bleiben Sie auf dem Bahnsteig und wandern am Lauf der Weser entlang Richtung Osten bis zum Bahnübergang. Dort wenden Sie sich nach rechts, queren die Schienen und biegen links in den Weserradweg Richtung Corvey (2,2 km) ein.

Auch wenn das schöne, aus Stein und Fachwerk erbaute historische Rathaus durch die sich öffnende Straßenflucht noch so lockt, lassen Sie es links liegen. Es tut gut, nach der Anfahrt erst einmal ein Stück zügig an der Weser entlangzugehen. Sie werden später wieder am Rathaus ankommen.

Der Radweg verbreitert sich nach einer Weile zur Straße, die den 🚴 Radfahrer weiter nach Corvey leitet. Der 🚶🚶 Pilger findet hier an der Weser bleibend halb rechts einen schmalen, geschotterten Fußweg, der auf eine auf dem Deich gelegene Kastaniengruppe zielt. Von hier schauen Sie auf einen kleinen Hafen, an dem Sie erst links und dann rechts herum entlangspazieren. Vor der angrenzenden Holzfabrik knickt der Weg nach links ab. Markiert ist der Hauptwanderweg X16, der dann rechts in die Straße für die Radfahrer mündet. Nach wenigen Schritten führt die Straße links über einen Bahnübergang, dann liegt das Schloss Corvey auch schon vor Ihnen.

Corvey 37671 05271

- am **Informationsstand der Abteikirche**
- **Weser Aktiv Hotel**, Corvey 1, Höxter, ☎ 694 68 66, FAX 694 68 67, www.weser-aktivhotel-corvey.de, ÜF: ab € 23,50/Person, inkl. Zelt € 5/Person, Lunchpaket, € 5, Abendessen für Hotelgäste, Radverleih € 10/Tag
- **Abteikirche** und **Schlossmuseum Corvey**, Mai bis September tägl. von 10:00 bis 18:00, April und Oktober täglich außer Mo von 10:00 bis 18:00, ☎ 69 40 10 oder 681 50, Führungen mit Voranmeldung, ☎ 681 20, www.schloss-corvey.de
- **tom Roden**, Klosterruine (12. Jh.) in unmittelbarer Nachbarschaft von Corvey, ehemaliges Tochterkloster

Stimmungsreicher und würdevoller könnte der Aufbruch zur Pilgerreise durch Nordrhein-Westfalen kaum sein. Im ältesten und einzigen fast vollständig erhaltenen karolingischen Westwerk in der Abteikirche Corvey vermag man vielleicht den Atem der alten Zeit verspüren, die in gewisser Weise auch einen Aufbruch in eine neue Zeit, in ein neues Zeitalter bedeutete.

Corvey kommt eine bedeutende Schlüsselrolle in der Christianisierungsgeschichte Westfalens und Niedersachsens zu. Nach Beendigung der militärischen Eroberung Sachsens im Jahre 804 und der Ausdehnung des Fränkischen Reichs durch Karl den Großen bis an das Ufer der Weser war auch der Weg zur Missionierung der bis dahin nicht christlichen Sachsen frei.

Benediktinermönche aus dem Westfränkischen Corbie (im Nordwesten Frankreichs an dem Fluss Somme gelegen) überquerten den Rhein, wanderten über den Hellweg und durch den Nethegau (das Land am Ufer der Nethe, heutiger Kreis Höxter und Brakeler Bergland) und gründeten im Jahre 822 am östlichen Rande des Reiches das erste Mönchskloster im sächsischen Siedlungsraum: Corbeia nova, das neue Corbie und heutige Corvey.

Unter dem Schutz Ludwig des Frommen, dem Sohn und Nachfolger von Karl dem Großen, entwickelte sich das Kloster noch im selben sowie im nachfolgenden 10. Jh. zu einem bedeutenden geistigen, kulturellen und wirtschaftlichen Zentrum. Die Übertragung (Translation) der Reliquien des hl. Stephanus und St. Vitus spielte dabei eine bedeutende Rolle, denn schnell wurde Corvey Wallfahrtsort und Vitus sogar zum Stammesheiligen der Sachsen. Durch Stiftungen und Schenkungen des Adels erlangte Corvey Besitztümer von Magdeburg bis ins Emsland und bis vor die Tore von Bremen und Hamburg.

Erst nach der Säkularisation 1803 wurde das Kloster aufgelöst und später zum Schloss umgebaut. Heute streben die adligen Besitzer die Ernennung Corveys zum Weltkulturerbe an und hoffen, dadurch den Tourismus in Corvey zu einer „wirtschaftlich tragenden Säule" zu entwickeln und natürlich auch zum Erhalt der historischen Anlagen beizutragen. Der Status des Kulturerbes wird zur Reliquie der modernen Zeit.

Noch heute ist die Abteikirche Pfarrkirche für die kleine Corveyer Gemeinde.

Östlich (rechts) blicken Sie entlang der alten Mauern und auf einen Teil des die gesamte Anlage umgebenden Grabensystems. Hier entlang führt der Weserradweg, von Alleebäumen gesäumt, wieder zur Weser.

Sie bleiben bis zur ersten Tordurchfahrt in der eingeschlagenen Richtung (nördlich). Hier finden Sie einen Hinweis auf verschiedene in diesem Teil des Schlosses einquartierte Firmen, u.a. das Weser Aktiv Hotel.

Gehen Sie rechts durch dieses Tor. Ein von langen, wenig renovierten Gebäudereihen umschlossener Innenhof (südlicher Hof) ermöglicht den Blick auf den Wirtschaftsbereich des heutigen Schlosses. Das Herzstück des ehemaligen Benediktinerklosters, die Klosterkirche, ist von hier schon zu sehen.

Sie gehen links in den Nordhof und blicken auf das eindrucksvolle Westwerk der Klosterkirche.

Westwerk oder Westfassade: Die frühchristlichen und mittelalterlichen Kirchen waren in der Regel mit dem Chor nach Osten ausgerichtet, um das Morgenlicht zum Frühgottesdienst einzufangen. Im Westen stehen die Turmbauten.

1. Etappe: Von Corvey nach Brakel

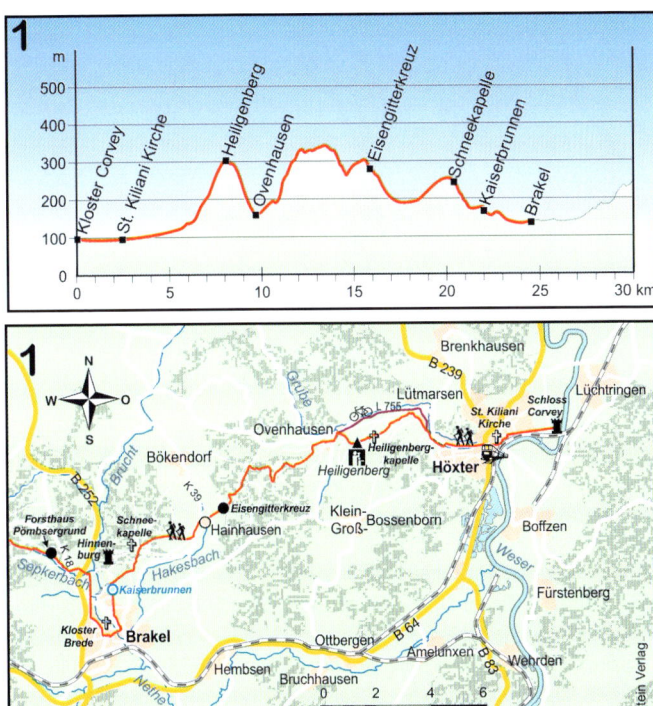

Zwischen den auf hohen Sockeln thronenden, barocken Statuen des **St. Stephanus und St. Vitus** steigen Sie wenige Stufen hinab ins Atrium (📷 Seite 48), ein Vorplatz, der ursprünglich überdacht war. Die in Form eines Brunnenrings gelegte Pflasterung erinnert an die Einrichtung zur Taufe der zum christlichen Glauben bekehrten Sachsen.

Im Westwerk betreten Sie den von Säulen gestützten Innenraum, der an eine Krypta erinnert, hier allerdings vom Sonnenlicht umspielt wird. Beachten Sie auch den Treppenaufgang rechts, der zum sogenannten **Johannischor** der Kaiser- und Königskirche hinaufführt. Die sich anschließende Hallenbasilika

Atrium, Vorhof der karolingischen Klosterkirche. In der Pflasterung sind die Taufbrunnen der Missionare markiert.

barocker Ausstattung steht im Kontrast dazu, ist aber nicht minder eindrucksvoll. Sie ersetzt die im Dreißigjährigen Krieg zerstörte und 1665 abgebrochene karolingische Kirche.

Durch eine Seitentür betreten Sie den kleinen Friedhof. Die bekanntesten Personen, die hier begraben liegen, sind wohl **Heinrich Hoffmann von Fallersleben** und seine Frau Ida. Hoffmann von Fallersleben betreute viele Jahre die Schlossbibliothek und ist als Dichter des Deutschlandlieds und vieler Kinderlieder („Alle Vögel sind schon da", „Ein Männlein steht im Walde") bekannt.

☺ Am Informationsstand erhalten Sie Broschüren und im Schlossmuseum (falls Sie sich mehr Zeit nehmen wollen und können) vertiefende Details zur Geschichte. Vergessen Sie nicht, den Corveyer Abteistempel als ersten in Ihren Pilgerpass zu drücken.

Offizieller Start des Pilgerweges ist die in Form einer Muschel gehaltene Informationstafel vor dem Nordwesttor der Schlossanlage (Schlossrestaurant). Hier beginnt die mit Alleebäumen bepflanzte Corveyer Allee. Schnurgerade führt sie auf Höxter zu. Auch die Wegmarkierung beginnt an dieser Stelle.

Offizieller Start

Etwa 20 Min. wandern Sie an der Straße entlang bis zum Osttor des alten Höxter. Der Verkehr wird ab hier um die Stadt herumgeleitet. Sichtbar ist noch der alte Stadtwall, der zur Parkanlage mit Radweg umfunktioniert wurde. Ein Denkmal rechter Hand erinnert an Hoffmann von Fallersleben. Linker Hand zweigt der Fernwanderweg X18 ab. Sie gehen geradeaus weiter, betreten zwischen den das ehemalige Tor markierenden Säulen die Altstadt und biegen dann links in die Minoritenstraße. Wasser rauscht. Ein Bach erblickt hier kurz das Tageslicht.

Die nächste Straße rechts ist die Rodewiekstraße, in die Sie einbiegen. Hinter der hohen Mauer linker Hand verbirgt sich die evangelische Marienkirche. Mit Blick auf den Biergarten am Parkhaus werden Sie dann links in die Martin-Luther-Straße geführt. An der folgenden Querstraße gehen Sie geradewegs in die Judengasse und werden von einem romantischen Winkel überrascht. Ein kleiner Park mit Bachlauf und Wasserrad ergänzen die imposante Erscheinung der evangelischen St.-Kiliani-Kirche.

Der Bachlauf treibt symbolisch das Rad. Hier stand einmal eine Schleifmühle und Messerschmiede, eine von sechs Mühlen in Höxter. Vom Nistkasten am Helm des (aus dieser Sicht) rechten Turmes löst sich ein Wanderfalke. Wie ich von einem Anwohner erfahren habe, geht die erfolgreiche Wiederansiedlung der Falken auf eine Aktion des Naturschutzbundes (NABU) zurück: „Jedem Kirchturm seinen Falken". Auch die evangelische Auferstehungskirche in Brakel (Nähe Bahnhof) am heutigen Tagesziel beherbergt seit Jahren ein Brutpaar. Dort ist es ein Turmfalkenpaar. Vielleicht haben Sie das Glück, einen Falken im Flug zu sehen.

Am Bachlauf entlang erreichen Sie das Portal der **St.-Kiliani-Kirche**, die Sie unbedingt besuchen sollten.

✝   Kunstinteressierte kommen wegen der Kanzel, welche die älteste Arbeit der Renaissance im gesamten Weserraum ist. Interessant ist auch der Vorgängerbau, dessen Fundamente man bei Umbauarbeiten unter dem heutigen Bauwerk entdeckt hat. Die ursprünglich romanische Basilika lässt sich heute noch im nördlichen Seitenschiff erkennen. Es wird vermutet, dass es sich um eine bereits im Jahre 780-800, also 30-50 Jahre vor der Gründung Corveys, von Karl dem Großen in Auftrag gegebene Hallenkirche gehandelt hat.

Von Mai bis September ist die Kirche auch ein Ort der Begegnung. Mitarbeiter der evangelischen Kirche stehen den Besuchern ehrenamtlich für ein Gespräch (Führung) zur Verfügung und das täglich.

Sie gehen geradeaus weiter. Schauen Sie sich noch einmal um. Die Westfront der Kilianikirche sieht dem Westwerk von Corvey sehr ähnlich.

Nach nur wenigen Schritten landen Sie am Markt und am historischen Rathaus mit der 🛈 Touristeninformation und somit auch wieder nahe am 🚉 Bahnhof.

Höxter

✉ 37671 ☎ 052 71

🛈   **Im historischen Rathaus**, Weserstraße 11, ☎ 194 33, FAX 963 19 07, ✉ info@hoexter-tourismus.de, 🖥 www.hoexter-tourismus.de, 📅 Mai bis Sept. Mo, Di, Do, Fr 9:30 bis 17:00, Mi, Sa 9:30 bis 14:00, Okt. bis April Mo, Di, Do 9:30 bis 17:00, Mi, Fr 9:30 bis 14:00

🛏✕   **Hotel Corveyer Hof**, Westerbachstr. 29, ☎ 977 10, FAX 97 71 13, 🖥 www.hotelcorveyerhof.de, ✉ hotelcorveyerhof@t-online.de, ÜF: EZ € 36 bis 55, DZ € 60 bis 80, 25 Betten, WLAN, Kinderbett, Fön im Zimmer, Haussafe, 🐕 auf Anfrage, Zentrum, am Weg

1. Etappe: Von Corvey nach Brakel

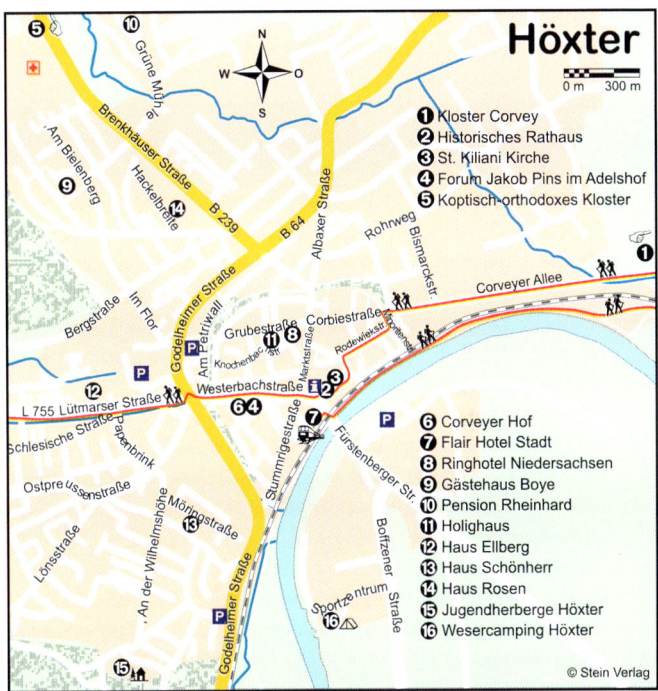

- **Flair Hotel Stadt Höxter**, Uferstr. 4, ☎ 697 90, FAX 69 79 79, 🖳 www.hotel-stadt-hoexter.de, ✉ info@hotel-stadt-hoexter.de, 89 Betten, ÜF: EZ € 53 bis 85, DZ € 80 bis 120, Fahrradabstellraum, Fahrradverleih, E-Bike-Verleih, Lift, Garage, Parkplatz am Haus, Nichtraucher, 🐕 auf Anfrage, Zentrum
- **Ringhotel Niedersachsen**, Grubestr. 3-7, ☎ 68 80, FAX 68 84 44, 🖳 ww.hotelniedersachsen.de, ✉ info@hotelniedersachsen.de, 140 Betten, ÜF: EZ € 80 bis 135, DZ € 110 bis 200, Fahrradabstellraum, Fahrradverleih, Tagungsräume, Saal, Aufenthaltsraum, Schwimmbad, Whirlpool, Sauna, Solarium, Fitnessraum, Garage, Parkplatz, Nichtraucher, WLAN, Diätküche, Vollwertkost, 📺 🐕 , Zentrum

- **Gästehaus Boye**, Am Bielenberg 27, ☎ 314 51, 📱 017/697 87 56, 4 Betten, ÜF: € 18 bis 20/Person, Fahrradabstellraum, Liegewiese/Garten, Parkplatz, Gästekühlschrank, Fön im Zimmer
- **Pension Rheinhard**, Grüne Mühle 20, ☎ 378 58, 📱 017/512 41 18, 4 Betten, ÜF: € 20/Person, ➲ 1,3 km vom Bahnhof
- **Privatzimmer in der Altstadt**, Thorsten Holighaus, Knochenbachstr. 3, 📱 01 73/290 28 92, 🖥 www.zimmer-in-hoexter.de, ✉ 37671@web.de, 3 Betten, EZ € 25, DZ € 40, Fahrradabstellraum, Etagenbad, Nichtraucher, Teeküche, Mikrowelle, Gästekühlschrank, Toaster, Fön im Zimmer, Waschmaschine, Wäschetrockner, Frühstück auf Wunsch, Zentrum
- **Haus Ellberg**, Lütmarser Str. 34, ☎ 21 55, 📱 01 74/386 80 57, 1 DZ, 2 Zustellbetten, ÜF: DZ € 36 bis 50, Fahrradabstellraum, Fahrradverleih, Gästekühlschrank, Fön im Zimmer, am Weg stadtauswärts
- **Haus Schönherr**, Möringstr. 12, ☎ 341 90, 🖥 www.haus-schoenherr.de, ✉ info@haus-schoenherr.de, 6 Betten, EZ € 18 bis 24, DZ € 36 bis 48, Fahrradabstellraum, Parkplatz, Etagendusche, Gästekühlschrank, Kaffeemaschine, Toaster, Frühstück auf Wunsch, ➲ 600 m vom Bahnhof
- **Haus Rosen**, Hackelbreite 2, ☎ 324 92, 📱 01 62/908 52 93, 🖥 www.haus-rosen.de.vu, ✉ Inge.rakebrand@freenet.de, 4 Betten, ÜF: EZ € 30, DZ € 40, Fahrradabstellraum, Parkplatz, Einkaufsmöglichkeiten, Etagenbad, Zustellbett, Nichtraucher, Gästekühlschrank, ➲ 1 km vom Bahnhof
- **Erlebnisjugendherberge Höxter**, An der Wilhelmshöhe 59, ☎ 22 33, FAX 12 37, 🖥 www.djh-wl.de/hoexter, ✉ jh-hoexter@djh-wl.de, ÜF: ab € 15,90, Frühstücksbüffet, 🛌 ✕. Pilger mit Pilgerausweis brauchten 2012 keinen Herbergsausweis, fragen Sie aber besser vorher nach, ob es noch immer so ist. Nahe am Weg stadtauswärts
- **Wesercamping Höxter *****, Sportzentrum 4, ☎ 25 89, FAX 49 63 35, 🖥 www.campingplatz-hoexter.de, ✉ info@campingplatz-hoexter.de, ✕, 🐕, auf Anfrage, Zelt € 3 bis 5, Person ab 15 Jahre € 4, Ü in Blockhütten: € 14/Hütte + € 4,50/Person, ➲ 1 km (über die Weserbrücke und dann rechts am Fluss entlang)
- Zwischen Holzminden und Paderborn und über den Bahnhof Höxter-Rathaus verkehrt im Stundentakt ein Regionalzug. Dieser Zug hält auch in den Etappenorten Brakel und Driburg. So ist es ohne viel Organisation möglich, die ersten drei Etappen von einem festen Standort aus (Höxter, Brakel, Driburg oder

Paderborn) zu erwandern. Das hat den Vorteil, dass ein Großteil des Gepäcks in der Unterkunft, die dann z.B. auch eine Ferienwohnung sein kann, verbleiben kann.

🚌 Falls Sie einen der kleineren umliegenden Orte erreichen wollen, können Sie mit dem Bus fahren. Suchen Sie sich die entsprechende Verbindung auf der Homepage der Bahn (🖥 www.bahn.de) oder des Nahverkehrsverbunds Paderborn/Höxter (🖥 www.nph.de) heraus oder fragen Sie in der Touristeninformation nach. Auf vielen Strecken (z.B. nach Brenkhausen) verkehren Busse im Stundentakt.

⛴ **Flotte Weser**, 24. April bis 4. Okt. Di bis So 12:45 ab Höxter Uferstraße (hinter dem Bahnhof) nach Corvey oder einstündige Rundtour, weitere Ausflugsfahrten, 🖥 www.flotte-weser.de/weser_schiff/hoexter

✝ **St. Kiliani**, An der Kilianikirche 1, ☎ 23 57,
✉ reinhard.schreiner@kk-ekvw.de, 🕑 1. April bis 31. Okt. Mo bis Sa 9:00 bis 19:00, So 12:00 bis 19:00, 1. Nov. bis 31. März Mo bis Sa 9:00 bis 17:00, So 12:00 bis 17:00

♦ **Koptisch-orthodoxes Kloster** zur Hl. Jungfrau Maria und des hl. Mauritius, Höxter-Brenkhausen, Propsteistraße 1a, ☎ 189 05 + 368 54, FAX 367 42, 🖥 www.koptisches-kloster-hoexter.de, 🕑 Mo bis Fr 8:00 bis 18:00, Sa 8:00 bis 20:00, So 9:00 bis 20:00, ➲ von Höxter 7 km, von Lütmarsen 5 km. Das ehemalige Zisterzienserinnen-Kloster beruht auf einer Corveyer Gründung (1240-45). Das Kloster dient heute als Sitz für den koptischen Bischof in Deutschland. Es ist ein koptisch-orthodoxes Männerkloster. 🛏 Es gibt hier auch eine Übernachtungsmöglichkeit im Gästehaus von Bischof Damian. Wer Interesse hat, ruft einfach mal an. (Empfehlung des Freundeskreises der Jakobspilger Paderborn)

⌘ **Forum Jakob Pins** im Adelshof, Westerbachstraße 35 bis 37,
🖥 www.jakob-pins.de, 🕑 April bis Okt. Di bis So 10:00 bis 17:00, Nov. bis März Di bis So 14:00 bis 17:00, zeigt Werke des in Höxter geborenen jüdischen Künstlers Jakob Pins, die Geschichte der Juden in Höxter und Beispiele adeligen Wohnens in Höxter vom 16. bis 19. Jh.

Höxter entwickelte sich am Übergang des Hellwegs über die Weser. Im späten Mittelalter war die Stadt Mitglied der Hanse. Heute ist sie vor allem wegen ihres weitgehend erhaltenen mittelalterlichen Stadtkerns und der vielen schönen Fachwerkhäuser aus der Zeit der Weserrenaissance und natürlich wegen der schönen Lage am Fluss im Weserbergland beliebt. Die Weser bildet hier die Grenze zu Niedersachsen.

🚶 Zur Fortsetzung des Weges laufen Sie geradeaus weiter (Richtung Westen). Vorbei an vielen Straßencafés und wunderbar mit bunten Motiven bemalten Häusern der Weserrenaissance führt die Westerbachstraße bis zum Westtor. Am Weg liegen das ⌘ Forum Jakob Pins im Adelshof und das 🛏 Hotel Corveyer Hof.

Am Westtor überqueren Sie die Straßenkreuzung und folgen dann der Ausfallstraße Richtung Lütmarsen (Lütmarser Straße) weiter in westliche Richtung. Markiert ist entlang der Straße auf der rechten Seite. Schöner gehen lässt es sich links nahe am Bollerbach im Schatten der Ufervegetation. Angezeigt wird ein Abzweig zur 🏠 Jugendherberge. Sie laufen weiter geradeaus. Orientierung geben Tankstelle und 🛒 Discounter. Hier führt eine erste Brücke links über den Bach.

Sie behalten die bisherige Richtung noch bei. Erst wenn für die Autofahrer ein ℹ Informationspunkt angezeigt wird (Umgebungskarte, Stadtplan), gehen Sie links auf der zweiten Holzbrücke über den Bach und biegen dann rechts um den Spielplatz herum in den 🚲 Radweg Richtung Ovenhausen (4,4 km) ein.

Noch laufen Sie parallel zur Hauptstraße, getrennt durch den Bach. Zwei von der Hauptstraße abzweigende Straßen queren Sie. Danach erreicht von rechts der Wanderweg X2 Ihren Weg.

Die Häuser der Stadt haben Sie jetzt hinter sich gelassen. Offenes Gelände liegt vor Ihnen. Sie wandern am Fuß eines Höhenzugs mit dem von Obstbäumen und Holunder gesäumten Sträßchen an den Feldern entlang. An der nächsten Gabelung zweigt der Weg X2 rechts wieder ab. Sie halten sich links entlang der Schutzhütte ⛺ mit Radfahrer-Information.

🚲 Radfahrer haben es bequemer, wenn sie ab hier (an der Gabelung rechts) im Tal bleiben. (Falls Sie den bald folgenden steilen Anstieg nicht fürchten, ist aber auch der Jakobsweg weiterhin gut befahrbar.) In Lütmarsen biegen Sie links in die Straße Lütmarser Tal (L 755) bzw. den ausgeschilderten Radweg nach Ovenhausen.

Der Weg steigt jetzt am Ortsrand von **Lütmarsen**, teilweise zwischen hohen, wild bewachsenen Böschungen, zu einer zweiten Schutzhütte ⌂ an. Dort bleiben Sie noch geradeaus (ein Abzweig links wird ignoriert), bis Sie die Straßenkreuzung am Westfriedhof erreicht haben.

Rechter Hand, dem Tor zum Friedhof gegenüber, steht ein modernes Relief, eingelassen in einen gemauerten Sockel, das nach meiner Interpretation einen Jakobspilger stilisiert. Eine Information zum Künstler und Anlass habe ich nicht gefunden. Es trägt die Aufschrift: „Möge dieser Weg und alle, die ihn gehen, mit Gottes Liebe gesegnet sein."

🚴 Radfahrer haben auch hier noch die Möglichkeit, den Weg geradewegs hinunter zur L 755 zu nehmen und dann links im Tal des Baches Grube nach Ovenhausen zu fahren.

Fußgänger halten sich nach dem Friedhof halb links, jetzt steiler aufwärts auf dem schmalen Wirtschaftsweg. Ein Bildstock und steinerne Kreuze säumen den Weg. Schnell gewinnen Sie an Höhe und damit Überblick, rückwärtig über Lütmarsen und über Wiesen und Felder, die im Frühjahr im Gelb von Raps und Löwenzahn stehen. Obstbäume und Schlehen runden das Bild zu einer schönen Landschaft ab.

Am Wasserwerk lässt die Steigung kurz nach. Danach schauen Sie linker Hand bis zurück nach Höxter. Hier sucht Ihr Auge noch vergebens nach den markanten Türmen der Kilianikirche. Doch bleiben Sie aufmerksam. Die Kirche ist von weiter oben (noch oberhalb der Schutzhütte) für einen kurzen Moment zu sehen.

Die Jakobspilgerbank ⌂ unter einer Kastanie (fast ein Naturdenkmal) an der Antoniuskapelle (Antonius von Padua gilt im Volksglauben u.a. als Patron für das Wiederauffinden von verlorenen Gegenständen) gibt Gelegenheit zu einer Verschnaufpause. Der Wegweiser ist auf Santiago de Compostela gerichtet. Es sind hiernach noch 2.687 km.

Wegweiser dieser Art werden Sie unterwegs mehrfach finden. In Soest etwa wird die Weglänge noch mit 2.250 km angegeben, in Lütgendortmund mit 2.112 km und in Homberg vor Düsseldorf mit 2.164 km. Scheinbar beziehen sich die auf den Kilometer genauen, Exaktheit suggerierenden Maße alle auf einen anderen Weg oder sie sind einfach nur symbolisch, als Ausdruck dafür zu verstehen, dass es noch ein weiter Weg bis Santiago ist - über 2.000 km noch, da sind sich jedenfalls alle einig.

Es folgt eine Gabelung. Dort halten Sie sich links und gehen auf die bewaldete Kuppe zu. Am Waldrand steht die **Jakobspilgerschutzhütte** ⚲ mit herrlicher Aussicht. Links an der Hütte vorbei steigt das Sträßchen steil bis auf den Gipfel des **Heiligenbergs.**

Bereits im Jahre 1079 wurde hier eine Kirche von den Corveyer Mönchen, möglicherweise an einer älteren Kultstätte der Sachsen, errichtet, doch das ist nicht belegt und auch nicht, ob dieses der Grund für die Wahl der Lokalität (200 m über dem Tal) und somit auch der Besiedlung war. Es soll sich aber nur 100 m entfernt eine Gerichtsstätte (Thing oder Ding) der sächsischen Bevölkerung befunden haben.

Die dem Erzengel Michael geweihte Kapelle war einmal Pfarrkirche für die umliegenden Gemeinden. Nebenpatronin ist St. Maria Salome von Galiläa. Sie gilt als die Mutter der Apostel Jakobus d. Ä. und Johannes. Der heutige schlichte Saalbau stammt aus dem Ende des 17. Jh. Geöffnet fand ich die Kapelle leider nicht, aber wieder gibt es Gelegenheit zur Rast auf einer der vielen Bänke ⚲.

An der Kirche vorbei geht es bald aus dem Wald hinaus in die Wiesen und Felder. Herrlich ist es, über die Höhen zu spazieren. An der folgenden Gabelung verlassen Sie rechts viel zu schnell wieder die Höhe, tauchen zwischen Hecken ein und gehen dann gemächlich im Wald abwärts. Unterwegs passieren Sie fünf Bildstöcke (Verbildlichung der fünf schmerzhaften Rosenkranzgeheimnisse, welche die Passion Christi betrachten). Der Weg knickt rechts steiler abwärts in die Felder ab und führt auf Ovenhausen zu. An der erreichten Ortsdurchgangsstraße gehen Sie links zur Kirche.

Ovenhausen
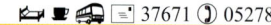 37671 ☽ 05278

⊙ Einen sehr schönen Stempel gibt es im 🍞 **Bäckerladen** gegenüber der Kirche. Falls Sie außerhalb der Geschäftszeiten ankommen, dürfen Sie gerne klingeln.

🛏 **Hotel-Pension-Café Hesse**, Hauptstraße 24, ☎ 252, FAX 12 18, 🖥 www.hotelpension-hesse.de, ✉ hotelpension-hesse@freenet.de, 48 Betten, Nichtraucherzimmer, Fön, Hallenbad, Fitness-Center, Sauna, Frühstücksbuffet, Mittags- und Abendmahlzeiten für Pensionsgäste, bitte vorher anmelden

🚌 Von Ovenhausen fahren etwa halbstündlich Busse nach Höxter, Abfahrt im Wechsel von Ovenhausen Kirche oder Ovenhausen Post.

✝ **Pfarrkirche St. Maria** Salome von Galiläa, Bossebornerstraße 1, moderne, helle Hallenkirche aus dem Jahre 1958, 🚪 tagsüber geöffnet

An der Kirche biegen Sie links in die Bossedorferstraße ein. Bald weist ein Pfeil auf den Abzweig rechts in die Töpferstraße hin. Nach dem Queren einer Kreuzung bleiben Sie am Hang halb rechts oder geradeaus auf dem Prozessionsweg und gehen mit ihm zum Rande der Siedlung und hinaus in die Felder. An einem Heiligenhäuschen unter Buchen biegen Sie links aufwärts ab und bleiben jetzt in dieser neuen Richtung. (Der Abzweig rechts wird ignoriert.)

Heiligenhäuschen unter Buchen an einer Wegkreuzung

Am Waldrand gibt es eine Gabelung. Hier folgen Sie dem Weg rechts zunächst entlang des Waldrandes und dann im schönen Buchenwald beständig sanft bergan, jetzt auf einem Schotterweg (Forst Corvey/Brakeler Stadtwald). Fast auf der Höhe ist der Weg an einer Gabelung an einer in vier Stämmen aufragenden Kastanie eindeutig markiert. Sie gehen halb rechts, jetzt wieder leicht abwärts, und dann die Höhe haltend eine Weile auf diesem Weg. (Ein Abzweig links wird ignoriert.) Wieder abfallend strebt Ihr Weg dann auf eine Kreuzung dreier breiter Wege zu, die in einer Senke liegen. Ein Wegweiser zeigt noch vorher scharf links in einen Waldweg, der vom Schotter abweicht.

🚲   Radfahrer müssen jetzt ein kleines Stück schieben.

Der eindeutig markierte Weg steigt an, knickt erst nach links und dann nach rechts und erreicht an einem Hochsitz wieder einen breiten Schotterweg. Daran vorbei steigen Sie nur noch gemächlich in südliche Richtung aufwärts. Nach einer Weile wird über eine Höhe hinweg ein Sträßchen erreicht. Diesem folgen Sie rechts. Das Sträßchen führt leicht Richtung Westen und abwärts. Nach einer deutlichen Kurve gesellt sich von links ein breiter Weg dazu. Dann endet der Teer, weiter geht es auf Schotter. Die Wanderzeichen bleiben leider etwas spärlich.

Vom Waldrand geht der Blick frei in die wellige Wiesen- und Heckenlandschaft, in die sich das kleine Örtchen Hainhausen schmiegt.

Gleich rechts am Weg steht ein **Eisengitterkreuz.** Da es aus verschweißten Rundeisen aufgebaut ist, ergibt sich ein Hohlraum in seinem Inneren. Durch eine Öffnung im drahtkorbartigen Sockel können Pilger einen Stein, auf dem auch etwas geschrieben sein kann, ablegen. „Pilger tragen immer etwas mit sich. Ob Sorgen und Nöte oder Dankbarkeit und Freude. All das können sie hier nun ablegen", sagte Pfarrer Wilhelm Koch zur Einweihung am Jakobustag des Jahres 2011. Die Idee für dieses Projekt entstand im Pfarrgemeinderat von Bökendorf, eine halbe Wegstunde nördlich von hier gelegen.

Vielleicht haben die Urheber das Cruz de Ferro (Cruz de Hierro), ein Eisenkreuz am höchsten Punkt des spanischen Pilgerwegs (Camino Francés) auf dem Monte Irago im Blick gehabt. Christliche Pilger legen dort traditionsgemäß einen von zu Hause mitgebrachten Stein als Symbol der Mühen ihrer Pilgerschaft ab und sprechen ein Gebet.

Sie laufen jetzt auf die kleine Ansiedlung Hainhausen zu und bleiben immer geradeaus, bis Sie die Fahrstraße K 39 erreichen. Linker Hand passieren Sie im Dorf das alte Rittergut Hainhausen (privat, keine Besichtigung möglich).

Der K 39 folgen Sie links bis zu einer Feldscheune rechter Hand. Danach biegen Sie rechts in einen geteerten Nebenweg ab, der sanft in die wellige Landschaft hinabführt. Bald biegt das Sträßchen halb rechts ab und strebt aufwärts in eine Talmulde. Wunderbare Eichen am Wegesrand scheinen nah an das biblische Alter des Methusalem heranzureichen. Auf der Höhe gibt es eine Kreuzung. Sie biegen hier links ab.

> ⇔   Vorher empfiehlt es sich, noch etwa 100 m geradeaus auf der Waldstraße zu verbleiben. Dort steht eine kleine Kapelle, errichtet im neugotischen Stil und der Muttergottes geweiht. Da jährlich am 5. August, dem Gedenktag des „Schneewunders" im Jahre 358, hier oben zu Ehren des Stifters eine Messe gelesen wird, ist sie auch als **Schneekapelle** bekannt (so sagt es jedenfalls der Landschaftsverband Westfalen-Lippe). Geradeaus führt die Waldstraße noch weiter bis zur ♜ Hinnenburg, die über Brakel thront. Sie befindet sich im Privatbesitz und ist nicht zu besichtigen.

Schnell verliert Ihr Weg an Höhe, der Wald wird lichter. Voraus tauchen schon die ersten Häuser von Brakel auf. Wenn der Wald linker Hand ganz verschwindet, achten Sie rechter Hand auf den etwas versteckt gelegenen **Soldatenfriedhof**. Sie können hier rechts über den Friedhof spazieren und die Straßenkurve um den Friedhof herum abkürzen. Am Friedhofsausgang biegen Sie rechts von der Straße ab. Der Hinweis „Kurgebiet" markiert das beginnende Areal. Ein Parkweg führt zu einem Weiher und daran vorbei. Es gibt einige Verzweigungen. Sie bleiben in der bisherigen Richtung auf dem Hauptweg und erreichen die ⇌ ✕ Waldschänke am Kaiserbrunnen, noch etwa 2 km vor Brakel/Ortsmitte.

Gehen Sie hier rechts in den nahen Talgrund, dann finden Sie die Stufen, die zum **Kaiserbrunnen** führen.

Die staatlich anerkannte Heilquelle wurde kurz vor 1800 entdeckt. Das kohlensäurehaltige Heilwasser (Säuerling) schmeckt aufgrund seines Schwefel- und Eisengehaltes etwas streng, hilft aber bei sachgemäßer Anwendung unter anderem bei Störungen der Verdauungsfunktion, Appetitstörungen und Nierenerkrankungen, ist hygienisch einwandfrei, jederzeit zugänglich und kostenlos. Sollte die Wandelhalle nicht geöffnet haben, finden Sie hinter dem Pavillon einen Hahn zur Entnahme.

Durch die Parkanlage vor der Trinkhalle wandern Sie am Kaiserbach entlang zum Parkplatz.

☺ Wenn Sie in den Parkanlagen bleiben und geradeaus weitergehen, führt Sie ein Verbindungsweg zum von Brakel wieder nördlich strebenden Jakobsweg. Dort können Sie z.B. hergehen, falls Sie am Kaiserbrunnen übernachtet haben. Allerdings haben Sie dann Brakel nicht gesehen.

Sie gehen links (südlich) zu einer Bushaltestelle und dann geradewegs die breite Zufahrtsstraße hinauf, am 🛏 ✕ Hotel Kaiserbrunnen vorbei zur Höhe. Es eröffnet sich ein wunderbarer Blick weit über Brakel. Eine Lindengruppe säumt die Statue des St. Antoni und zwei Bänke.

Sie laufen bis zur [BANK] Sparkasse mit dem Spielplatz gegenüber noch geradeaus weiter. Links ist ein Fußweg in die Innenstadt ausgeschildert. Das ist Ihr Weg (Heinefelder Weg). In das Siedlungsgeschehen fügen sich noch Reste kleinerer landwirtschaftlicher Parzellen ein. Rechter Hand winkt der Turm von St. Michael herüber. Sie erreichen eine Straßenkreuzung mit Ampelanlage.

☺ Wollen Sie zum 🛏 Haus Gisela, gehen Sie hier links, wieder rechts in den Hahnenhof und dann in die zweite Straße links.

Zur Fortsetzung queren Sie rechts die Kreuzung und die moderne Straßenbrücke über das Tal des Baches Brucht (Nebenfluss der Nethe). Links sehen Sie die alte Steinbogenbrücke noch in der Wiese stehen.

☺ Falls Sie im Kloster Brede übernachten wollen, halten Sie sich jetzt geradeaus (Bredenweg).

Zum Ortszentrum biegen Sie gleich hinter der Brücke links in die Straße Neustadt ein und dann wieder rechts in die Königstraße. Diese führt zur katholischen Pfarrkirche St. Michael. Vorher steht linker Hand das 🛏 Hotel Brakeler Hof.
Wenn Sie dort oder auch die nächste Straße links abbiegen, erreichen Sie den Markt mit dem Rathaus und dem Haus des Gastes 🛈. Zur Einkaufsstraße gelangen Sie, indem Sie in der bisherigen Richtung bleibend über den Marktplatz weitergehen. Fast an ihrem Ende steht rechter Hand der 🛏 Gasthof Brakeler Bierbrunnen.

Brakel 🛈 🛌 ✕ 🍴 ✚ 🏊 🏧 ☕ 🛒 ✡ 🚌 🚐 ✉ 33034 ☎ 05272

- **🛈** **Haus des Gastes**, Am Markt 5, ☎ 36 02 69, FAX 36 03 80, 💻 www.brakel.de, ✉ tourist-info@brakel.de, 🕐 Mo bis Do 8:30 bis 13:00 und 14:00 bis 17:00, Fr 8:30 bis 13:00

- ⊙ Ein Pilgerstempel liegt am **Schriftenstand im Turm der St.-Michael-Kirche** bereit. Auch im **Pfarrbüro** (🕐 Mo, Mi, Fr 9:00 bis 10:30 und Do 14:30 bis 16:00) oder im **Kloster Brede** erhalten Sie einen Stempel.

- 🛌 ✕ **Hotel/Gasthof Waldschänke**, Brunnenallee 80, ☎ 39 27 89, FAX 392 91 99, 💻 www.hotelwaldschaenke.de, ✉ info@hotelwaldschaenke.de, ÜF: EZ € 45, DZ € 70, 🕐 Restaurant: April bis Sept. Mo Ruhetag, Di bis Sa ab 11:30, So und Feiertag ab 10:00, Okt. bis März Mo und Di Ruhetag

- ♦ **Hotel Am Kaiserbrunnen** Betriebs GmbH, Brunnenallee 79, ☎ 60 50, FAX 60 51 11, ✉ info@kaiserbrunnen.de, 💻 www.kaiserbrunnen.de, ÜF: EZ € 65, DZ So bis Do € 74, Fr + Sa € 85, Fön, Bademantel, Sauna

- ♦ **Brakeler Bierbrunnen**, Ostheimerstraße 12, ☎ 54 98, 📱 01 71/387 81 72, FAX 352 83, 💻 www.brakeler-bierbrunnen.de, ✉ b.rox@t-online.de, 18 Betten, Ü: EZ € 35, DZ € 50, DBZ € 65, 🚬. ✕ Mo Ruhetag. Übernachtung in einem separaten Gästehaus, Anmeldung Mo nur über Handy. Frühstücken können Sie im Café am Markt oder im Stadtcafé am Weg stadtauswärts.

- ♦ **Landhotel Stein**, Ringstr. 30, ☎ 371 20, FAX 37 12 49, 💻 www.landhotel-stein.de, ✉ stein@t-online.de, 24 Betten, ÜF: EZ € 49,90, DZ € 82,90, Fahrradverleih, Fahrradgarage, am Weg stadtauswärts

- 🛌 **Brakeler Hof**, Am Markt 1, ☎ 394 39 07, 📱 01 72/929 33 92, 💻 www.brakeler-hof.de, ✉ info@brakeler-hof.de, Ü: EZ € 35, DZ € 60. Frühstücken können Sie im Café am Markt oder im Stadtcafé am Weg stadtauswärts.

- ♦ **Pension Haus Gisela**, Gartenring 2, ☎ 85 65, FAX 37 42 22, 💻 www.haus-gisela.de, ✉ service@haus-gisela.de, Ü: EZ € 32, DZ € 56, F € 3, Rabatte ab zwei Nächten

- ♦ Kloster Maria Opferungstal Brede, **Gästehaus Kloster Brede**, Im Winkel 24, ☎ 60 30, 💻 www.kloster-brede.de, ✉ info@kloster-brede.de. Nach Voranmeldung bietet das Kloster auch für Pilger Unterkunft im gemütlichen EZ mit der Möglichkeit, am Stundengebet der Klostergemeinschaft (Laudes und Vesper) sowie der Eucharistiefeier teilzunehmen sowie Ruhe und Stille in einem „sehr persönlichen Gebetsraum" zu erfahren.

- **Café am Markt**, 🕒 Mo bis Fr 7:00 bis 18:00, Sa 7:00 bis 13:00, So 7:30 bis 17:00
- ♦ **Stadtcafé**, Am Thy 30, 🕒 Mo bis Sa 6:00 bis 18:00, So 8:00 bis 17:00
- 🚌 🚌 ☞ Höxter
- ✝ **Kath. Pfarrkirche** St. Michael, Kirchplatz 8, ☏ 54 83,
  💻 www.gemeinde-brakel.de
- ♦ **Kath. Kapuzinerkirche**, Ostheimer Straße, ☏ 54 83, Gottesdienst: Mo bis Sa 7:00, So 7:30, Besichtigung auf Anfrage oder zu den Gottesdienstzeiten
- ⌘ **Stadtmuseum**, Am Markt 5, 🕒 Di bis Sa 14:00 bis 16:00
- ♦ weitere Sehenswürdigkeiten: ☞ Stadtrundgang 2. Etappe

Brakel: Marktplatz mit Rathaus, Stadtwaage und Marktbrunnen

Als Gründungsjahr eines Ortes oder einer Stadt gilt offiziell die erste urkundlich belegte Nennung, also ein erhaltenes Schriftstück, welches die Existenz dokumentiert. Brakel verdankt seine frühe Nennung der Überführung der Gebeine des hl. Vitus aus der Abteikirche St. Denis in Paris nach Corvey. Der Prozessionszug passierte im Jahre 836 auch die damalige Höfegruppe Brakel, die am Hellweg gelegen war, und machte hier Station. Auch Brakel war (in späterer Zeit) Mitglied der Hanse.

2. Etappe: Von Brakel nach Schwaney

➲ 25 km, ⧖ ca. 7,5 Std.

Wenn Sie wollen, könnten Sie heute auch nur bis Bad Driburg gehen. Dort gibt es viele Übernachtungsmöglichkeiten, einen schönen Kurpark, das Glasbläsermuseum, ein Thermalbad und vieles mehr. Bis Bad Driburg sind es etwa 15,5 km und 4,5 bis 5 Std. Bis Schwaney sollten Sie weitere 3 Std. rechnen, immerhin müssen Sie noch das Eggegebirge queren. Die Ruinen der Iburg auf der Höhe laden zu einer spannenden Erkundung ein. Auf jeden Fall sollten Sie sich vorher vergewissern, dass Sie in Schwaney unterkommen können. Es gibt nur einen Gasthof.

🚶‍♂️ Vielleicht beginnen Sie den heutigen Tag mit einem kurzen Stadtrundgang. Die vielen schönen Fachwerkbauten fordern jedenfalls dazu auf.

Am Markt steht die **Alte Waage,** ursprünglich ein Rittersitz, anschließend (bis 1840) aber Stadtwaage mit Kornmagazin für die Naturalsteuer. Heute befinden sich dort der Ratssitzungssaal, das Stadtarchiv und im Parterre Ausstellungsräume.

Das **Rathaus** am Markt stammt in seinen Ursprüngen aus dem 13. Jh. Als besonders sehenswert gilt das Portal an der Südseite im Renaissance-Stil aus dem Jahre 1573. Auch das **Haus des Gastes,** in seiner jetzigen Form seit 1571 erhalten, trägt zur mittelalterlichen Prägung des Marktplatzes bei. Der moderne **Marktbrunnen** zeigt eine Figurengruppe mit Begebenheiten aus der Brakeler Märchen- und Sagenwelt: „Dat Mäken von Brakel" der Brüder Grimm und „De Fruggensteye in Brokel" aus dem Buch „Niu lustert mol!" von Richard Knoche (1958).

Sehenswert ist auch die barocke **Kapuzinerkirche** (etwas unterhalb vom Ende der Einkaufsstraße gelegen). Sie war Teil einer Klostergründung der Kapuzinermönche. Auch die alten Klostermauern sind noch zu erkennen.

Und dann geht es zurück zur **Pfarrkirche St. Michael,** die in wunderbarer, leicht erhöhter Lage von einem Park (Kircheninsel) umgeben ist. Vielleicht haben Sie Glück, dass die Kirche geöffnet ist.

Als Besonderheit gelten die beiden doppelseitig bemalten Orgelflügel. In ganz Westfalen gibt es keine anderen dieser Art. Die beiden sichtbaren Innenseiten zeigen die Verkündigung und die Geburt Christi. Die

Außenseiten sind nur in der Fastenzeit zu sehen. Dann werden die Flügel vor die Orgel geklappt und eine Darstellung der vier Evangelisten ist zu sehen.

Von der Turmseite der Kirche verlassen Sie den Kirchplatz in westliche Richtung. Am ☛ Stadtcafé biegen Sie rechts in die Nieheimer Straße ein. Die zweite Straße rechts ist der Bredenweg. Er führt zum Kloster Brede, vorbei am Brede-Berufskolleg und Brede-Gymnasium. Ein kleiner Abstecher gibt einen schönen Eindruck. Sie gehen weiter entlang der Nieheimer Straße und finden einen Werbehinweis vom ⌂ Hotel Stein und auch eine Stadtinformation mit Lageplan.

Bevor Sie einen großen, hellgrün gestrichenen Wohnblock erreichen, biegen Sie halb rechts in den Pahenwinkel ab und wandern geradeaus bald an Sportplatzanlagen vorbei. Eine größere Straße überqueren Sie und behalten die bisherige Richtung bei. Es geht in die Wiesen. Rechts zweigt danach ein Rad- und Fußweg ab, ausgeschildert ist Richtung Kaiserbrunnen. Dies ist ein Verbindungsweg zum ⌂ Gasthof Waldschänke durch die Parkanlagen zum Weg am ☞ Kaiserbrunnen.

Am Ende des Pahenwinkels führt der Pilgerweg links auf einer wieder schön mit Alleebäumen gesäumten Straße zur B 252. Rückwärtig ist ein größerer Gutshof unterhalb der Hinnenburg zu erkennen. Sie unterqueren die Bundesstraße und biegen an der folgenden Querstraße links ab. Die nächste Straße (K 18) queren Sie dann geradeaus. Orientieren können Sie sich jetzt auch an der eine ganze Weile parallel geführten Wanderstrecke des X16.

Sie wandern jetzt in einem Bachtal (Sepkerbach) gemütlich, anfangs ohne viel Steigung, aufwärts. Ein links abzweigender Weg wird ignoriert. Rechter Hand taucht bald das schöne Forsthaus Pömbsergrund auf. Danach knickt das Sträßchen links ab. Sie nehmen hier den im Tal verbleibenden, abzweigenden Weg in der bisherigen Richtung, jetzt auf Schotter. Nur wenig später treffen Sie auf eine Weggabelung mit einem Hinweis auf ein Naturschutzgebiet. Geschützt wird hier der nun folgende Bruchwald, in dem der seltene grasgrüne Laubfrosch, der einzige heimische Vertreter der Baumfrösche, gesichtet wurde. Sie gehen links und schauen eine Weile in den schönen Bruchwald. Der Weg beginnt merklich zu steigen, bis er später auf der Höhe sanft ausläuft. Die erreichte Straße (K 18) betreten Sie nicht, sondern gehen vorher links und an der sofort folgenden Gabelung rechts steiler abwärts.

2. Etappe: Von Brakel nach Schwaney

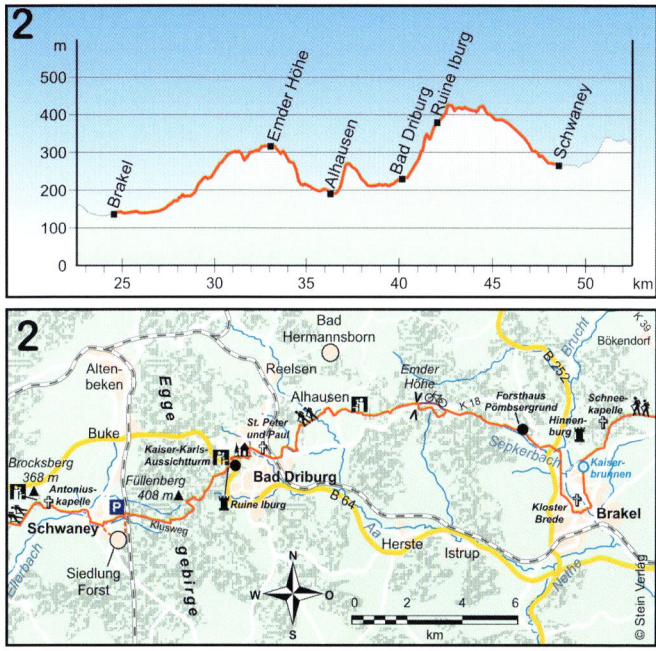

🚴 Radfahrer lassen besser den folgenden Schlenker aus und folgen der K 18 (links) zur Emder Höhe.

In einer Senke entspringt ein Bach in herrlichem Buchenwald. Der Weg teilt sich. Sie gehen rechts wieder bergauf. Am Waldrand halten Sie sich wieder rechts und erreichen diesmal die Straße an der **Emder Höhe** (Passübergang zwischen Brakel und Driburg). Eine kleine Weile wandern Sie an der Straße (links) entlang, vorbei an dem kleinen Gehöft, inmitten einer herrlichen Wiesenlandschaft. Der Blick in die Weite zeigt deutlich voraus, quer liegend, das Eggegebirge auf der Höhe von Driburg.

Etwa 150 m nach der Hofstelle weichen Sie dann halb rechts von der Straße ab. Sie wandern weiter am Waldrand, noch nahe der Straße. (Markiert ist jetzt zusätzlich auch Weg Nr. 5 nach Hermannsborn.) Den X16 verlassen

Sie bald. Dieser bleibt noch auf der Höhe und strebt zur Straße zurück, bevor er nach Süden abknickt und später auch Driburg erreicht. Sie wählen an einer deutlich markierten Stelle den Weg halb rechts in den Wald, bleiben noch kurz auf der Höhe und steigen dann recht steil ab. Unten stoßen Sie auf einen von links kommenden Hohlweg, dem Sie rechts an den Waldrand folgen. Hier steht rechter Hand eine Schutzhütte ⚏.

Danach folgen Sie dem erreichten Weg am Feldrand nach links, jetzt entlang eines muntderen Bächleins. Die größeren Gebäude voraus im Hang markieren schon den beginnenden Kurpark von Driburg. Der Feldweg bekommt eine Teerdecke. Einen links abzweigenden Weg ignorieren Sie.

S. Franciscus, Wegkreuz

Rechter Hand steht hier ein Wegkreuz mit dem **Relief von S. Franciscus** (Franz von Assisi) etwas versteckt in einem Fliederbusch, errichtet im Jahre 1843. Die Aufschrift konnte ich leider nicht mehr vollständig entziffern. Bemerkenswert: Das Kreuz wurde aus einem Stein gefertigt.

Noch ist der Weg zwischen Böschungen eingeklemmt. Dann geht es um eine Feldecke herum und Alhausen liegt ausgebreitet vor Ihnen. Eine Bank ⚏ lädt dazu ein, zu verweilen und das herrliche 180°-Grad-Panorama der welligen, vielfältig durch Hecken gegliederten Kulturlandschaft in Ruhe zu betrachten.

Alhausen   🚌 ≡ 33014 ☽ 05253

⌘ **Friedrich-Wilhelm-Weber-Geburtshaus**, Weberplatz 1, Gruppenbesuche/Lesungen auch außerhalb der Öffnungszeiten auf Anfrage, ☎ 989 40, 🗓 März bis Okt. Mi, Do, Sa, So 14:00 bis 16:00, Nov. bis Feb. Mi 14:00 bis 16:00

🚌 5x am Tag, an Wochenenden seltener, fährt ein Direktbus nach Bad Driburg.

Alhausen, früher Allehusen genannt, ist möglicherweise ursprünglich eine sächsische Siedlung. Dies geht aus der Endsilbe -husen hervor. Spätere fränkische Siedlungen tragen die Endsilbe -heim (Information am Weberhaus).

🚶‍♂️ Sie gehen weiter bis zur Dorfstraße und dort rechts auf die Kirche zu. Anfangs schlendern Sie noch durch Neubausiedlungen. Eine rechts abzweigende Siedlungsstraße heißt „Hinter der Zehntscheune", gleich danach steht eine solche an der rechten Straßenseite.

Heute sind sie nur noch selten zu sehen, doch vom Mittelalter bis in die frühe Neuzeit waren **Zehntscheunen** oft nach den Kirchen die größten Gebäude im Dorf. Sie dienten nicht nur dazu, die durch Bischöfe, Klöster und weltliche Herren den Bauern abgeforderten Naturalabgaben einzulagern, sondern auch dazu, die eigene Macht und Größe zu dokumentieren (Feudalsystem). Die noch vorhandenen Gebäude und auch dieses hier stehen heute unter Denkmalschutz.

Zehntscheune und St. Vituskirche in Alhausen

Wenig weiter finden Sie den ✗ Gasthof Dreizehnlinden, leider mit Öffnungszeiten, die für eine Zwischenmahlzeit nicht geeignet sind:
   Do bis Sa ab 18:00, So ab 10:30 (nur Frühschoppen).

Gleich danach ist der Weg links, in südwestlicher Richtung aus dem Dorf hinaus, markiert. Gönnen Sie sich vorher den nachfolgend skizzierten Rundgang vorbei an der Kirche und zum Geburtshaus des Förstersohns, Arztes und Dichters Friedrich Wilhelm Weber, auch wenn es gerade mit den Öffnungszeiten nicht passen sollte.

Nur wenig weiter steht die Kirche der **katholischen Pfarrvikarie St. Vitus**. Schutzpatron der Gemeinde wurde der hl. Vitus ab 1658, anlässlich einer Pestepidemie. Die Überlebenden der Gemeinde verpflichteten sich zum Dank dazu, eine jährliche Vitusprozession durchzuführen. 1933 erhielten sie auch eine Reliquie vom Kloster Corvey.

Nach der Kirche weichen Sie geradeaus (halb rechts) von der Straße ab und bleiben bis zum Gasthof Zum Weberhaus (geschlossen) in dieser Richtung. Hier gehen Sie links zum Weberplatz mit dem schönen Vierständer Fachwerkhaus, dem heutigen **Webermuseum**. Bekannt wurde F. W. Weber durch das viel gelesene Epos „Dreizehnlinden".

Wonnig ist's, in Frühlingstagen
Nach dem Wanderstab zu greifen
Und, den Blumenstrauß am Hute,
Gottes Garten zu durchschweifen.

So beginnt die frei erfundene, allerdings die historischen Tatsachen aufgreifende Dichtung. Sie handelt von Franken und Sachsen, von Heiden und Christen in der Zeit Ludwig des Frommen. Sein Kloster Dreizehnlinden hat wohl Corvey zum Vorbild gehabt.

Frommer Mönche leises Walten
Im Konvent zu Dreizehnlinden,
Sanft bemüht, durch Lieb' und Lehre
Trotz und Wahn zu überwinden

Am Museum vorbei erreichen Sie wieder die Durchgangsstraße, auf der Sie links zurück bis unten in die Kurve gehen und dort geradeaus abweichen. Ein Straßenname ist hier nicht angebracht. An einer Querstraße gehen Sie dann rechts, der Weg ist hier wieder markiert. Gegenüber dem schönen, renovierten, giebelständigen Fachwerkhaus biegen Sie links in die Straße „In der Stiege" wieder ab, gehen auf eine Scheune zu und dort rechts herum. Sie passieren das älteste Haus des Dorfes, In der Stiege 6. Wenig erbaulich renoviert ist die Straßenfront, rückwärtig der alte Giebel aber noch erhalten. Am Haus vorbei führt die Stiege südwestlich aus dem Dorf hinaus. Die Hecken bevölkern Spatzen. In der Talsohle zieht sich ein Bach durch die Wiesen. Sie überqueren ihn (Ruhebank ⍭) und gehen dann geradeaus weiter (auch links zweigt ein Weg ab), steil aufwärts zur bewaldeten Kuppe hinauf. Dort ignorieren Sie einen von links kommenden Weg und steigen noch etwas höher, bis Ihr Weg nach links abknickt. Hier biegen Sie rechts in einen Waldweg ab und wandern noch wenige Meter aufwärts zu einer Wegspinne. Der zweite Weg links ist dann der Ihre.

⌘   Rechter Hand finden Sie das **Mausoleum der Familie Sierstorpff** auf der Spitze des erklommenen Rosenbergs. Die Familie ist bis heute Besitzerin der Quellen und der Kuranlagen von Bad Driburg. Ein Obelisk erinnert an den Begründer des Bades, Kaspar Heinrich von Sierstorpff (1750 bis 1842).

Ein Parkweg führt sanft fallend über den Höhenrücken. Abzweige werden ignoriert. Es gibt noch eine Schutzhütte ⍭ unterwegs. Danach ist der Wald rechter Hand durch eine Wiese unterbrochen. Es ergibt sich ein schöner Blick über den Kurpark auf Driburg. Danach geht es steiler, auch in Serpentinen, bergab, bis ganz unten ein breiter Weg erreicht ist. Leider fehlt hier jede Markierung, aber die Dame im Kassenhäuschen am Eingang zum **Gräflichen Park** etwas weiter rechts hilft weiter. Pilger dürfen hier mit Pilgerausweis (bei mir reichte schon der Rucksack, um mich als solcher auszuweisen) auch ohne einen Obolus abzugeben eintreten. Sie gehen also rechts am Kassenhäuschen vorbei durch den wirklich schönen Park.

Nach Markierungen sucht man vergeblich, dafür haben die überwiegend einzeln stehenden und vor langer Zeit gepflanzten Bäume Namensschilder: Stieleiche, Schwarzerle, Tulpenbaum, Winterlinde usw. An den Brunnenarkaden (◲ täglich von 8:30 bis 17:30) können Sie anhalten und sich selbst zu einer kleinen Trinkkur einladen. Heilwasser aus drei verschiedenen Quellen können Sie hier wählen. Das tut jetzt richtig gut.

Sie wenden sich nach links und wandeln zwischen Sierstorpff-Haus und Hölderlin-Haus (so genannt, da Sierstorpff der Begründer des Kurwesens war und Hölderlin einmal als Kurgast hier weilte) hindurch und vorbei am ☞ Café Pferdestall (⌚ 11:00 bis 18:00) auf die Kirche, im Abschluss der Flaniermeile, zu. Vor der evangelischen Kirche (⌚ 8:00 bis 18:00) quert eine Straße (Brunnenstraße) Ihren Weg, der Sie rechts in die Ortsmitte von Bad Driburg folgen. Auf der Höhe vor Ihnen ist bereits der Aussichtsturm (Kaiser-Karls-Turm) am Übergang des Hellwegs und heute der B 64 und auch des Pilgerwegs über das Eggegebirge zu sehen.

Bad Driburg   🛈 🛏 🏠 ✕ 👤 ✚ 〰 🏦 ☕ 🍽 ♀ 🚗 🚌

✉ 33014 ☏ 05253

- 🛈 **Bad Driburger Touristik GmbH**, Lange Str. 140, ☎ 98 94 0, FAX 98 94 24, ✉ info@bad-driburg.com, 🖥 www.bad-driburg.com, ⌚ Mo bis Fr 8:00 bis 17:00, Sa 10:00 bis 12:00
- ⊙ **St. Peter und Paul**, Prälat-Zimmermann-Straße 9, ☎ 979 00. Der Stempel liegt im Vorraum aus. ⌚ täglich 8:00 bis 12:00, Vorraum bis 18:00
- 🛏✕ **Hotel Eggenwirth**, Mühlenstraße 17, ☎ 979 20, FAX 94 00 11, 🖥 www.hotel-eggenwirth.de, ✉ eggenwirth@t-online.de, ÜF: EZ € 41, DZ € 76, 🚗 Sauna, ⮕ 200 m vom Weg (nach Überqueren der Schienen zweite Straße links)
- ♦ **Hotel Zum braunen Hirschen**, Lange Str. 70, ☎ 22 20, FAX 22 20, ✉ post@zumbraunenhirschen.de, 🖥 www.zumbraunenhirschen.de, 9 Betten, ÜF: pro Person € 35, ältestes Gasthaus von Bad Driburg, Zentrum, am Weg
- 🛏 **Hotel Teutoburger Hof**, Brunnenstraße 2, ☎ 052 53/22 25, FAX 975 83 90, ✉ info@teutoburger-hof.de, 🖥 www.teutoburger-hof.de, ÜF: EZ ab € 30, DZ ab € 55, am Weg
- ♦ **Hotel Vogt**, Freiherr-vom-Stein-Str. 2, ☎ 988 90, 🖥 www.hotel-vogt.eu, ✉ info@hotel-vogt.eu, 19 Betten, ÜF: EZ € 30, DZ € 52, ✕ Do Ruhetag, ⮕ 150 m (an der ev. Kirche links u. die nächste Straße (Von-Vincke-Str.) rechts)
- ♦ **Hotel Erika-Stratmann**, Brunnenstr. 4, ☎ 98 10, FAX 93 02 50, 🖥 www.hotel-erika-stratmann.de, ✉ info@hotel-erika-stratmann.de, 83 Betten, ÜF: EZ ab € 42, DZ ab € 71, ✕, am Weg
- ♦ **Haus Farbenfroh**, Pyrmonter Straße 41, privat, 6 Betten, ☎ 97 45 82, ÜF: € 17/Person, ⮕ 350 m vom Weg

- **Haus Kliemke**, Elbinger Str. 5, privat, 6 Betten, ☏ 34 59 + 62 92, FAX 93 03 22, 🖥 www.pension-kliemke.de, ÜF: € 21/Person, ↪ 1 km vom Zentrum
- **Haus Puls**, Von-Vincke-Str. 16, privat, ☏ 20 19, 6 Betten, ÜF: € 19/Person, ↪ 200 m (an der ev. Kirche links und die nächste Straße rechts)
- **Jugendherberge Bad Driburg**, Schirrmannweg 1, ☏ 25 70, FAX 38 82, 🖥 www.djh-wl.de/bad.driburg, ✉ jh-bad.driburg@djh-wl.de, ÜF: ab € 19,80 inkl. Bettwäsche, ✕. Pilger mit Pilgerausweis brauchten 2012 keinen Herbergsausweis, fragen Sie aber besser vorher nach. Am Weg stadtauswärts
- 🚌🚂 ☞ Höxter
- ⌘ **Glasmuseum** der Stadt Bad Driburg (☞ S. 72), Schulstraße 7, ☏ 97 44 94, www.glasmuseum-bad-driburg.de, 🕐 Di bis So 14:00 bis 17:00

Glasbläser vor der Kath. Pfarrkirche St. Peter und Paul

Nach dem Überqueren der Schienen zweigt wenig weiter links die Bahnhofstraße ab. (Diese führt zum Bahnhof.) Linker Hand finden Sie an dieser Ecke auch die Touristeninformation 🛈. Sie gehen weiter geradeaus, jetzt in der Langen Straße. Ab und an findet sich auch mal wieder eine Markierung und städtische Infrastruktur stellt sich ein .

Die bald querende, stärker befahrene Ringstraße überschreiten Sie, die Richtung beibehaltend, zur Volksbank hin und wandern weiter in der

Einkaufsstraße, bald leicht aufwärts. Rechter Hand finden Sie etwas weiter das **Glasbläserdenkmal** vor der **katholischen Pfarrkirche St. Peter und Paul**. Die dreischiffige neugotische Hallenkirche wurde in den Jahren 1894 bis 1897 an der Stelle errichtet, wo bereits ältere Vorgängerbauten standen.

Gleich daneben sind der Marktbrunnen, versehen mit Versen von F. W. Weber („Wonnig ist's ..."), und ein ☕ Café platziert.

Die Glaskunst hat in Bad Driburg eine lange Tradition: Bereits im Jahr 1420 entstand in der Nähe von Bad Driburg die erste Glashütte. Auf dem Gebiet des Glashandels zählt Bad Driburg mit Marken wie Leonardo oder Ritzenhoff & Breker auch heute noch zu den bedeutenden Umschlagplätzen Europas. In der Ortschaft Siebenstern gibt es mit Walther-Glas ein Glaswerk, das in alle Welt Bad Driburger Glas exportiert. Das Glasmuseum, ganz hier in der Nähe gelegen, erzählt die Geschichte.

An der Kirche vorbei gehen Sie weiter aufwärts, fast noch bis zum ✕ Stadtrestaurant Zur Linde. Etwas vorher biegen Sie links in die Gasse An der Rote ab. Es geht hinter die Häuser und links an den Garagen vorbei die Stufen aufwärts. Ausgeschildert ist hier die 🏠 Jugendherberge. Diese lassen Sie rechts liegen, gehen an der sich anschließenden Skaterbahn leicht abwärts in eine Senke und in derselben Richtung wieder aufwärts (Schirrmannweg) zu einem kleinen Parkplatz. Dort halten Sie sich links, wiederum führt ein Heckenweg zwischen gelb gestrichenen Gebäuden z.T. in Stufen aufwärts.

An der erreichten Straße sehen Sie linker Hand eine Kapelle. Sie gehen die Straße rechts aufwärts (Kapellenstraße) und an der nachfolgenden Kreuzung (Denkmal für König und Vaterland, auch hier stößt man auf den Namen von Sierstorpff) weiter in der eingeschlagenen Richtung. Geradeaus beginnt dann der Fußweg zur Iburg. Es gibt verschiedenste Wanderwegweiser, u.a. auch die Muschel. Ein weiteres Denkmal erinnert an den Gründer des Egggebirgsvereins, Dr. Lindemann, errichtet zum 100-jährigen Bestehen des Vereins.

Die Fahrstraße (B 64) wird in einem Tunnel unterquert. Danach ist der Abzweig links hinauf eindeutig zur Iburg ausgeschildert. Der erste steile Abschnitt ist schnell überwunden. Danach wird der Weg zum Hangweg und schmaler. An einer Gabelung steigen Sie weiter rechts aufwärts. An der ☕✕ Sachsenklause (Di Ruhetag) mit wunderbarer Aussichtsterrasse 🏠 und dem

Kaiser-Karls-Aussichtturm vorbei gehen Sie rechts die Zufahrtsstraße leicht bergauf (gleichzeitig auch Dreizehnlindenweg u.a.) zu den Ruinen der ♜ **Iburg**.

Ruinen und Wald an der Iburg. Die 1.200 Jahre alten Kirchengrundmauern haben eine neues Kreuz erhalten

⌘   Viele Details der Geschichte der unterschiedlichen, immer wieder überbauten Anlagen liegen im Dunkeln. Vermutet wird hier eine erste sächsische Fliehburg. Manche sehen hier auch den ehemaligen Standort der oder einer Irminsul, des bedeutendsten Heiligtums der Sachsen in Form eines Weltenbaums. Die freigelegten Grundmauern einer Kirche gehen vermutlich auf einen Bau Karls des Großen nach der Eroberung noch vor dem Jahr 800 zurück. Auch ein Kloster hat hier oben existiert und zuletzt eine mittelalterliche Burg. Heute ist das dicht vom Wald überwachsene Areal mit vielen Pfaden durchzogen und birgt so manches romantische Plätzchen. Hinweistafeln erzählen von alten Tagen und neueren Forschungsergebnissen.

Auch den Dichter F. W. Weber hat dieser Platz inspiriert. Sein Opus „Dreizehnlinden" spielt deshalb auch hier.

Alter Hain, aus dessen Wipfeln
Sonst die Irminsäule ragte,
Die zum Schmerz und Schreck der Sachsen
König Karl zu brennen wagte;

> *Götterstätte, jetzt umwuchert*
> *Von Gestrüpp und wilden Ranken*
> *Und als Wohnort dunkler Mächte*
> *Scheu gemieden von den Franken.*
>
> *Lieblich war die Nacht, die kurze,*
> *Vor dem Tag der Sonnenwende;*
> *Auf der Iburg stumpfem Kegel*
> *Flackerten die Opferbrände*

An einer Infotafel zu den Frühblühern biegen Sie rechts auf einen schmaleren Waldweg ab (auch Hauptwanderweg X). Danach trennen sich Hauptwanderweg und Jakobsweg an einer Fußweggabelung. Sie gehen halb links wieder zur Zufahrtsstraße hoch und dort rechts nur 10 m aufwärts. Links biegen Sie auf einen Waldweg ab, der noch abfällt (auch Wanderweg A3 und G3). Auf der Höhe steht eine Schutzhütte ⛺. Sie gehen links daran vorbei, jetzt auf dem hier ebenen oder auch mal abfallenden Eggegebirgskammweg.

An einem breiteren Querweg folgen Sie links noch dem Eggekammweg, der hier auch mit Xw für den Westfalenwanderweg und E1 für den Europäischen Fernwanderweg bezeichnet ist. Nach einer Weile knickt der Kammweg recht scharf nach links ab.

✋ Geradeaus biegen Sie hier in einen anfangs undeutlichen Pfad (auch A1 und Sprudelweg) ab und halten sich danach etwas links.

In westlicher Richtung schlängelt sich der Pfad durch jungen Buchenwald, bis wieder ein breiterer Schotterweg erreicht ist. Hier gehen Sie entsprechend der Markierung links. Erst wandern Sie jetzt zwischen Fichten leicht bergab und am folgenden Wegedreieck links abbiegend wieder gemütlich aufwärts. Der Weg führt bald leicht links um den Füllenberg herum und endet nach einer Weile wieder abfallend an einer T-Kreuzung. Es quert der schnurgerade Klusweg (Kluse oder Klause steht für Einsiedelei, Kapelle oder Kloster), der rechts (nach Westen) herunter auf Schwaney zusteuert. Sie folgen dem Weg. Am Horizont haben Sie ein Windrad im Blickfeld, das schon die Paderborner Hochfläche markiert.

Den Wald verlassen Sie an einem Wanderparkplatz. Sie gehen dort halb rechts herum und dann nach links schwenkend über die Bahnbrücke. Wieder halten Sie sich links und laufen jetzt auf einem Sträßchen in das Tal von Schwaney.

☺ Wollen Sie zum 🛏 Gasthof Uhlengrund, können Sie als Abkürzung gleich nach dem kleinen Wäldchen wieder links zum Bahndamm zurücksteigen und dort rechts stramm am Fuß des Damms entlang auf einem schönen Pfad das Tal queren.

Auf der erreichten Höhe nehmen Sie dann den zweiten Weg rechts am Waldrand, der beständig abwärts führt und in die Osningstraße (Siedlung Forst) mit dem Gasthof mündet (für 🚴 Radfahrer nicht geeignet). Anderntags folgen Sie dann der Osningstraße weiter abwärts unter der Hochstraße hindurch, gehen auf der erreichten Ortsdurchgangsstraße rechts und befinden sich wieder auf dem markierten Jakobsweg.

Sind Sie auf dem Talsträßchen verblieben, gehen Sie nach dem Unterqueren der Hochstraße links in die Agathastraße und an der Dorfstraße wieder rechts zur Ortsmitte.

Schwaney

- ⊙ **Pfarrhaus** am Marktplatz 6 oder Familie Benstein, Am Marktplatz 7
- 🛏✗ **Gasthof Uhlengrund**, Osningstr. 17, ☏ 16 40, 💻 www.uhlengrund.de, ✉ info@uhlengrund.de, ÜF: € 30,50/Person, ✗ Mo Ruhetag
- ♦ **Gasthof Landhaus Friedenstal**, Hüttenstr. 42, Altenbeken, ☏ 61 52, 13 Betten, ÜF: EZ € 30, DZ € 59, für Pilger werden ein kostenloses Lunchpaket und ein 🚗 Hol- und Bring-Service von/nach Schwaney angeboten, Letzteres bitte rechtzeitig anmelden
- 🚌 Von Schwaney fahren Direktbusse (3-4x am Tag) nach Altenbeken 🚆 und Paderborn 🚆. Fahrpläne finden Sie unter 💻 www.bahn.de, aber auch auf den Seiten des Nahverkehrsverbunds Paderborn-Höxter, 💻 www.nph.de. Zusätzlich fährt 8x am Tag ein Bürgerbus von Schwaney nach Altenbeken und zurück, 💻 www.altenbeken.de ➜ Bürgerbus
- ✝ **St. Johannes Baptist**, Am Markt 4, ☏ 384, 💻 www.pfarrgemeinde-schwaney.de

St. Johannes Baptist in Schwaney

Schwaney hatte früher einmal regen Fremdenverkehr, erzählte mir ein Bewohner. Vor allem aus dem Ruhrgebiet kamen die Menschen Erholung suchend hierher. Das ist nun lange vorbei. In jüngster Zeit wird wieder versucht, die Region für den Tourismus anziehender zu gestalten. Teutoburger Wald und Eggegebirge im Lipper Raum sollen Nationalpark werden. Vor allem die Naturschutzverbände streiten dafür. Doch es gibt auch viele Gegner. Prominentester Vertreter ist Prinz Stephan zur Lippe, dessen Familie den größten Teil des betreffenden Waldes besitzt und deren wirtschaftliche Lebensgrundlage er ist. Auch hier in Schwaney fürchten einige Bewohner um ihre von alters her übertragenen Privilegien zur Waldnutzung.

3. Etappe: Von Schwaney nach Paderborn

⮕ 18,5 km, ⌛ 5 bis 6 Std.

Den Wald haben Sie hinter sich gelassen. Vor Ihnen liegt nun ein weiterer höchst attraktiver Landschaftsraum: die größte Kalk- und Karstlandschaft Westfalens, die hier als Paderborner Hochfläche bezeichnet wird.

Kalkgestein ist ein in hohem Maße lösliches Material. Insbesondere zerfällt es unter dem Einfluss von Säuren, die auch in Wasser durch das darin gelöste Kohlendioxyd zwar in sehr geringer Konzentration, aber immer vorhanden sind. Durch feinste Risse dringt das Wasser in den Stein und löst über die Jahrtausende mitunter riesige Höhlen aus. Ist das Wasser satt vom Kalk, fällt er wieder aus. Es entstehen Kalksteinablagerungen (Sinter), in Höhlen auch als Tropfstein. Am heutigen Wegabschnitt fallen die Eigenheiten einer Karstlandschaft insbesondere am Ellerbach, der sich in Schwaney aus mehreren Quellbächen vereint, ins Auge: Nur zeit- und abschnittsweise führt er Wasser. An mehreren Stellen wird es in die Unterwelt gesaugt. Erst in Paderborn tritt das Wasser wieder zu Tage und bildet dort zusammen mit anderen unterirdischen Karstwassern die Pader.

Trotz der trockenen Bäche ist die Hochebene fruchtbar. Wertvolle, feine Lösspartikel bilden vor allem im Talgrund des Ellerbaches beste Böden.

Zur Ortsmitte hin gibt sich Schwaney ländlich. Gegenüber der Sparkasse und dem Supermarkt liegen die Misthaufen vor den Höfen. Auch ein Dorfteich ist noch erhalten.

Gleich nachdem Sie die Kirche (Vorraum geöffnet) passiert haben, gehen Sie rechts in die Johannesstraße und folgen dem fließenden Verkehr wieder nach links. Sie bleiben jetzt bis zum Ortsausgangsschild auf dieser Straße. Dann weicht an einer gut markierten Stelle halb links, an einer als Naturdenkmal geschützten Linde, Ihr Weg von der Straße ab. Wieder in freier Flur wandern Sie durch die Wiesen und Felder mit Blick auf kleine Hofstellen im Tal des Ellerbachs. An einer Gabelung steigen Sie dann halb rechts (Auf dem Heng) gemächlich den Talhang hinauf (ausgeschildert ist: Antoniuskapelle und Ehrenhain).

An der **Antoniuskapelle** (Statue des hl. Antonius mit Kind und Buch und Enzian) vorbei ergibt sich ein schöner Blick zurück über Schwaney und das von klaren Horizontlinien begrenzte Tal. Weiter oben zweigt dann scharf rechts ein Sträßchen ab. Sie müssen hier links noch weiter ansteigen.

☺ Wenn Sie vorher nur 30 m rechtsherum gehen, erleben Sie den schönsten Aussichtspunkt im Ellerbachtal vor dem **Ehrenhain der Gefallenen**.

Noch vor dem Erreichen einer weiteren Höhe (nahe dem Gipfel des 368 m hohen, noch zum Eggegebirge zählenden Brocksberg mit Windrad) biegen Sie links in einen einladend wirkenden Hangweg ein. Bei bester Aussicht über die Hecken und Feldlandschaft des Ellerbachtals wandern Sie nah an den größten Höhen, markiert durch die vielen Windräder der Paderborner Hochfläche, durch die Felder. Auffällig sind die kalksteinübersäte Feldflur und hier und da ein nicht bewirtschafteter Trockenhang.

Nach einer Feldscheune wird der genüssliche Spaziergang gebremst. Rechts ist ein Abzweig aufwärts über die nahe Höhe markiert und geradeaus wieder abwärts in ein Zwischental. Genau am tiefsten Punkt biegen Sie links in den Waldweg ab. Jetzt bleiben Sie in dieser Richtung und wandern in dem Muldental in angenehmer Neigung abwärts. An einer Kreuzung abzweigende Wege ignorieren Sie. Überwiegend Fichten stehen hier, aber auch ein paar stattliche Tannen. Abgestorbene Buchenstümpfe tragen den echten Zunderschwamm.

Nach einiger Zeit kommt linker Hand ein Abzweig. Dort gehen Sie noch geradeaus, biegen aber mit dem bald folgenden Abzweig rechts zur Höhe ab.

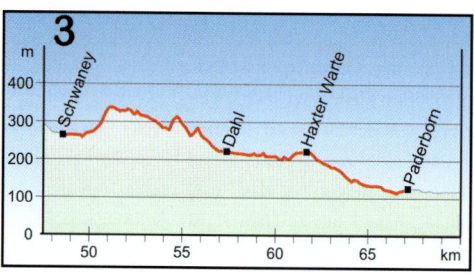

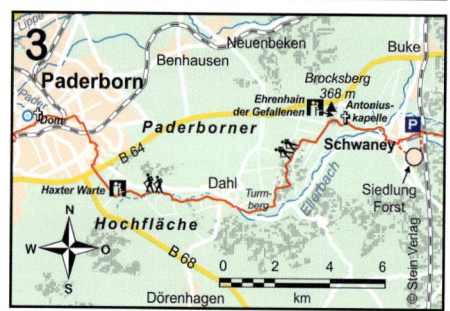

An einem Hochstand halten Sie sich links auf dem breiten Weg und fast auf der Höhe bleiben Sie wieder links. An einem rot-weiß-rot gestrichenen Schlagbaum treten Sie aus dem Wald, halten sich links und wandern zwischen Feld und Wald abwärts. Die Dächer eines Dorfes im Tal tauchen auf. Kleine Sträßchen gliedern die Flur. Auch Sie erreichen ein Sträßchen im Hang, dem Sie rechts aufwärts folgen. Ein Abzweig rechts wird ignoriert und bald ist ein Passübergang mit Wegkreuz und Ruhebank ⊼ an einer Feldscheune erreicht. Von hier aus haben Sie einen freien Ausblick.

Das Sträßchen fällt sanft bergab. Die Spitze eines Kirchturms ragt aus einer Bodenfalte. Am Ortseingangsschild von **Dahl** ist auch der Name dieses Sträßchens angebracht (Turmberg).

Dahl

 Von Dahl aus fahren etwa halbstündlich Busse nach Paderborn.

Sie stoßen auf die Ortsstraße, die auch aus Schwaney kommt, und gehen geradeaus (Ellerstraße) in Richtung Kirche. Wenn links der Klünersweg abzweigt, nehmen Sie die Brücke über den Bach auf diesem Weg (auch Radweg R4 und R49). Kurz darauf zweigt links der Grundsteinheimer Weg ab, hier wandern Sie geradeaus zur katholischen Pfarrkirche St. Margaretha (neugotische Hallenkirche von 1854). Den Vorraum fand ich geöffnet.

An der Kirche vorbei gehen Sie halb links in die Schlotmannstraße und folgen in der Linkskurve der Straße geradeaus dem Grundweg. Das Sträßchen führt aus Dahl hinaus. Rechter Hand im Grund fließt der Ellerbach bzw. zeit- und abschnittsweise eben auch nicht. Nach einer kleinen Weile geht es rechts ab in den Dickenbusch. Sie durchqueren den Talgrund. Eine Fußgängerbrücke ergänzt die Furt durch das Bachbett. Ein Hinweisschild gibt Erläuterungen zum Naturschutzgebiet Ellerbachtal, in dem Sie nun eine Weile verbleiben.

Nach der Bachquerung biegen Sie links in den Talweg, der Teer endet hier. Zwischen Kastanien und Ahorn wandern Sie durchs Tal. Nach einer ganzen Weile steigt der Weg kräftig an und führt rechtsherum. Im Anstieg wird noch einmal deutlich, wie wichtig die Paderborner Hochfläche für die Erzeugung von Windstrom ist. Auf den Höhen reihen sich die Windräder wie die Alleebäume.

Ich hoffe, Sie haben gutes Wetter. Der Blick über die Höhe hinweg ist überwältigend. Fast rechtwinklig zueinander liegend driften die Gebirgsketten, gleichsam die Tieflandbucht umarmend, auseinander und das ist hier zu sehen. Nach Nordwesten streben Egge und Teutoburger Wald schnurgerade in den Dunst der Ferne. Der Beobachter selbst ist Teil der südlichen Begrenzung von Hochfläche und Haarstrang. Die Zunge der Westfälischen Bucht verjüngt sich hier sichtbar zu ihrer östlichsten Spitze. Paderborn liegt aus dieser Sicht im sich öffnenden Winkel der Gebirgsketten, für mich während meiner Recherchewanderung im Mittagsflimmern der Ebene. Doch einige Kirchtürme meinte ich schon zu erkennen. Die Hoffnung, dass sich vom bald erreichten Aussichtsturm (☞ unten) vielleicht eine noch bessere Sicht bietet, hat sich für mich nicht bestätigt - zu anderen, insbesondere laubfreien Zeiten mag das anders sein. Allerdings habe ich vom Turm aus bereits den Dom gesehen.

Windkraftanlagen reihen sich wie die Alleebäume, Paderborner Hochfläche

Auf der Höhe nehmen Sie den Weg links. Er ist eindeutig markiert. Nicht viel weiter erreichen Sie einen Aussichtsturm. Etwas versteckt liegt er von Bäumen umgeben am nächsten Abzweig rechts. Es handelt sich um eine Nachbildung der **Haxter Warte** (Lichtenturm), welche im Mittelalter als Beobachtungs- und Wehrturm Teil der Landwehr des Hochstiftes Paderborn war. Heute dient sie als Aussichtsturm. Leider bereits teilweise zerstörte Tafeln erklären die Aufgabe und Funktion der im Mittelalter angelegten Landwehr, hier etwa 3 km vor den Toren der Stadt.

Am Turm knickt der Weg rechts ab und führt auf Paderborn zu. Der geteerte Wirtschaftsweg gleitet sanft von der Hochfläche in die Ebene. Die „Lebensadern" der Stadt, Stromtransportleitung und Schnellstraße (B 64), werden unter- bzw. überschritten.

Sie landen bei den Pollern auf einer Querstraße, die Im Lichtenfelde heißt. Dort ist eindeutig markiert. Sie folgen der Siedlungsstraße nach rechts, behalten im Folgenden diese Richtung bei, queren die Ampelkreuzung geradeaus und wandern weiter in der Brakeler Straße (markiert ist am rechten Straßenrand), der Sie bis zu einer Wendeschleife, bepflanzt mit jungen

Ahornbäumen, folgen. Die Straße knickt hier nach rechts ab. Sie aber queren den Kreisel und folgen dem rechts dahinter abzweigenden Fuß- und Radweg. Dieser erreicht ein Bachtal, wo ich keine Markierung mehr gefunden habe. Nach Bauarbeiten sei sie verschwunden, erzählt eine Bewohnerin. Das macht aber kaum etwas, denn der Weg, der in Folge markiert ist, ist sowieso eher unschön, da er bald an dem verkehrsreichen Ludwigsfelder Ring entlangführt. Sie gehen hier besser noch bis kurz vor den Bach und nehmen dann den Fußweg links. Ein grünes Band zieht sich von hier bis ins Zentrum der Stadt. Als Orientierungshilfe dient der Bach.

Der Ludwigsfelder Ring wird in einem Tunnel unterquert. Etwas später überqueren Sie die Driburger Straße und tauchen, unbehelligt vom lauten Straßenverkehr, wieder in den Schutz des tiefen, vielfältig bewachsenen Grabens ein, den der Bach gebahnt hat. Hier finden Sie jetzt auch das Zeichen für den Jakobsweg wieder. Erst am Ende wird dem Wanderer bewusst, wo er sich hier bewegt hat: Er war auf dem Philosophenweg unterwegs.

Dieser taucht kurz nach dem Unterqueren einer Bahnlinie aus dem Untergrund auf und mündet in die Luise-Hensel-Straße. Weiter geradeaus queren Sie die Benhauser Straße und wandern auf der erreichten Driburger Straße zum Innenstadtring, den Sie an der Ampel queren, bevor Sie die Giersstraße erreichen. Gleich die erste Straße links ist die Busdorfmauer. Dort können Sie zum Pilgerbüro gehen, wenn Sie wollen (Mo bis Fr 8:00 bis 13:00). Wenn Sie rechts der Giersmauer folgen, erreichen Sie die Jugendherberge.

Geradeaus führt der Pilgerweg entlang der Giersstraße weiter zu einer Querstraße. Hier gehen Sie links auf das St.-Vincenz-Krankenhaus zu, biegen vorher rechts ab und erreichen den Domplatz.

Paderborn

33098 (05251

Freundeskreis der Jakobuspilger Hermandad Santiago e.V.,
Busdorfmauer 33, ☎ 506 86 77 und 147 47 94, FAX 147 47 78,
jakobuspilger@paderborn.com, www.jakobsfreunde-paderborn.eu,
Mo bis Fr 8:00 bis 13:00. Im Pilgerbüro werden unter anderem auch Unterkünfte bei Privatleuten an Pilger vermittelt. Bei Interesse bitte ein bis zwei Tage vorher anmelden.

- **ℹ** **Tourist-Information**, Marienplatz 2a, ☎ 88 29 80, FAX 88 29 90, ✉ tourist-info@paderborn.de
- ⊙ **Info-Stand** im Dom St. Liborius, Domplatz, 🕐 tägl. 10:00 bis 18:00
- ♦ **Diözesanmuseum**, Markt 17, 🕐 Di bis So 10:00 bis 18:00
- ♦ **Freundeskreis der Jakobuspilger**, Busdorfmauer 33, 🕐 Mo bis Fr 8:00 bis 13:00
- ♦ **Brüderkrankenhaus**, ☞ unten
- 🛏✕ **Best Western Arosa Hotel**, Westernmauer 38, ☎ 12 80, FAX 12 88 06, 🖥 www.arosa-paderborn.de, ✉ info@arosa.bestwestern.de, 143 Betten, ÜF: EZ ab € 89, DZ ab € 155, 🐎 🚲 🏊, im Zentrum
- ♦ **Welcome Hotel Paderborn**, Fürstenweg 13, ☎ 288 00, FAX 288 01 00, 🖥 www.welcome-hotel-paderborn.de, ✉ info.pad@welcome-hotels.com, 304 Betten, ÜF: EZ € 70, DZ € 102, 🐎 🚲, ➲ 1 km vom Dom
- ♦ **Hotel zur Mühle**, Mühlenstraße 2, ☎ 102 70, FAX 10 75 45, 🖥 www.hotelzurmuehle.de, ✉ info@hotelzurmuehle.de, 38 Betten, ÜF: EZ ab € 66, DZ ab € 96, 🐎 🚲, im Zentrum
- ♦ **Hotel Stadthaus**, Hathumarstraße 22, ☎ 188 99 10, FAX 188 99 15 55, 🖥 www.hotel-stadthaus.de, ✉ info@hotel-stadthaus.de, ÜF: EZ € 82, DZ 99, 🐎 🚲, im Zentrum
- ♦ **Campus Lounge**, Mersinweg 2, ☎ 89 20 70, FAX 89 20 78, 🖥 www.campuslounge.de, ✉ info@campuslounge.de, 100 Betten, ÜF: EZ € 81, DZ € 91, 🐎, ➲ 1,5 km vom Dom
- ♦ **Hotel Aspethera**, Am Busdorf 7, ☎ 288 81 00, FAX 288 81 01, 🖥 www.hotel-aspethera.de, ✉ info@hotel-aspethera.de, 114 Betten, ÜF: EZ ab € 67, DZ ab 86, die Preise gelten Fr bis So, Mo bis Do plus € 20, 🐎 🚲, im Zentrum
- ♦ **Galerie-Hotel Abdinghof**, Bachstraße 1, ☎ 122 40, FAX 12 24 19, 🖥 www.galerie-hotel.de, ✉ reception@galerie-hotel.de, 18 Betten, ÜF: EZ ab € 80, DZ ab € 95, 🐎 🚲, im Zentrum
- ♦ **Hotel-Restaurant Manu**, Detmolder Straße 196, ☎ 18 08 30, FAX 180 83 29, 🖥 www.hotel-manu.de, ✉ info@hotel-manu.de, 30 Betten, ÜF: EZ € 70, DZ € 90, 🚲, ➲ 2 km vom Dom
- ♦ **Hotel Cherusker Hof**, Detmolder Straße 1, ☎ 555 34, FAX 555 38, 🖥 www.cherusker-hof.de, ✉ hotel@cherusker-hof.de, 20 Betten, ÜF: EZ € 50, DZ € 70, 🚲, ➲ 600 m vom Dom

- **Südhotel**, Borchener Straße 23, ☏ 77 98 20, FAX 76 03 73, 🖳 www.suedhotel.de, ✉ info@suedhotel.de, ÜF: EZ € 49, DZ € 79, 🐾 🚲, ➲ 1 km vom Dom, Nähe Hbf
- **In Via Hotel**, Giersmauer 35, ☏ 290 80, FAX 29 08 68, 🖳 www.inviahotel.de, ✉ rezeption@inviahotel.de, 67 Betten, ÜF: EZ € 28 (mit Etagendusche) bzw. € 45, DZ € 67, 🐾 🚲, im Zentrum

Anzeige

- **Hotel Kaup**, Aldegreverstraße 29, ☏ 366 33, FAX 30 02 17, 🖳 www.hotel-kaup.de, ✉ info@hotel-kaup.de, 26 Betten, ÜF: EZ ab € 49, DZ ab € 75, 🚲, ➲ 1 km vom Dom, Nähe Hbf
- **Accor Ibis**, Paderwall 1-5, ☏ 12 45, FAX 12 48 88, 🖳 www.ibishotel.com, ✉ h0718@accor.com, 127 Betten, ÜF: EZ ab € 65, DZ ab € 75, 🐾 🚲, im Zentrum
- **Pension Kluth**, Am Waldplatz 2a, ☏ 68 93 26, FAX 68 93 27, 🖳 www.kluth-paderborn.de, ✉ pension@kluth-paderborn.de, 8 Betten, ÜF: EZ € 45, DZ € 55, 🚲, ➲ 1,5 km vom Dom
- **Hotel Garni Haus Irma**, Bachstraße 9, ☏ 233 42, FAX 993 98 66, 12 Betten, ÜF: EZ ab € 28, DZ ab € 44, 🐾 , im Zentrum
- **Jugendherberge Paderborn**, Meinwerkstr. 16, ☏ 220 55, FAX 28 00 17, ✉ jh-paderborn@djh-wl.de, 🖳 www.djh-wl.de/paderborn, ÜF: € 19,80, ✕. Pilger mit Pilgerausweis brauchten 2012 keinen Herbergsausweis, fragen Sie aber besser vorher noch einmal nach. Zentrum
- Brüderkrankenhaus St. Josef, Husener Str. 46, 4 Betten, ☏ 70 90. Der alten Tradition folgend, Unterkünfte für Pilger in den Städten einzurichten, hält das Brüderkrankenhaus in einem Wohnheim vier Schlafplätze für Pilger frei, bitte vorher anrufen. ⊙ Hier gibt es auch einen Pilgerstempel. ➲ 1 km vom Dom

Bahnhof (Fern- und Nahverkehr) und Busbahnhof liegen zentrumsnah am Wanderweg stadtauswärts. Wollen Sie das erste, nicht besonders reizvolle Wegstück aus Paderborn heraus abkürzen, steigen Sie am Busbahnhof in die S60, den Bus 2 oder den Bus 28 und fahren bis Barkhausen. Abfahrtszeiten Mo bis Fr 4x in der Stunde, So 2-3x in der Stunde. Die Gehzeit verkürzt sich um 1 Std. (4 km)

Die gesamte Hellwegregion, durch die Sie nun pilgern werden, hat eine außerordentlich gute Anbindung an den öffentlichen Personennahverkehr (ÖPNV). Wieder ergibt sich so die Möglichkeit, tageweise, abschnittsweise oder von einem festen Standort aus gepäckfrei den Pilgerweg zu begehen. Salzkotten, Geseke, Bad Sassendorf und Soest haben Bahnhöfe an der Bahnstrecke von Paderborn nach Münster. Diese Strecke wird halbstündlich und bis in den späten Abend von der Eurobahn bedient. Viele der Zwischenziele auf dem Weg verfügen über häufige und schnelle Busanbindungen an die Bahnhöfe auf dieser Linie.

- ✝ **Dom St. Liborius**, Domplatz, tägl. 10:00 bis 18:00
- ♦ **Busdorfkirche**, Am Busdorf, täglich 9:00 bis 18:00
- ♦ **Bartholomäuskapelle**, Am Ikenberg, Mo bis So 10:00 bis 18:00
- ♦ **Abdinghofkirche**, Am Abdinghof, täglich 11:00 bis 18:00 (April bis Okt.)
- ⌘ **Museum in der Kaiserpfalz**, Am Ikenberg, Di bis So 10:00 bis 18:00
- ♦ **Museum für Stadtgeschichte** im Adam-und-Eva-Haus, Hathumarstr. 7-9, Di bis So 10:00 bis 18:00
- ♦ **Erzbischöfliches Diözesanmuseum**, Markt 17, Di bis So 10:00 bis 18:00
- ♦ für weitere Infos zu diesen und anderen Sehenswürdigkeiten: ☞ Stadtrundgang 4. Etappe

Paderborn war und ist für die Pilger des Mittelalters und der Neuzeit ein bedeutendes Etappen- und auch Pilgerziel. Die Verehrung des hl. Liborius, dessen Gebeine im Jahre 836 in einer feierlichen Prozession aus dem französischen Le Mans in die Stadt gebracht wurden, ist bis heute lebendig. Liborius ist der Schutzpatron der Stadt. Das alljährlich Ende Juli stattfindende, neun Tage andauernde Liborifest ist eine feste Größe mit einer hohen Anziehungskraft weit über die Region hinaus und sowohl Kirchen- als auch Volksfest.

3. Etappe: Von Schwaney nach Paderborn

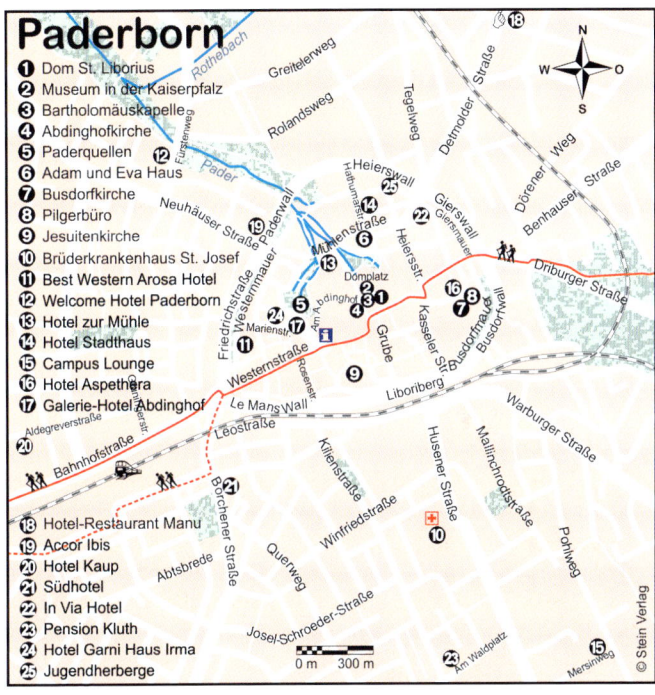

Gegründet wurde Paderborn von Karl dem Großen, der auf seinen Eroberungszügen durch Sachsen auch zu den Paderquellen kam. Vermutlich gab es bereits ein Siedlungsgebiet und vielleicht ein Quellheiligtum, dessen Platz Karl nach Errichtung der Kaiserpfalz nun mit einem ersten christlichen Kirchenbau markierte. Das jedenfalls wird in Sagen und Geschichten erzählt. Relikte aus der Gründungszeit, die Grundmauern einer karolingischen Kaiserpfalz, sind hinter dem Dom freigelegt worden und zu besichtigen. Auch der Name - Pader - des hier aus über 200 Quelltöpfen sprudelnden Wassers, das sich noch in der Stadt zu einem kräftigen Fluss vereint, könnte einer Sage zufolge von Karl dem Großen stammen. In Anlehnung an den italienischen Fluss Padus (Po) soll er diesen Namen vergeben haben.

Ein großartiges Erlebnis ist es, an den Karstquellen und Bachläufen entlangzuspazieren: Im Zentrum der Stadt wird die Pader geboren. Hier finden Sie das größte Quellgebiet dieser Art in Europa. An insgesamt fünf nahe beieinanderliegenden Quellbereichen drückt das Wasser mal in Blasen blubbernd, mal kräftig rauschend aus dem Untergrund. Auch unter dem Dom scheint es hervorzuquellen. Und in der Tat: Der Dom ist auf einer Quelle gebaut. Im Inneren befindet sich noch ein alter Brunnenschacht. Die Pader mündet nach nur 4 km in die Lippe.

Der Hohe Dom zu Paderborn

Eng verknüpft mit der Entwicklung der frühen Stadt ist auch der Name Meinwerk. Er gilt als zweiter Gründer der Stadt, mehr als 100 Jahre nach der Karlszeit. In seiner 27 Jahre währenden Bischofszeit entwickelte er das Bistum Paderborn auch mit seinem Privatvermögen, ließ den Dom wiederherstellen (der erste Karlsdom war nach einem Brand zerstört), gründete das Kloster Abdinghof und das Kanonikerstift Busdorf. In der Busdorfkirche ruhen bis heute seine Gebeine. Auch die kleine Bartholomäuskapelle stammt aus der Meinwerkzeit.

In Paderborn kreuzten sich im Mittelalter zwei große Handels- und auch Pilgerwege (die Via Regia zwischen Bremen und Frankfurt und der Hellweg Aachen - Königsberg von West nach Ost). Bisher markiert und auch hier beschrieben ist die Ost-West-Verbindung über den Hellweg bis nach Aachen, die die frühen Pilger nutzten. Es wird vermutet, dass eine weitere Pilgerroute von Paderborn nach Süden hin über die Via Regia durch das Sauerland und weiter über die Heidenstraße nach Köln und Aachen führte. Diese Strecke wird zurzeit vom Landschaftsverband erforscht.

In Verbindung mit dem Jakobsweg wird die Stadt erstmals um 1150 erwähnt, als der isländische Abt Nikulas einen Pilgerweg von Dänemark nach Paderborn beschreibt (W. Tack 1958).

4. Etappe: Von Paderborn nach Salzkotten
⊃ 14,5 km, ⌛ 4 bis 4,5 Std.

Bewusst habe ich heute eine kurze Etappe gewählt. So bleibt Ihnen ein entspannter Vormittag in Paderborn.

Erster Anlaufpunkt in der Stadt ist für die meisten heute (und war es wohl auch für die Pilger des Mittelalters) der großartige Kirchenbau des Paderborner Doms. Betreten wird er vom Markt aus durch das **Paradiesportal**, das ein herausragendes Zeugnis der Jakobusverehrung aufweist. Unter den Reliefskulpturen ist eine deutlich durch ein besonders typisches Attribut hervorgehoben: Jakobus der Ältere trägt das Muschelsymbol.

Wenn Sie auf der linken Domseite die Halle durchschreiten und an der Krypta mit den Gebeinen des Liborius vorbeigehend die folgende Tür öffnen, kommen Sie in den Kreuzgang, aus dessen Innenhof (Kapitelsfriedhof) heraus das heimliche Wahrzeichen Paderborns, das berühmte Hasenfenster, zu sehen ist.

„In Paderborn gewesen zu sein und das Hasenfenster nicht gesehen zu haben, galt in früheren Tagen als Beweis nur zu flunkern", erlauschte ich vom Fremdenführer einer eintreffenden Gruppe. Und auch: „Geneigt war man, das Hasenfenster als Dreifaltigkeitssymbol zu sehen, man ist jedoch heute von dieser These abgerückt, weil es inzwischen auch auf den Paderborner Kanaldeckeln erscheint, und man die Dreifaltigkeit nicht mit Füßen getreten sehen will." So einfach ist das manchmal mit der Wissenschaft. In Wahrheit soll das Symbol aus einem ganz anderen Kulturkreis, dem fernen China, stammen. Dort ist ein 1.400 Jahre altes Exemplar bekannt. Das Fenster in Paderborn ist erst vor 400 Jahren entstanden (📷 Seite 88).

Das Hasenfenster

Auf der Nordseite des Doms steht das **Museum in der Kaiserpfalz** mit einer Ausstellung zum vergangenen Kaiserreich und archäologischen Funden aus der Frühgeschichte. Eine Besonderheit ist die **Bartholomäuskapelle** zwischen Dom und Kaiserpfalz. Sie wird als die älteste Hallenkirche (um 1017) nördlich der Alpen angesehen. Berühmt ist sie für ihre herausragende Akustik. Vielleicht stimmen Sie mal ein Lied an?

Lassen Sie sich im Übrigen von den überall angebrachten Wegweisern durch die Stadt leiten. Sehenswert sind unter vielem anderen noch die **Abdinghofkirche (Krypta)** und die **Busdorfkirche (Kreuzgang).** Herausragende Zeugnisse der Weserrenaissance sind das **Rathaus**, das **Adam-und-Eva-Haus** sowie das **Heisingsche Haus**, in dem die Touristeninformation untergebracht ist. Beeindruckend fand ich auch die barocke ehemalige **Jesuitenkirche** (am Rathaus links etwa 300 m).

🚶 **Vom Paradiesportal am Dom gehen Sie südlich** die Treppen aufwärts und am Diözesan-Museum vorbei zum Marktplatz, dann wenden Sie sich halb rechts in das südwestlich abzweigende Sträßchen, der Beginn der Paderborner Fußgängerzone. Sie erreichen den Rathausplatz und weiter in derselben Richtung den Marienplatz mit der 🛈 Touristeninformation. Auch hier bleiben Sie geradeaus in der Einkaufsstraße. In der Verlängerung der Einkaufstraße führt die Bahnhofstraße vom Westerntorplatz (Verkehrskreuzung) weiter südwestlich am Bahnhof (linker Hand) und Busbahnhof vorbei stadtauswärts. Markiert ist wieder auf der rechten Straßenseite.

☺ Die markierte Route ist leider höchstens sonntags einigermaßen vom lauten Straßenverkehr verschont (Autobahnzubringer). Alternativ können Sie kurz nach der Querung des Westerntorplatzes links in die Borchener Straße abbiegen und mit dem verlängernden Fußweg geradeaus die Bahnlinie queren. Etwas weiter biegen Sie dann rechts in die Wollmarktstraße ein, die hinter dem Bahnhof, immer nahe dem Schienenstrang, bleibt. Zuletzt biegen Sie dann links ab und gehen an den Kleingartenanlagen entlang zur Kreuzung mit der Frankfurter Straße. Hier halten Sie sich geradeaus und sind wieder auf dem Jakobsweg. (Beachten Sie auch den Hinweis zur Alternative mit dem 🚌 Bus, ☞ Paderborn.)

Nachdem die Wohnbebauung spärlicher geworden ist, zeigt die Markierung links über die Fußgängerampel (🚌 Bushaltestelle Almeweg). Danach geht es weiter rechts an derselben Straße entlang, Sie haben nur die Seite gewechselt. Bald danach führt die Straße links mit der Brücke über die Gleisanlagen. An der erreichten Ampelkreuzung biegen Sie dann links in die Frankfurter Straße ab und gehen an den Kleingärten entlang bis zu dem auffälligen alten und hohen Speicher mit der Werbung für Bruno Kleine. An der Ampelkreuzung dort biegen Sie rechts in die Barkhausener Straße. Es wird etwas ruhiger. (Haben Sie die (etwas kürzere) Alternativroute gewählt, gehen Sie am markanten Speicher geradeaus in die Barkhausener Straße.)

Südsüdwestlich verlassen Sie jetzt ganz allmählich den Dunstkreis der Stadt auf dem Radweg entlang der Straße. Die B 64 wird unterquert, danach wird es ländlich. An einem Kreisel teilt sich der Verkehr noch einmal. Sie gehen geradeaus und erreichen das Ortseingangsschild von **Barkhausen**, ✕ Grillimbiss Schmiedehütte, 🚌 Bushaltestelle. (Diejenigen, die den ersten Wegabschnitt mit dem Bus abgekürzt haben, folgen der Straße in der Richtung, in die auch der Bus fährt.)

Barkhausen liegt nahe der Autobahn (A 33), die Sie wenig später unterschreiten und dabei gleichzeitig den Fluss **Alme** überqueren. Die Pfeiler der Bahnbrücke stecken im Bachbett. Ansonsten zeigt sich der Fluss an dieser Stelle erstaunlich naturbelassen. Diesen Namen sollten Sie sich übrigens merken. Rund 12 km weiter wird er Ihnen unter ganz anderen Vorzeichen noch einmal begegnen (☞ Upsprunge).

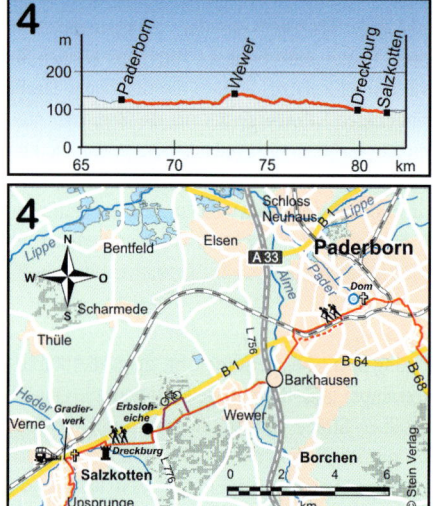

Der Fluss Alme gilt als **Grenze zu den Hellwegbörden**, die Sie nun betreten. Nach dem Überqueren des Flüsschens zweigt rechts ein Radweg Richtung Schloss Neuhaus über Elsen ab. Hier bleiben Sie noch in der bisherigen Richtung. Etwa 80 m weiter biegen Sie dann nach dem Passieren einer Bruchsteinscheune rechts in den Wirtschaftsweg Waterfurt ab (🚲 Richtung Geseke). In einer scharfen Rechtskurve führt der Weg über einen aufgelassenen Bahndamm hinüber und dann wieder mit einem Linksknick leicht aufwärts entlang des Ortsrandes von **Wewer**. Die leichte Anhöhe verschafft hier einen wunderbaren Blick bis zum Eggegebirge und Teutoburger Wald.

🛏   **Gästehaus Maahs**, Wienekenweg 3, 33106 Wewer, ☎ 052 51/18 29 10,
FAX 91 03 04, ✉ renate@gaesthaus-maahs.de,
🖥 www.gaestehaus-maahs.de, 11 Betten, ÜF: EZ ab € 36, DZ € 66

Auf der Höhe überqueren Sie die L 756, auf der Sie links zur Ortsmitte gelangen könnten. Ihr Weg führt aber weiter geradeaus durch die Siedlungsstraße Hinter den Höfen. Am Ende der Straße zeigt die Markierung nach rechts und dann gleich wieder nach links in die Straße Meerschlag. (🚌 Auch hier hält der Bus Nr. 2 an der Haltestelle „Im Bruchhof" jede halbe Stunde)

☕   **Eiscafé Gründercafé**

Die Siedlungsstraße endet an einer Querstraße. Geradeaus laufen Sie auf dem Fuß- und Radweg über Salzkotten Richtung Geseke. Mit dem 🛒 Aldi-Markt ist dann auch der jüngste Siedlungsrand erreicht. Jetzt gibt es nur noch Felder und dahinter Wald. Kopfweiden reihen sich am Graben, an dem Sie entlanggehen. Dann treffen Sie auf eine Radwegekreuzung.

✋   Alle Wegweiser für Rad- und Jakobsfußpilger weisen hier überdeutlich nach rechts zur nahen Bundesstraße B 1. Die Karte zeigte mir, dass der Weg in der Folge dann links ein Stück an der B 1 entlang und wieder links zurück zur südwestlichen Linie führt. ☺ Lassen Sie sich nicht von den Wegweisern beeindrucken und gehen Sie hier geradeaus auf den Waldrand zu. Diese Strecke ist eine Abkürzung und schöner.

🚴   Radfahrer folgen der Beschilderung.

Anfangs ist der Weg noch geteert. Am Waldrand beginnt dann an einem Wegkreuz ein breiter, mit Schotter befestigter Weg, der ganz leicht links abknickt, im Wesentlichen aber die Richtung beibehält. Ein schmales Waldstück ist schnell durchschritten. Weiter geht es am Waldrand entlang. Rechter Hand liegt offenes Feld, bis Sie an der Feldecke wieder den Wald betreten. Ein Trampelpfad schlängelt sich jetzt weiter in derselben Richtung bis zu dem Sträßchen, mit dem von rechts die offizielle Route dazustößt.

Sie gehen jetzt in dieser Richtung weiter. Wenn Sie auf dem offiziellen Weg von der B 1 kommen, biegen Sie rechts zur Brücke ab, die im Bogen über die hier als Autobahn- und Flughafenzubringer (Paderborn-Lippstadt) ausgebaute L 776 führt. Die Brücke ermöglicht wieder einmal einen weiten Blick. Südwestlich sind Paderborner Hochfläche und der sich anschließende Haarstrang am Horizont zu sehen. Von der Brücke abwärts führt Ihr Weg dann scharf links zurück zur Schnellstraße.

☺ Zügeln Sie erst einmal den flotten Schritt! Bevor Sie dem Weg folgen, gehen Sie ein paar Schritte rechts herüber. Dort steht im freien Feld, weit ausladend und als Naturdenkmal geschützt, die **Erbsloheiche**. Kraftstrotzend und gesund bis in die letzten Spitzen, so erschien sie mir.

Naturdenkmal Erbsloheiche

Dann folgen Sie dem Bogen zurück zur Kreisstraße und gehen davor rechts im Schutz der Böschung an ihr entlang. Schon bald knickt der Weg rechts von der Straße weg und strebt wieder westlich in die Weite der Bördelandschaft, die sich im Mai im grünen Kleid der Felder unter dem weiten blauen Himmel zeigt. War das Weserbergland noch von Raps und Wiesen geprägt, so zeigen sich hier überwiegend Getreidefelder und Zuckerrüben, nur vereinzelt auch noch Raps.

„Mit einer fast 130-jährigen Tradition hat der Zuckerrübenanbau in der Hellwegbörde wirtschaftliche Bedeutung. Die „Königin der Feldfrüchte" wird in der Ruhr-Lippe-Region jährlich auf einer Fläche von rund 580 Hektar angebaut. Für viele Bauern bildet sie ein wichtiges Standbein ihres Einkommens", las ich später im Internet. „Königin" bedeutet hier: anspruchsvoll. Zuckerrüben wachsen nur auf den fruchtbarsten Böden wirtschaftlich.

Die B 1 zeigt sich rechter Hand, auch im Süden jagen die Autos in reichlich Abstand vom Wanderweg auf der Straße entlang. Dazwischen erscheint die Welt in landwirtschaftlicher Ordnung. Der Kirchturm von Salzkotten zeichnet sich als Vorbote schon von Weitem am Horizont ab.

Noch vor Salzkotten erreichen Sie die ♜ **Dreckburg**. Das Tor zum alten Rittergut steht offen. „Betreten-verboten"-Schilder sind nicht zu sehen. Der

Heimatverein Salzkotten veranstaltet in den Räumlichkeiten der Dreckburg gelegentlich Ausstellungen, z.B. über die Geschichte der Salzgewinnung. Ich weiß allerdings nicht, ob es zu jeder Zeit gern gesehen wird, wenn Pilger sich dort genauer umschauen. Ehemalige Landarbeiterhäuser scheinen privat vermietet, das von Wasser umgebene Herrenhaus selbst bewohnt zu sein. Achten Sie in jedem Fall die Privatsphäre der Bewohner und fragen Sie gegebenenfalls. Es gibt eine Möglichkeit, über den Hof bis vor die quer stehende Gebäudereihe zu gehen und dort rechts hinauf die B 1 zu erreichen. Der Wanderweg ist um die Anlage herumgeführt.

Markiert ist vor der Burganlage rechts zur B 1 hin. Dort wenden Sie sich nach links und gehen an ihr entlang. Mit ausreichend Abstand zur Straße wandern Sie auf dem Radweg in den Ort.

Am Kreisverkehr gehen Sie weiter geradeaus. Rechter Hand liegt das ⌂ ✕ Hotel/Restaurant Walz, gegenüber ein ✕ Imbiss. Bald danach erreichen Sie die ✝ Kirche und das Kloster am Mutterhaus der Franziskanerinnen. Vielleicht kommen Sie ja gerade zur Vesper dort vorbei, die öffentlich ist (Gottesdienst: täglich um 18:00).

Etwas weiter knickt die B 1 rechts ab, von links mündet die Wewelsburger Straße ein. Markiert ist weiter geradeaus. Jetzt in der Geschäftsstraße ✆ ☕ gehen Sie noch bis zu dem schönen Ziegelgebäude, auf dem in alten Lettern „Postamt" steht. Danach führt links ein Fußweg in einen stillen Winkel um die ✝ **Pfarrkirche St. Johannes** (📷 Seite 94).

    Mo bis Sa 10:00 bis 11:00 und 15:00 bis 16:00, So 15:00 bis 16:00, ☎ 63 94

Außen vor dem Chor der Salzkottener Pfarrkirche steht unter Bäumen eine der ältesten **Totenleuchten** Westfalens. Nur noch vier Exemplare soll es in ganz Westfalen geben und diese hier ist besonders gut erhalten. Totenleuchten, auch Kirchhofslaternen genannt, gab es im Mittelalter auf jedem Friedhof, der in der Regel rund um die Pfarrkirchen angelegt war. Ähnlich wie beim Ewigen Licht im Chor der Kirchen brannte auch in den Totenleuchten ständig eine Öllampe. Das brennende Licht bot den Toten Schutz vor Dämonen und Geistern und gab dem geweihten Platz seine besondere Würde. Noch heute wird in Salzkotten in der Totenleuchte ein Licht entzündet, wenn ein Gemeindemitglied verstorben ist.

Schöne Fachwerkhäuser umgeben die Kirche. Besonders fallen die ♀ Schenkwirtschaft und das **Heimathaus** auf (ehemalige Mädchenschule, heute Treffpunkt des Heimatvereins und romantische Umgebung für Hochzeiten). Vom Heimathaus führt ein Gässchen (Kokelake) rechts weiter und endet gegenüber der ✕ Trattoria Viva Napoli. Linker Hand befinden sich das Rathaus und das ☕ Marktcafé sowie weitere Lokale. Ortsplan und Umgebungskarte stehen gegenüber dem Rathaus.

Sie gehen geradeaus an der Trattoria vorbei und lassen das Rathaus links liegen. Auf den Küten heißt die Straße hier. Vorbei am 🛒 Terra Naturkostladen steigen Sie auf einen kleinen Berg. Oben ist linker Hand ein Brunnenhaus erbaut (1544). Ausführlich werden Sie hier anhand von Tafeln über den seltsamen **Kütfelsen** (aus Salzsinterstein) an der **Unitasquelle** aufgeklärt. Die untersten Schichten des Steins sind bereits 12.000 Jahre alt. Über Jahrhunderte diente diese Quelle der Salzgewinnung.

Pfarrkirche St. Johannes in Salzkotten

Weiter geht's am Kütfelsen vorbei, eng an den Häusern entlang und dann rechts wieder zur Durchgangsstraße zurück. Dort laufen Sie links am 🛏✕ Hotel/Restaurant Westfälischer Hof vorbei und gehen dann mit der Brücke über das Flüsschen (Heder). Gegenüber stehen eine funktionstüchtig hergerichtete **Ölmühle** sowie ein mittelalterliches Stadttor **(Westentor)**.

Gleich nach der Überquerung gehen Sie links, jetzt an der Heder entlang (auch Uplandweg X15). Dem Flüsschen folgen Sie morgen bis zu seinen Quellen. Romantisch verläuft der Weg zunächst unter Platanen, vorbei an einem **Gradierwerk** und einer **Salzschöpfanlage** (nachgebaut). Salzkotten ist ein sehenswertes Städtchen.

Salzschöpfanlage an der Heder in Salzkotten (Nachbau)

Salzkotten

 33154 ℐ 05258

- **Tourismus- & Stadtinformation** im Rathaus, Büro 20, 1. Obergeschoss, ☎ 507 20 00, FAX 50 72 620 00, ✉ miriam.hellwig@salzkotten.de, 🕒 Mo bis Fr 8:00 bis 12:00, Mo, Di 14:00 bis 16:00, Do 14:00 bis 18:00
- **Gasthaus Kruse**, Upsprunger Straße 18, ☎ 84 37, 8 Betten, Ü: EZ € 25, DZ € 44, Frühstück auf Wunsch € 5. Für Menschen, die empfindlich auf Tabakrauch reagieren, nicht zu empfehlen, ansonsten durchaus.
- **Hotel Walz**, Paderborner Straße 21, ☎ 98 80, FAX 48 49, 🖥 www.hotel-walz.de, ✉ info@hotel-walz.de, 49 Betten, ÜF: EZ ab € 62, DZ ab € 88, WLAN

Anzeige

Hotel - Restaurant Walz
33154 Salzkotten
Paderborner Str. 21
☎ 052 58/98 80
✉ info@hotel-walz.de
Wir freuen uns auf Ihren Besuch!
Saubere, gemütlich eingerichtete Zimmer, auch für Allergiker geeignet, mit kostenlosem Internetzugang über W-Lan und eine regionale Küche erwarten Sie in unserem Haus.

Hotel Westfälischer Hof, Lange Straße 4, ☎ 986 10, FAX 98 61 40,
🖥 westfaelischer-hof-salzkotten.de, ✉ info@hotel-westfaelischer-hof.de,
21 Betten, ÜF: EZ € 50, DZ € 74, MBZ € 31/Person,

Salzkotten hat einen Bahnhof, der an der Bahnstrecke Paderborn - Münster liegt, 🚆 Paderborn.

Über viele Jahrhunderte lebten die Menschen in Salzkotten vom Salz. Das hier aus vielen Quellen ans Tageslicht gedrückte salzhaltige Wasser wurde in großen Siedepfannen verkocht und das verbliebene Salz gereinigt, gelagert und verkauft. Um den enormen Brennstoffbedarf zu reduzieren, wurden im 16. Jh. die sogenannten Gradierwerke eingeführt. Die Sole rieselt in feinen Tropfen über das in einem Holzgerüst verbaute Geäst (aus Schwarzdorn bzw. Schlehe). Durch die dabei stattfindende natürliche Verdunstung wird die Sole konzentriert und als Nebeneffekt von Kalk und Gipsbestandteilen gereinigt. Diese setzen sich am Zweigwerk fest und bilden den grau-braunen Dornstein aus.

An den Stätten ehemaliger Salzsiedereien haben sich in jüngerer Zeit vielfach Kurbetriebe etabliert. Bad Westernkotten und Bad Sassendorf liegen am Weg. Soleschwimmbäder, gezielt eingesetzte Wannenbäder und Ähnliches dienen der Gesundung. Auch die heutigen, teils aus alter Zeit erhaltenen Gradierwerke bleiben nicht nur Anschauungsobjekt. Die salzgeschwängerte Luft in unmittelbarer Nähe hilft ähnlich wie Seeluft bei der Behandlung von Atemwegserkrankungen und Allergien.

Auf Ihrem Weg durch die Hellwegbörden werden Sie weitere Stätten der Salzgewinnung durchwandern. Insbesondere auch für Soest (seit dem 7. Jh.) und Werl (seit 850) war das Salz von großer wirtschaftlicher Bedeutung. In

Salzkotten ist die Salzgewinnung seit 1160 belegt, eingestellt wurde der Betrieb dann 1908. Die jeweiligen Landesherren, weltlich oder kirchlich, waren im Besitz der Quellen. Der Siedebetrieb wurde an sogenannte Pfänner oder Sälzer vergeben. Diese kümmerten sich um Herstellung und Vertrieb.

5. Etappe: Von Salzkotten nach Bad Westernkotten ⟳ 22 km, ⌛ ca. 6 Std.

⌛ Für einen Rundgang durch Geseke ✕ ☕ sollten Sie etwas Zeit zusätzlich einplanen.

Durch die salzhaltigen Quellen bedingt hat sich südlich von Salzkotten eine im Binnenland höchst seltene, in Norddeutschland einzigartige spezifische salzverträgliche Vegetation ausgebildet. Im **Naturschutzgebiet Sültsoid** im Uferbereich der Heder wurden Feuchtwiesen, Röhrichte und Salzwiesen großflächig unter Schutz gestellt. Rund 300 Pflanzenarten sind hier gefunden worden, darunter eine sehr hohe Zahl gefährdeter Arten. Beinahe 10 % sind vom Aussterben bedroht. Spezifische salzliebende Pflanzen sind Salzaster, die Salz-Schuppenmiere, Meerstrandbinse, Salz-Bunge und andere. Als eine weitere typische Salzpflanze ist auch der Wilde Sellerie, die Wildform des bekannten Gemüses, vertreten.

Für den botanisch nicht geschulten Wanderer ist von diesen Kostbarkeiten nicht so viel zu sehen. Ihm bleibt die schöne Atmosphäre entlang des Flüsschens Heder im Niederungsgebiet und vielleicht die Vogelwelt.

🚶‍♂️🚶 Dem **Flusslauf der Heder** entgegenwandernd überqueren Sie eine Straße geradeaus, auch wenn der Weg rechts durch die Siedlung markiert ist. Sie bleiben am romantischen Flussufer. Die parkartige Randbepflanzung weicht einer natürlichen Flur, ein Naturschutzschild weist auf das Schutzgebiet Sültsoid hin. Den Abzweig ignorieren Sie. Tafeln geben Informationen über die hier lebenden Pflanzen und Tiere.

An der Infotafel „Tierwelt der Salzwiesen" führt der Weg dann rechts von der Heder weg. Bevor er in die Siedlung strebt, gehen Sie links und am Sportplatz entlang wieder zurück in die Hederwiesen. Der X15 ist hier deutlicher markiert. Dann ist **Upsprunge**, heute Ortsteil von Salzkotten, erreicht.

Upsprunge

🛌 **Privatzimmervermietung Schauff**, Strandasterweg 3, ☎ 052 58/71 10,
✉ schauffa@gmx.de, 2 Betten, DZ € 50

Der Name (früher: Up'm Springe) weist auf den Quellreichtum hin. Eine Tafel klärt das Geheimnis von Alme und Heder auf. Ein Teil des Almewassers verschwindet im Bereich des Ortes Brenken, der südlich von hier auf der Paderborner Hochfläche liegt, in sogenannten Schwalgen, Ponoren oder Schlucklöchern und quillt hier in Upsprunge in zahlreichen Quellen, die die Heder in Gang setzen, wieder hervor.

🥾 Sie gehen links auf der Brücke über die Heder und folgen der Straße weiter am Fluss entlang. Über die folgende **Bogenbrücke aus Bruchstein und Ziegel**, die im Jahre 1884 erbaut wurde, erreichen Sie den Fußweg durch den Inseln bildenden Quellbereich. Linker Hand steht eine zum Wohnen hergerichtete Mühle und dann sind Sie mittendrin. Aus allen Ecken rauscht hier das Wasser, sogar unter den Häusern kommt es hervorgeflossen. Alte Höfe stehen im Quellgebiet. An verschiedenen Stellen drückt sich das Wasser sichtbar blubbernd aus dem Untergrund. Der neu gestaltete Weg führt sicher hindurch.

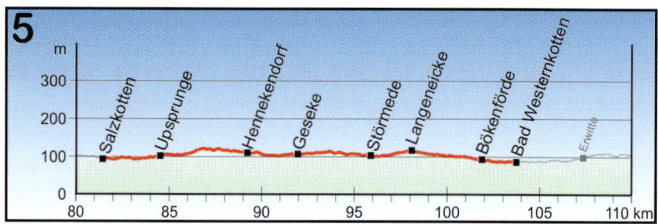

Dann endet der Rausch. Es wird still. An der erreichten Straße (Hederbornstraße) gehen Sie rechts leicht aufwärts. An der abzweigenden Kirchstraße ist rechts ein Abstecher zur ✝ katholischen Pfarrkirche St. Petrus Upsprunge, Baudenkmal seit 1987, möglich. Auch schöne Hofstellen sind an dem Weg zu sehen.

Die Hederbornstraße knickt bald nach links ab. Hier laufen Sie geradeaus in den Schleiweg, queren auf der nahen Höhe noch eine Straße und wandern wieder in die Weite der Feldlandschaft. Der Kirchturm von Geseke kommt schon in Sicht, doch die Wege folgen hier den Gesetzen der Landwirtschaft. Nach einer Weile biegen Sie an einer T-Kreuzung erst einmal Richtung Süden ab und dürfen erst an einem Gehöft wieder rechts in Richtung des Kirchturms weiterwandern. Die gerade Linie ist in dieser Region der B 1 vorbehalten.

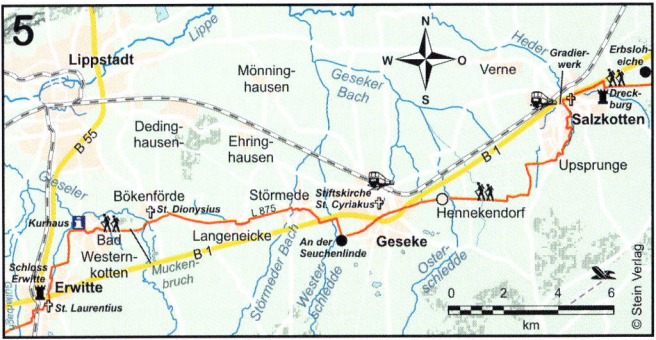

Wieder erreichen Sie eine T-Kreuzung. Dort gehen Sie links, aber wenig weiter schon wieder rechts, jetzt mit dem Radweg R6. Linker Hand gibt eine Hecke, welche eine Baumschule umschließt, etwas Schutz vor Sonne und Wind. Rechter Hand dehnen sich die Bördeböden, zum Teil durch Obstbaumreihen gegliedert. Der ♂ Radweg biegt schon bald rechts ab. Sie bleiben in der südwestlichen Richtung und queren etwas weiter eine Fahrstraße mit dem Namen Tiefer Hellweg. Geradeaus nutzen Sie den Tudorfer Weg.

Noch bevor Sie die Ansiedlung **Hennekendorf** erreichen, queren Sie ein Trockental, die nur zeitweilig Wasser führende Osterschledde.

Mit dem Begriff „Schledde" bezeichnet man im Hellwegraum Bäche, die zeitweise trocken fallen. Auch dies steht im Zusammenhang mit dem Karstgebiet weiter südlich. Der jetzt den Weg begleitende Haarstrang ist wie die Paderborner Hochfläche aus Kalkstein aufgebaut. Dort verschlucktes Wasser drückt zeitweilig (periodisch, wenn die Höhlensysteme gefüllt sind) in das Bördentiefland und formt die Schledden aus. Da dies nach starken Regenfällen auch mal sehr plötzlich und heftig ausfallen kann, werden diese Täler auch die **Wadis an der Haar** genannt.

Die industrielle Nutzung der großen Kalkvorkommen ist nicht zu übersehen. Bereits seit einiger Zeit haben Sie das Zementwerk von Geseke im Blickfeld.

Etwa 400 m nach dem letzten Haus führt ein Abzweig rechts zum 🛏 Hotel Feldschlößchen an der B 1. Sie wandern geradeaus weiter, überqueren wenig später weiter einen Schienenstrang (Güterverkehr zum Zementwerk Geseke) und erreichen an einem Kreisverkehr die B 1. Sie queren ihn und wandern weiter auf den Kirchturm von **Geseke** zu. Von einer Kapelle ausgehend verlaufen eine Kastanienallee und eine Parkanlage (Kapellenweg) parallel zur Straße, welche Sie wieder erreichen. Geradeaus pilgern Sie dann auf der Straße Hellweg, die Sie jetzt durch die Stadt geleitet.

Geseke 🛏 ✕ ☕ 🚶 ✚ 🏊 🏧 ⛪ ♻ 🚌 🚆 ✉ 59590 ☏ 02942

- ⊙ 🛈 **Hospital zum Hl. Geist Geseke**, Bachstraße 76, ☏ 59 00. Das heutige moderne Krankenhaus geht zurück auf ein 1374 gegründetes Hospital für Arme und Kranke. Auch Pilger des Mittelalters fanden in solchen Einrichtungen Unterkunft und, wenn nötig, auch Behandlung.
- 🛏 ✕ **Hotel Feldschlößchen**, Salzkottener Straße 42, ☏ 98 90, FAX 98 93 99, 🖥 www.hotel-feldschloesschen.de, ✉ info@hotel-feldschloesschen.de, 81 Betten, ÜF: EZ € 55, DZ € 90, Sauna
- 🛏 **Pro Motel Geseke**, Bürener Straße 151, ☏ 79 94 35, FAX 98 76 66, 🖥 www.prohotel-group.de/Geseke/index, ✉ geseke@prohotel-group.de, 86 Betten, Ü: EZ € 39, DZ € 43, ➲ 4 km (südlich von Geseke an der Autobahnauffahrt zur A 44)
- 🚆 Der Bahnhof Geseke liegt am Nordrand der Altstadt und ebenfalls an der Bahnlinie Paderborn - Münster, 🚈 Paderborn.
- ✞ **St. Cyriakus**, ☏ 12 23, 🖥 www.stiftskirche-geseke.de, 🕒 tägl. 8:00 bis 18:00, Baubeginn 10. Jh., Kreuzgang, kreuzförmige Hallenkirche mit romanischem Ostteil, der von zwei Türmen flankiert ist, hoher Westturm mit Turmkapelle, Mauern aus Kalkstein. Interessant gestaltet sind die romanischen Kapitelle im Inneren.
- ♦ **Stadtkirche St. Petri**, ☏ 13 77, 🖥 www.stadtkirche-geseke.de
- ⌘ **Hellweg-Museum** oder **Heimatmuseum am Hellweg**, Hellweg 13, ☏ 781 41, 🕒 Mi und Sa 16:00-18:00, So 14:00-17:00, geologische, vorgeschichtliche und volkskundliche Sammlung in einem prächtigen Ackerbürgerhaus von 1664

5. Etappe: Von Salzkotten nach Bad Westernkotten

Kreuzgang an der Stiftskirche in Geseke

Der Hellweg und in der Verlängerung der Kleine Hellweg queren die Ackerbürgerstadt Geseke an ihrem südlichen Rand. Er ist wunderbar mit rot blühenden Kastanien bepflanzt und hält so manches Kleinod in Fachwerk, Ziegel und Schiefer bereit. Achten Sie auch auf die schönen Hauseingänge und natürlich auf das alte Ackerbürgerhaus, in dem heute das Hellweg-Museum (Heimatmuseum) untergebracht ist. Viel Sehenswertes liegt bereits an diesem Weg, doch versäumen Sie nicht, durch eine der abzweigenden Straßen (Rosenstraße, Alter Steinweg, Düstere Gasse, Bachstraße ⊙) rechts ins Zentrum vorzudringen. Ein Rundgang durch dieses stille, an schönen Ecken reiche Hellwegstädtchen ist äußerst erbaulich.

Am Westtor verlassen Sie die Stadt, queren die Fahrstraße und laufen geradeaus auf der Eringerfelder Straße weiter. Am nachfolgenden Kreisel nehmen Sie rechtsherum gehend die zweite, fast geradeaus führende Straße. Sie heißt weiter Eringerfelder Straße. Der Weg ist gut markiert.
Nach der Siedlung geht es wieder hinaus in die Felder. Sie nehmen den Wirtschaftsweg halb rechts bzw. geradeaus. Es ist der Seuchenlinder Weg. Wieder ist es der Kirchturm, der den nächsten Ort anzeigt.

An der folgenden T-Kreuzung treffen Sie auf eine Lindengruppe. „Hier stand von 1476 bis 1587 die St.-Jakobus-Kapelle und bis 1700 das Seuchenhaus (Leprosorium) der Stadt Geseke. Danach war dieser Platz „**An der Seuchenlinde**" der Galgenplatz Gesekes," steht hier geschrieben. Eine Bank lädt zum Gedenken ein ⛩. Rückwärtig ragen St. Petri und St. Cyprian zum Himmel. Nach ihrer Besichtigung können Sie sie im Rückblick benennen.

Von der Seuchenlinde wandern Sie dann rechts in Richtung B 1. Ehrwürdige Birnbäume begleiten Ihren Weg. Leider gibt es keine Alternative. Der Weg führt jetzt direkt zur B 1 und dort links an ihr entlang. In dieser langen Geraden ist das kein Vergnügen. Markiert ist hier nicht. Gruppen sollten unbedingt hintereinander gehen, auch wenn der Randstreifen breit ist - er wird gerne zum Ausscheren bei Überholvorgängen genutzt. Höchste Aufmerksamkeit ist geboten. 🚲 Radfahrer müssen die rechte Straßenseite benutzen oder schieben.

Bereits nach ein paar Schritten auf der Bundesstraße überqueren Sie auf der Brücke die Westerschledde. An der ersten Möglichkeit, die sich zum Abzweigen rechts bietet, queren Sie die Straße und verlassen sie über den Brenker Weg. Hier ist wieder markiert. Sie behalten jetzt diese Richtung bei und gehen auf das Scheunendach mit der Fotovoltaikanlage zu.

Die Scheune steht gegenüber dem Heimathaus. Zwischen Heimathaus und Scheune betreten Sie das Dorf, gehen vor dem Kindergarten rechts und dann links hinter der schönen, vielfältig bewachsenen Kalksteinmauer am Kindergarten entlang zur Kirche

Störmede   🖂 59590 ☏ 02942

🛏✗ **Gasthof Pohle**, Lange Straße 38, ☏ 74 26,
    💻 www.gasthof-pohle.stoermede.de, 6 Betten, ÜF: EZ € 40, DZ € 60,

✞   **Kath. Kirchengemeinde St. Pankratius**. Eine Besichtigung der Kirche ist nur nach Absprache möglich, ☏ 15 34. Die Kirche stammt im Wesentlichen aus dem 13. Jh., hat aber noch einen romanischen Chor. Der Kirchhof ist dicht mit Bäumen bepflanzt, die allerdings arg gestutzt wirken.

Sie halten sich unterhalb der Kirche in Richtung Rittergut Störmede. Es befindet sich in Privatbesitz, das Betreten ist verboten. Vor dem Tor gehen Sie rechts und gleich wieder links entlang der hohen Mauer, der Straße

Turmecke folgend. Die führt zur L 875 (Lange Straße), in die Sie links einbiegen. Wieder queren Sie eine Schledde.

Auch an der folgenden Kreuzung gehen Sie weiter geradeaus. Ausgeschildert ist auch der 🚲 Radweg Richtung Erwitte. Vorbei an der Mischbesiedlung aus alten Höfen und Neubausiedlungen geht es wieder in die Felder, allerdings nur kurz. Ein neues Dorf (**Langeneicke**) wird erreicht. Gleich die erste Straße links heißt Alte Straße, diese gehen Sie entlang. Eine schöne Bruchsteinscheune steht am Wegesrand. Die älteren Ziegelbauten haben mir besonders gefallen.

An einem Wegdreieck gehen Sie rechts und dann geradeaus. Ein Ehrenmahl steht vor der Kirche (St. Barbara). Der Vorraum ist geöffnet.

⊙   **Katholischer Kindergarten St. Barbara**, Barbarastraße 3 (am Kirchplatz), Geseke-Langeneicke, ☏ 029 42/14 44

An der Kirche vorbei gehen Sie die Eichenstraße herunter. Linker Hand steht das ✕ **Restaurant Kemper/Steinhoff** in einem denkmalgeschützten Ziegelhaus.

🍴   ab 17:30, So und Feiertag zusätzlich von 10:00 bis 15:00, Mo u. Di Ruhetag

Nach der Gaststätte zweigen Sie rechts in die Straße Zur Schmiede und dann wieder links auf die L 875 ab. Der 🚲 Radweg Richtung Erwitte ist ausgeschildert. Etwa 3 km verbleiben Sie hier auf dem Radweg entlang der Straße, bis auf der Höhe ein Abzweig nach **Bökenförde** zeigt. Hier biegen Sie links in den Ort ein und gehen geradewegs bis zur Straßenkreuzung in der Ortsmitte. Weiter geradeaus folgen Sie der Straße Richtung Bad Westernkotten. Es sind noch 2 km. Vorher lohnt ein Blick zur wenige Meter rechts stehenden ✝ Kirche St. Dionysius, die ich geöffnet fand. Teile der Kirche stammen noch aus dem 11. Jh., im Innenraum liegen Handzettel zur Geschichte aus. Und wieder gibt es schöne Ziegelbauten.

Am Ortsausgang überrascht mal wieder ein kleines Flüsschen. **Gieseler** wird es genannt. Gespeist wird es wie Heder und Pader von kräftigen Karstquellen, die kaum einen Kilometer südlich von hier gelegen sind. Ein historischer Waschplatz ⌂ befindet sich am Ufer.

Das Sträßchen schlängelt sich idyllisch durch die Bachniederung, ein weiterer Bach stößt hinzu. „Manchmal sprudeln die Quellen so stark, dass das ganz Tal überschwemmt wird," hörte ich von Spaziergängern, „doch ein solches Ereignis ist seltener geworden." Rechter Hand ist dann ein Pfad über den Muckenbruch, ein teils offenes, teils bewaldetes Feuchtgebiet ausgeschildert. Die jetzt zahlreichen Spaziergänger und Radler nehmen alle diesen Weg. Vielleicht haben Sie Lust auf den kleinen Schlenker, der zuletzt wieder zur Straße führt. Markiert ist allerdings längs der hier auch sehr schönen Straße.

Bördelandschaft mit Obstbäumen

Am Ortseingangsschild von Bad Westernkotten bleiben Sie auf der Durchgangsstraße (Bruchstraße), bis die Osterbachstraße an einem Bächlein quert. Hier gehen Sie links dem Bach entgegen und dann mit dem Pflaster rechtsherum. 🎪 🏦 Eine Bushaltestelle (🚌 Richtung Lippstadt und Erwitte) erreichen Sie im Zentrum. 🛍 ✕

Am ✕ Fisch- und Steakrestaurant „Alter Schwede" geht es rechts weiter Richtung Kurhaus. Sie passieren das 🛏 Ringhotel Westernkotten. Linker Hand steht bald ein historischer Speicher, rechts finden Sie einen Zugang zum Kurpark.

An den Hellweg-Sole-Thermen geht es links vorbei zum Kurhaus mit der ℹ Touristeninformation und ⊙ Stempelstelle.

Bad Westernkotten

📧 59597 ☎ 02943

- **Tourist-Information**, Weringhauser Straße 17, ☎ 80 91 25, FAX 80 91 05, 🖥 www.badwesternkotten.de, ✉ info@badwesternkotten.de, 🕐 Mo bis Fr von 8:00 bis 17:00, Sa und So 9:30 bis 12:00 und 14:00 bis 18:00
- Tourist-Information Bad Westernkotten
- In Bad Westernkotten gibt es eine große Anzahl an Privatunterkünften und kleineren Pensionen (1.000 Betten), die ich im Einzelnen hier nicht alle auflliste. Nutzen Sie unbedingt die Erfahrung der Tourist-Information. Die Mitarbeiter sind bemüht, für Pilger ein preisgünstiges Bett zu finden. Auch über die Webseite finden Sie alle Unterkünfte. Einige größere Übernachtungseinrichtungen führe ich im Folgenden auf.
- **Ringhotel Bad Westernkotten**, Weringhauser Straße 9, ☎ 970 00, FAX 97 00 50, 🖥 www.ringhotel.ws, ✉ info@ringhotel.ws, ÜF: EZ ab € 60, DZ ab € 85, 🐾 🚲
- **Pension Gerling**, Schäferkemper Weg 32, ☎ 21 74, FAX 87 06 55, 🖥 www.cafe-restaurantgerling.de, ✉ mail@cafe-gerling.de, ÜF: EZ € 30, DZ € 60, 🚲 🐾
- **salinenparc Design Budget Hotel**, Mühlenweg 9, ☎ 975 97 79, FAX 975 91 39, 🖥 www.salinen-parc.de, ✉ hotel@salinen-parc.de, ÜF: EZ ab € 59, DZ ab € 79, 🐾 🚲
- **Kurhotel Wall-Café**, Südwall 13, ☎ 878 70, FAX 87 87 44, 🖥 www.wallcafe.de, ✉ kurhotel@wallcafe.de, ÜF: EZ € 35, DZ € 70, 🚲 🐾 ✕
- **Kurpension Pilk**, Gieselerweg, ☎ 21 18 + 87 04 23, FAX 87 04 24, 🖥 www.pension-pilk.de, ✉ pension-pilk@t-online.de, ÜF: EZ € 28, DZ € 56, 🐾 🚲 WLAN
- Privat: **Klückers-Filz**, Hockelheimer Weg 7b, ☎ 41 85, ÜF: € 20
- Von Bad Westernkotten fährt ein Direktbus im Stundentakt nach Lippstadt. Dort haben Sie Anschluss an die Bahnstrecke Paderborn - Münster.
- **Hellweg-Sole-Thermen**, Weringhauser Straße 17, 🕐 tägl. 8:00 bis 22:00, So und Feiertag nur bis 21:00, letzter Einlass 1,5 Std. vor der Schließung.

Das heutige Moor- und Soleheilbad Bad Westernkotten war in alten Zeiten wie Salzkotten eine Sälzersiedlung am Hellweg. Seit 1842 entwickelte es sich zum staatlich anerkannten Heilbad, auf den Grundlagen der örtlichen

Heilmittel Sole und Moor. Pilger finden hier in den Hellweg-Sole-Thermen (Sole-Thermalbad, Saunalandschaft) die richtige Basis zur Körperentspannung nach einem anstrengenden Fußweg und für den anschließenden gesunden Schlaf.

6. Etappe: Von Bad Westernkotten nach Soest ⊃ 25 km, ⧖ ca. 9 Std.

Aufgrund der vielen sehens- und verweilenswerten Plätze am heutige Wegabschnitt sollten Sie etwa 9 Std. Wegzeit einkalkulieren. Viele Pilger wählen auch Bad Sassendorf, etwa 5 km vor Soest gelegen, als Übernachtungsort.

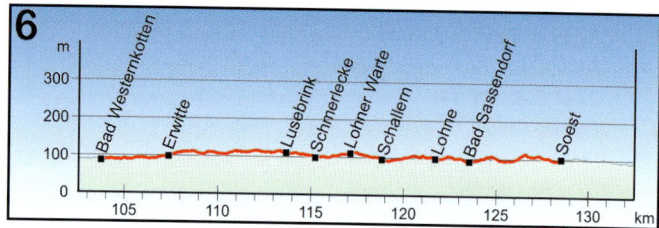

An den Hellweg-Sole-Thermen geradeaus vorbei wandernd verlassen Sie an einem Parkplatz schon bald den Kurbereich. Die Markierung zeigt abweichend vom Kurweg nach links und dann gleich wieder nach rechts, noch an einigen Parkplätzen entlang zu einer Straße (Solering). Dort folgen Sie links dem ☞ Radwegweiser Richtung Erwitte (2,7 km). Linker Hand steht eine Informationstafel mit einem Orts- und Umgebungsplan. Sie bleiben geradeaus auf dem Fußweg an der Straße.

Gleich kommen der Kirchturm von Erwitte und mal wieder ein Zementwerk ins Bild. Das Pilgerzeichen zeigt eindeutig rechts über die Straße hinüber und dann beginnt links, an der anderen Straßenseite, ein Rad-und Fußweg. Er ist schmal und schön und entfernt sich zwischen Hecken und Bäumen von der Straße. Eine erste Pausenbank ⊼ steht links am Wegesrand. Eine kurze Pappelreihe trägt üppige Mistelnester.

An einer Radwegkreuzung zeigt die Markierung eindeutig nach rechts. Sie überqueren bald einen Bach und laufen geradeaus weiter. Am Ende des

6. Etappe: Von Bad Westernkotten nach Soest

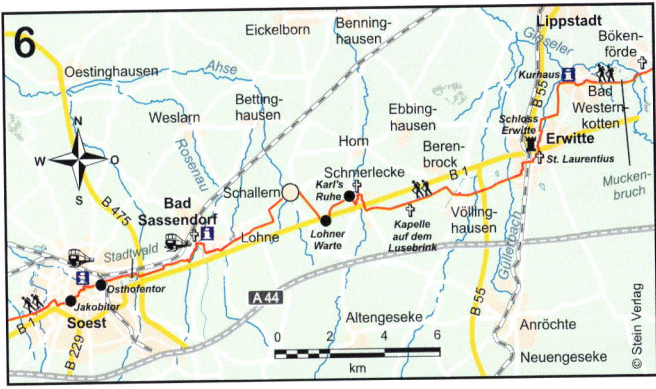

Weges gibt es eine T-Kreuzung. Dort gehen Sie links auf dem separaten Fußweg. Vor dem erreichten Freibad ist der Weg dann links herüber markiert. Aber jetzt Achtung! Sie gehen noch am Bad vorbei und dann vor der Bachbrücke rechts, stramm an den Freibadgebäuden entlang. Weiter durch den schönen Park wandernd erreichen Sie zwischen Gräfte und Teich die burgähnliche, steil aufragende Westfassade vom Schloss Erwitte.

Erwitte 59597 02943

- Pilger können sich im Turm der **Laurentius-Kirche** selbst ihr Pilgerbuch stempeln. Der Stempel befindet sich unterhalb des Gästebuches.
- **Hotel & Restaurant Büker**, Am Markt 14, ☎ 23 36, FAX 41 68, www.hotel-bueker.de, info@hotel-büker.de, ÜF: EZ ab € 40, DZ ab € 65, MBZ € 30/Person, WLAN, Fön
- ♦ **Schlosshotel Erwitte**, Schlossallee 14, ☎ 9 76 00, FAX 48 64 45, www.schlosshotel-erwitte.de, info@schlosshotel-erwitte.de, 36 Betten, ÜF: ab EZ € 79, DZ ab € 89, WLAN
- Wollen Sie in Erwitte die Pilgerreise unterbrechen und nach Lippstadt fahren, folgen Sie dem Weg noch bis zur Statue des hl. Nepomuk und gehen dort geradeaus zur Lippstädter Straße. Ein wenig rechts herunter finden Sie die Haltestelle des Schnellbusses, der stündlich zum Bahnhof Lippstadt fährt.
- ✝ **Kath. Pfarrkirche St. Laurentius** (Seite 258), ☎ 23 22, st.laurentius-erwitte@t-online.de. Das Turmportal ist täglich geöffnet.

Das kleine, nur etwa 7.000 Einwohner zählende Städtchen Erwitte ist eine weitere Perle in der Kette der ältesten christlichen Siedlungen entlang des Hellwegs. Vielleicht begann seine lange, verbriefte Geschichte ja sogar mit der Gründung eines **Königshofes** durch Karl den Großen. Das ist allerdings noch nicht bewiesen. Die Erforschungen eines Areals im Bereich des heutigen Neuen Rathauses, begonnen im Jahre 1938, sind bis heute nicht hinreichend ausgewertet. Es hat sich nicht zweifelsfrei ergeben, dass hier einmal ein karolingischer Königshof in Blüte stand. Vielleicht fällt seine Gründung doch erst in die Zeit der Ottonen (ab dem 10. Jh.).

Schloss Erwitte

Urkundlich belegt sind Herrscheraufenthalte in Erwitte für das 10. Jh. und sicher ist auch, dass die damaligen Herrscher reisen mussten und dafür Stützpunkte entlang der großen Straßen brauchten. Dazu gehörten auch die Klöster. Im gesamten deutschen Mittelalter war das Reisekönigtum (ein Reich ohne Hauptstadt) die gängige Herrschaftsform. Damit einzelne Regionen sich nicht der Herrschaft entziehen konnten, war der König gezwungen, in weiten Umritten das Reich zu bereisen.

Am ♜ **Wasserschloss Erwitte** angelangt lohnt sich ein Blick auf den Innenhof und die Vorderseite, die normalerweise über die sich von dort aus östlich erstreckende Schlossallee erreicht wird. Sie gehen durch das Tor zur Rechten und stehen vor dem prunkvollen Gebäude mit der prächtigen Freitreppe aus dem frühen 17. Jh. Die Familie Landsberg hat hier eine ehemalige Burganlage zu einem Schloss umgebaut. In den 1930er-Jahren ging das Areal an die Stadt Erwitte. Diese verkaufte es an die Deutsche Arbeitsfront der NSDAP, genutzt wurde es dann als **Reichsschulungsburg.**

Im Bereich der Schlossallee stehen heute aus der NS-Zeit stammende, den damaligen Baustil repräsentierende Gebäude (Festhalle und ehemaliger Appellhof mit Wehrgang).

Wer will, schaut sich in diesem Bereich genauer um. Auch das nahegelegene Marienhospital ist aus einem alten Adelshof hervorgegangen. Im Schloss befinden sich heute ein vornehmes Hotel und eine Restauration.

🚶🚶 Ihr Weg führt weiter hinter der Burg entlang zum Mühlteich, in dem sich der Kirchturm spiegelt. Der Wehrturm rechter Hand stammt auch aus der NS-Zeit.

An der Statue des Brückenheiligen **Johannes Nepomuk,** den man in Westfalen nicht so häufig, in Tschechien aber auf fast jeder Brücke findet, biegen Sie links ab zur Kirche.

Der Priester Johannes Nepomuk wurde am 20. März 1393 auf Veranlassung des Königs Wenzel IV. nach schweren Folterungen von der Prager Karlsbrücke in die Moldau gestoßen und ertrank. Der Legende nach geschah dies, da er sich unter Berufung auf das Beichtgeheimnis weigerte, dem eifersüchtigen König den Inhalt der Beichte der Königin mitzuteilen. Wissenschaftler vermuten aber eher politische Streitigkeiten als Motiv für diesen Mord.

Den Kirchplatz dominiert die ✝ **katholische Pfarrkirche St. Laurentius** mit dem gewaltigen Turmbau aus dem 13. Jh. In der Erscheinung besitzt er Ähnlichkeit mit dem Westturm des Paderborner Doms. Der Pilger findet im Inneren unter den barocken Statuen an den Seitenwänden auch eine Plastik des Jakobus major mit seinen Attributen Pilgerstab und Muschel. Als Besonderheit gelten die in zwei Säulen eines Triumphbogens eingearbeiteten

Jakobs- oder Himmelsleitern aus romanischer Zeit, auf denen Engel eine Leiter zwischen Himmel und Erde auf- und absteigen. Das Bild geht auf eine Überlieferung des Alten Testaments zurück, nach der Jakob, Sohn von Isaak und Rebecca, in einem Traum dieses Bild sieht und an oberster Stelle Gott selbst erblickt.

Markiert ist weiter links an der Kirche vorbei zum Marktplatz. Zwei nebeneinanderstehende schöne Gebäude fallen auf: links ein Fachwerkhaus, das 🛏 Hotel Büker, und rechts daneben das sogenannte **Alte Rathaus**. Der zweigeschossige Barockbau wurde errichtet, um das kurkölnische Gogericht (Bezirksgericht) aufzunehmen. In der Preußenzeit richtete sich hier die Amtsverwaltung ein. Daher stammt der Name Altes Rathaus. Im Neuen Rathaus, etwas versteckt unter Bäumen weiter links, erhalten Sie, wenn Sie wollen, eine Broschüre mit einer umfassenden Geschichte der Stadt.

Rechts am Alten Rathaus vorbei gehen Sie zur Hauptverkehrsstraße (B 1) und zum 🚴 Radweg Richtung Anröchte, Völlinghausen. 🏦 🍴 🚻 🛒 Die B 1 queren Sie und bleiben geradeaus. Ein kleines Stück pilgern Sie jetzt auf dem **historischen Hellweg.** Links zweigt die Straße Alter Hellweg ab, rechter Hand steht noch einmal ein stattliches Anwesen (Kreilmann) im Fachwerkstil am historischen Hellweg. Die Fortsetzung des alten Hellwegs ist die nächste Straße (Lakenkuhle) rechts. Sie führt Sie an der Mauer des großzügigen Kreilmann-Geländes entlang in den Schatten des Fuß- und Radweges, einem Hohlweg am Hellweg. Linker Hand erinnert ein in die Mauer eingelassener Stein an einen alten Waschplatz an einer Quelle, die heute durch Rohre geleitet wird.

Auch wenn der Radweg danach links abzweigt, wandern Sie weiter geradeaus entlang der hohen Mauer und kommen nach und nach ansteigend an der Bahnhofstraße (B 55) an. Markiert ist jetzt rechts bis zur Bushaltestelle gegenüber dem **Bahnhof**, der als Baudenkmal ausgewiesen ungenutzt dasteht. Hier queren Sie die Straße und danach die Schienen und gehen am schönen Bahnhofsgebäude vorbei in den Galgenweg. Linker Hand dominiert jetzt das Spenner-Zementwerk von Erwitte das Bild. Sie wandern durch locker bebautes Stadtrandgebiet. Wenn der Galgenweg in eine Sackgasse übergeht, gehen Sie links in die Steinstraße und auf das Zementwerk zu. Es ist gut markiert.

An den quer stehenden Wohnblocks weichen Sie halb rechts herum aus und erreichen das Straßenende an der Firma Heimeier (Thermostate). Dort wenden Sie sich rechts und gehen an weiteren Gewerbehallen und einer Tankstelle entlang. Markiert ist jetzt nach dem Prinzip: Solange keine Richtungsänderung erfolgt, gibt es auch keine Markierung. Sie wandern weiter geradeaus in südwestlicher Richtung. Bald erreichen Sie wieder die Felder der Börde, die Industriegeräusche nehmen ab. Es geht Richtung Völlinghausen.

Sie queren eine Schledde. Der Verlauf ist anhand des Gehölzstreifens gut sichtbar. Dann gehen Sie leicht bergauf. Auf der flachen Anhöhe taucht das Dörfchen Völlinghausen auf. Erst werden noch eine Stromleitung unter- und eine vierspurige Straße überschritten, auch geht es noch einmal durch ein Trockental. Dann ist ein Wegweiserbaum am Ortseingangsschild von **Völlinghausen** erreicht.

Sie gehen weiter geradeaus Richtung Bad Sassendorf und Schmerlecke. An einer Querstraße (Ruhebank ⛾ unter Linden) gehen Sie geradeaus in den Benningerweg und später dann an einem Wegdreieck links in die Wiesenstraße. (🚲 Radweg Richtung Bad Sassendorf und Schmerlecke). Nur wenig weiter führt der Radweg rechts in den Schlehengrund und mit ihm der Jakobsweg.

Am Siedlungsrand biegen Sie rechts in den Heideweg ab und gehen bei der nächsten Gelegenheit links (rechter Hand steht eine noch junge Linde). Nun haben Sie wieder südwestliche Orientierung erreicht. Südlich reihen sich die Windräder auf den Höhen des Haarstrangs und dann taucht weit voraus ein solches auf, allerdings aus einer ganz anderen Zeit. Damals nannte man sie nach ihrer Funktion noch Mühlen. Auf den Feldern wachsen Zuckerrüben, Getreide und Kartoffeln.

An einer Wegkreuzung unter einer Hochspannungsleitung ist geradeaus markiert, dahinter steht linker Hand auf einem Wiesenplatz eine Kapelle **(Kapelle auf dem Lusebrink),** geschützt durch einen Waldsaum.

Weiter geht's zur jetzt nahen Windmühle. Die nach holländischem Vorbild 1831 erbaute Mühle beherbergt heute ein Café.

- **Café Wind-Mühle**, Windmühlenweg 3, Erwitte-Schmerlecke,
  ☎ 029 45/969 55 07, ✉ cafe@wind-muehle.de, 🖥 www.hellweg-muehle.de,
  🕒 Sa 12:00 bis 18:00, So 10:00 bis 18:00 sowie nach Vereinbarung

Windmühle in Schmerlecke

An der Windmühle vorbei erreichen Sie eine Straße, die Sie rechts nach **Schmerlecke** bringt. Geradeaus queren Sie die B 1 und biegen bald links in die Straße An der Kapelle. Am Ende der Siedlungsstraße gehen Sie rechts und dann links zur Kirche (St.-Antonius-Kapelle), die ich leider geschlossen fand. Doch ein schöner Platz ist das hier, mit Ruhebank ␉ um eine Eiche, einem Stein, auf dem das Erbauungsjahr der Kapelle (1897) steht, und einem Bildstock: Maria mit Engeln und Rosen.

Anregen möchte ich Sie, einen kleinen Abstecher in Richtung Ortsmitte zu unternehmen. Das Dorf, das die weißgetünchte Windmühle im Wappen trägt, lockt mit seinen großen Scheunen aus Ziegel- und Bruchstein sowie bemerkenswerten Fachwerkhöfen zur Erkundung. Sie erleben es, wenn Sie unterhalb der Kapelle rechts gehen.

Ein unter Denkmalschutz gestelltes **ehemaliges Fabrikgelände mit Fabrikantenvilla**, die Brennerei von S. H. Siedhoff (Schmerlecker Dorf 26), ist nach etwa 100 m erreicht. Der Bau von 1899, nur zwei Jahre jünger als die Kirche, belebt das Dorf durch seine repräsentative Ziegelarchitektur. Besonders sehenswerte Höfe stehen (unter anderen) an der Schmerlecker Dorfstraße weiter unten. Sie tragen die Hausnummern 18, 24, 39 und 50.

Den Typus der Begrenzungsmauern, die das Ortsbild prägen, haben Sie vielleicht in Erwitte schon gesehen: Aus flachem Kalksteinbruch sind Trockenmauern geschichtet und im Abschluss halbkreisförmig mit Zement überdeckt worden.

Unterhalb der Kapelle links setzen Sie nach dem Rundgang den Weg fort. Noch bevor die B 1 wieder erreicht ist, biegen Sie rechts ab, Richtung Horn. Während Sie zunächst Richtung Norden gehen, können Sie Ihre Augen noch einmal über die Kirche und die historischen Gebäude der Brennerei rechter Hand schweifen lassen. An einer älteren, frei stehenden Eiche finden Sie noch einen schattigen Ruheplatz ⛻, Karl's Ruhe genannt, hier weichen Sie links von der Straße nach Horn ab und folgen einem Wirtschaftsweg aus dem Dorf hinaus in die Felder, jetzt in westliche Richtung.

Von der erreichten Höhe knickt der Weg ab und führt links herüber zur B 1. Leider ist hier nicht markiert. Queren Sie die Straße geradeaus und erreichen die **Lohner Warte**.

Nur noch 1¼ Meilen sind es von hier nach Soest. Rückwärtig wird eine Meile nach Erwitte ausgewiesen. Es handelt sich allerdings um preußische Meilen und das waren pro Meile 7,53 km. In Erinnerung an eine Verfügung des ersten preußischen Königs an die Stadt Soest, die aufgefordert wurde, für die Reisenden Wegweiser mit Längen- und Ortsangaben aufzustellen, steht hier eine den damaligen ersten Wegweisern nachempfundene Armsäule am historischen Standort der Lohner Warte (📷 Seite 19).

Hinweistafeln erklären auch die Geschichte des Findlings in Form einer menschlichen Nase, der hier seinen angestammten Platz behauptet. Außerdem wird von der Richtstätte der Stadt Soest berichtet, die sich nur 200 m weiter westlich von hier befunden hat.

Die Lohner Warte selbst war ein Beobachtungsturm mit Wart- oder Türmerhaus und einer Schlagbaumanlage an der Stelle, an der der Hellweg die Landwehr kreuzte. Die Landwehr war eine hier etwa 18 m breite, dicht mit Dornenhecken bewachsene Wallanlage etwa 10 km vor der Stadt Soest.

An der Lohner Warte wenden Sie sich nach rechts und gehen an der folgenden T-Kreuzung wiederum rechts zur B 1 zurück. Etwa 30 bis 40 m gehen Sie links an der Straße entlang und biegen dann rechts ab. Geradeaus führt ein geteerter Weg in die Felder. Zwei schöne Linden schützen ein Wegkreuz.

Nach etwa 1 km haben Sie das Dorf **Schallern** erreicht. Nach dem ersten Hof biegen Sie an der T-Kreuzung links in den Horner Kirchweg ab. An dem kleinen Feuerwehrhäuschen gehen Sie geradeaus und folgen jetzt der Lohner Straße. An der kleinen St.-Georgs-Kapelle ist wieder markiert. Wieder geht es hinaus in die Felder. Nach Lohne werden 2 km angezeigt. Der 🚲 Radweg Richtung Lohne zweigt rechts ab. 🚶 Fußgänger wandern geradeaus weiter, 🚲 Radfahrer können hier vielleicht besser dem Radweg folgen und treffen in Lohne wieder auf den Weg.

Etwas weiter, noch langsam ansteigend, biegen Sie dann links in ein schmales Sträßchen ab. Voraus erahnt man schon das Örtchen Lohne, versteckt in einem Wäldchen. Eine auffällige Landmarke sind die schlanken Pyramidenpappeln rechter Hand. Der Teer verschwindet. Es geht auf Schotter in eine Senke und dort an der T-Kreuzung rechts auf einem Feldweg (alter Hellweg) zum Kreisverkehr in Lohne.

Geradeaus wird die weiterführende Straße auch Hellweg genannt. Lohne ist ein ruhiges Dorf. Die Höfe aus Fachwerk, Bruchstein und Ziegel öffnen sich zur Straße. Eine ☕ Bäckerei mit Kaffeeausschank kommt für eine Pause gerade recht.

Bad Sassendorf-Lohne 🛏 ☕ 59505 ☎ 02921

🛏   **Haus Timmermann**, Sauerstr. 25, ☎ 556 19, 🖥 www.haus-timmermann.de, ✉ Ingo.timmermann@web.de, Ü ab € 15/Person

✝   **Ev. St.-Pantaleon-Kirche**, 🕘 tägl. 9:00 bis 18:00, im Winterhalbjahr nur bis 16:00. Pantaleon, ein Märtyrer aus dem 3.Jh., gilt als einer der vierzehn Nothelfer und ist Patron der Ärzte und Hebammen.

Die Kirche aus dem 13. Jh. steht leicht erhöht und ist umgeben von einem Friedhofsplatz mit alten Grabsteinen. Auffällig am Bau sind die grünlich schimmernden Natursteine, die Ihnen vielleicht auch schon in Erwitte an der St.-Laurentius-Kirche aufgefallen sind. Sie stammen aus den Steinbrüchen um Anröchte und Soest. Verantwortlich für die auffällige Farbe ist ein Mineral im Stein: das Glaukonit. Nicht an jeder Fundstelle ist der Stein nur grün. Manchmal ist er auch blau, dann enthält er zusätzlich Eisen. Und vom Aluminium wird er gelb. Kein Wunder also, dass dieses Material zum Gestalten einlädt.

Zwischen Erwitte und Unna werden Sie dieses **Grünsandstein** genannte Baumaterial in Mauern, Kirchen und Häusern verbaut häufig sehen. Die Bezeichnung Sandstein ist allerdings geologisch nicht korrekt. Der Stein besteht im Wesentlichen aus Kalk.

Im Innern der Kirche gilt das Fenster mit einer Darstellung der „Wurzel Jesse" als besonders sehenswert. Es zeigt nach einer alttestamentlichen Vorstellung den Stammbaum Davids, ausgehend von seinem Vater Jesse, mit der Krönung Marias und dem Jesuskind.

Sonnenbad vor der ev. St.-Pantaleon-Kirche in Lohne.
Der Grünsandstein der Kirchenmauer leuchtet in Grün und Gelb

Wenig weiter ist dann an einer Straßengabelung für die Autofahrer links zur B 1 ausgeschildert, rechts führt die Straße nach Bad Sassendorf.

Nicht sofort sichtbar ist der geradeaus weiterführende Fußweg genau zwischen beiden Trassen, ein schönes Stück des historischen Hellwegs, auf dem dann weiter markiert ist. Am Platz und Vereinsheim des Schützenvereins Lohne vorbei erstreckt sich an einer Hinweistafel beginnend ein grünes Band Richtung Südwesten.

„Bei diesem **Hohlweg** handelt es sich um ein heute noch sichtbares Reststück des alten Hellweges, einer frühmittelalterlichen bis frühneuzeitlichen Fernverkehrsstraße vom Rhein nach Magdeburg ....", ist auf der Tafel zu lesen.

Das Vergnügen endet relativ schnell an einer Siedlung. Dort halten Sie sich rechts bis zu einer Wegkreuzung. Rückwärtig ist der Alte Hellweg deutlich noch einmal ausgeschildert. Sie bleiben geradeaus in der beginnenden Freiligrathstraße.

An ihrem Ende mündet sie am Friedhof in die Alleestraße. Dort gehen Sie rechts, am Hotel Restaurant Forellenhof vorbei bis zum Kreisverkehr von Bad Sassendorf. Zur Fortsetzung des Weges biegen Sie hier links in die Bahnhofstraße ab (an der Tankstelle vorbei).

Wenn Sie geradeaus über den Kreisel und dann halb links, die Brunnenanlage rechts liegen lassend, gehen, erreichen Sie die Flaniermeile (Kaiserstraße) von Bad Sassendorf mit vielen ⇌ Unterkünften, ✘ Restaurants und ☎ Cafés. Kurz vor dem Erreichen eines größeren Platzes sehen Sie rechter Hand die 🛈 Touristeninformation ⊙ am Kurmittelhaus.

Bad Sassendorf

≡ 59505 ☏ 02921

- 🛈   **Gäste-Information/Kurverwaltung** im Haus des Gastes, Kaiserstraße 14, ☎ 501 48 11, FAX 501 48 48, 🖥 www.badsassendorf.de, ✉ info@badsassendorf.de, 🕘 9:00 bis 13:00 und 14:00 bis 18:00, Sa 10:00 bis 14:00, So 14:00 bis 18:00
- ⊙   **Gäste-Information**
- ♦   **Hotel Restaurant Rasche**, Nähe Bahnhof
- ⇌   Wer hier übernachtet, für den gilt das bereits für Bad Westernkotten Gesagte: Es ist empfehlenswert, bei den Mitarbeitern der Gäste-Information zu buchen.
- ⇌ ✘   **Hotel Wulff**, Berliner Straße 31+33+37, ☎ 960 30, FAX 96 03 35, 🖥 www.hotel-wulff.de, ✉ mail@hotel-wulff.de, 35 Betten, ÜF: EZ ab € 55, DZ ab € 110
- ♦   **Pension zum Hirsch**, Wasserstraße 19, ☎ 550 67, 11 Betten, ÜF: EZ: ab € 30, DZ ab € 60
- ♦   **Hotel Restaurant Hof Hueck**, Im Kurpark-Gartenstraße 8, ☎ 961 40, FAX 961 42 50, 🖥 www.hofhueck.de, ✉ tisch@hofhueck.de, 68 Betten, ÜF: EZ € 64, DZ € 100

6. Etappe: Von Bad Westernkotten nach Soest

- **Hotel Restaurant Haus Rasche**, Wilhelmstr. 1 (Nähe Bahnhof), ☎ 555 01, FAX 555 16, 🖥 www.hausrasche.de, ✉ info@haus-rasche.de, ÜF: EZ ab € 42, DZ ab € 72, 🚲
- **Gästezimmer Cappuccino**, Salzstraße 6, ☎ 59 05 18, 🖥 www.gaestezimmer-cappuccino.de, ✉ info@gaestezimmer-cappuccino.de, 15 Betten, ÜF: EZ ab € 39, DZ ab € 73
- Bad Sassendorf hat einen Bahnhof an der Bahnstrecke Paderborn - Münster.
- **Ev. Pfarrkirche** St. Simon und Judas Thaddäus, Kirchplatz 1, 🕒 täglich 9:00 bis 18:00, im Winterhalbjahr nur bis 16:00. Eine schöne Kirche aus dem 15. Jh., sehenswert ist der Apostelreigen, auch Jakobus der Ältere ist dargestellt.
- **SoleTherme**, 🕒 Sauna: täglich 8:00 bis 22:00, Do Damentag, 🕒 Thermalbad: täglich 8:00 bis 21:00, letzter Einlass 1,5 Std. vor Schließung

Gradierwerk im Kurpark Bad Sassendorf

Auf dem Jakobsweg spazieren Sie eine Weile die Bahnhofstraße abwärts. Die zweite Straße links, in die Sie einbiegen, heißt An der Rosenau. Sie macht einen Linksknick und etwas weiter überqueren Sie rechts den Bach. Zwischen Feld und Siedlung beginnt ein Fußweg.

Die Besiedlung ist unterbrochen und beginnt dann rechter Hand wieder. An einer Laterne ist plötzlich eine Markierung zu sehen, ein Pfeil zeigt zusätzlich nach rechts. Sie nehmen den Abzweig noch vor dieser Markierung rechts in die Siedlung. (Dieser Bereich ist noch Baugebiet und unterliegt Veränderungen. Falls Sie nicht zurechtkommen, fragen Sie nach dem Kreisverkehr am Siedlungsrand.)

In der Siedlung halten Sie sich rechts und gehen gleich wieder links die Straße Am Haulenbach entlang bis zum Kreisverkehr. Linker Hand sind zwei große 🛒 Supermärkte zur B 1 hin zu sehen. Sie folgen geradeaus dem Wirtschaftsweg (Birkenweg) Richtung Westen in die Felder.

Mit Erreichen der Bahnlinie fällt der Weg ab, führt dann links am Tierheim Soest entlang und danach wieder rechts, der B 1 schon recht nahe. Einige Felder dienen hier der Nahversorgung der Stadt Soest: Weihnachtsbäume, Erdbeeren und Himbeeren. Jetzt wandern Sie im Schatten einer herrlichen Birkenallee schnurgerade geradeaus. An einer Gabelung gehen Sie halb rechts in einen Wald (Soester Stadtwald). Der Weg ist hier eindeutig markiert. Ein trockener Bach wird auf einer Brücke mit rotem Geländer gequert. Dann kommt eine T-Kreuzung im Wald, an der Sie rechts gehen. Den gleich folgenden Abzweig rechts ignorieren Sie und schwenken im Bogen links herum. Sie bleiben auf dem Hauptweg ohne abzubiegen, auch wenn keine weitere Markierung folgt.

Zuletzt laufen Sie genau auf eine Ruhebank 🪑 zu und gehen rechts. An einem Parkplatz verlassen Sie den Wald, gehen unter Kastanien bis zu einer Querstraße und dort geradeaus die Nottebohmstraße entlang, weiter im Schatten vieler Kastanien.

Friedhof und Kleingartenanlage werden durch städtische Bebauung abgelöst. Dann erreichen Sie das **Osthofentor**, das einzig erhaltene, mittelalterliche Stadttor von Soest, an dem vorbei Sie die Stadt betreten. Geradeaus wandern Sie durch die Ostenhofenstraße. An der zweiten Kreuzung gehen Sie rechts in die Severinstraße und gleich wieder links in die Filzenstraße. Am Ende halten Sie sich rechts und dann zweimal links, jetzt in die Straße Am Seel einbiegend. Auf dieser gehen Sie bis zu einem Parkplatz, an dem Sie links, am Rathaus vorbei, die beiden Kirchen St. Patrokli und St. Petri erreichen.

Soest

🛈 🛏 🏨 ✕ 🍴 ⊞ [BANK] 🏊 🛒 🚍 🎭 🚗 🚌

✉ 59494 ☎ 02921

🛈 **Tourist Information Soest**, Teichsmühlengasse 3, ☎ 66 35 00 50/62, FAX 66 35 00 99, ✉ touristinfo@soest, 🖥 www.gfwsoest.de, 🚪 Mo bis Fr 9:30 bis 16:30, Sa 10:00 bis 15:00 und zusätzlich von April bis Okt. So 11:00 bis 13:00, ⊙

⊙ **Petrushaus** an der Petrikirche, Petrikirchhof 10, 🚪 Mo 9:00 bis 12:00, Di bis Fr 9:00 bis 12:00 und 14:00 bis 17:00, Sa 9:00 bis 12:00 und 14:00 bis 16:30.

♦ Stempelstelle im Kreuzgang des **Patrokli-Doms**
♦ **Grünsandsteinmuseum**
♦ **St. Maria zur Wiese**, ☞ unten
♦ **Pilgrimhaus**, 🚪 7:00 bis 22:00
♦ **Tourist Information Soest**, ☞ oben

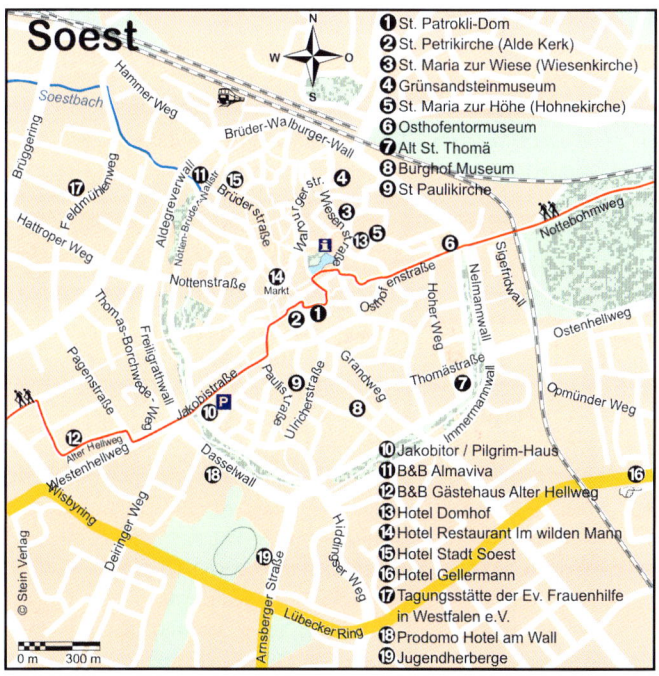

❶ St. Patrokli-Dom
❷ St. Petrikirche (Alde Kerk)
❸ St. Maria zur Wiese (Wiesenkirche)
❹ Grünsandsteinmuseum
❺ St. Maria zur Höhe (Hohnekirche)
❻ Osthofentormuseum
❼ Alt St. Thomä
❽ Burghof Museum
❾ St Paulikirche
❿ Jakobitor / Pilgrim-Haus
⓫ B&B Almaviva
⓬ B&B Gästehaus Alter Hellweg
⓭ Hotel Domhof
⓮ Hotel Restaurant Im wilden Mann
⓯ Hotel Stadt Soest
⓰ Hotel Gellermann
⓱ Tagungsstätte der Ev. Frauenhilfe in Westfalen e.V.
⓲ Prodomo Hotel am Wall
⓳ Jugendherberge

- **Hotel Domhof**, Wiesenstraße 18, ☎ 981 04 36, FAX 981 04 37, 🖥 www.hotel-domhof.de, ✉ info@hotel-domhof.de, ÜF: EZ € 35, DZ € 70, im Zentrum
- **Hotel Restaurant Im wilden Mann**, Markt 11, ☎ 150 71, FAX 172 80, 🖥 www.im-wilden-mann.com, ✉ hotel@im-wilden-mann.com, ÜF: € 53, DZ € 85, DBZ € 125, Soester Traditionslokal, im Zentrum
- **Hotel Restaurant Pilgrimhaus**, Jakobistraße 75, ☎ 18 28, FAX 121 31, 🖥 www.pilgrimhaus.de, ✉ info@pilgrimhaus.de, ÜF: EZ ab € 76,50, DZ ab € 98, DBZ € 122, VBZ € 154, 🚲. Ältester Gasthof Westfalens, ausgezeichnete westfälische Küche. Am Weg stadtauswärts
- **Hotel Stadt Soest**, Brüderstraße 50, ☎ 362 20, FAX 36 22 27, 🖥 www.hotel-stadt-soest.de, ✉ info@hotelstadtsoest.de, ÜF: EZ € 45, DZ ab € 72, DBZ € 99, im Zentrum
- **Hotel Gellermann**, Konrad-Stecke-Weg 8, ☎ 590 11 90, FAX 59 01 19 49, 🖥 www.hotel-gellermann.de, ✉ info@hotel-gellermann.de, ÜF: EZ ab € 57, DZ ab € 77, ➲ 1,4 km vom Dom
- **Bed and Breakfast Almaviva**, Arnsberger Str. 3, ☎ 66 64 46, 🖥 www.almaviva.org, ✉ info@almaviva.org, ÜF: € 35/Person, Frühstückspension mit individuell eingerichteten Zimmern im Zentrum

Anzeige

Übernachten mit besonderer Note

Bed & Breakfast AlmaViva
Arnsberger Str. 3
59494 Soest
Tel: 029 21/666 446
info@almaviva.org
www.almaviva.org

- **Bed and Breakfast Gästehaus Alter Hellweg**, Alter Hellweg 30, ☎ 128 89, ✉ u.vag@gmx.de, ÜF: ab € 35/Person, am Weg stadtauswärts
- **Tagungsstätte der Ev. Frauenhilfe in Westfalen e.V.**, Feldmühlenweg 15, ☎ 37 12 04, FAX 40 26, 🖥 www.frauenhilfe-westfalen.de, ✉ wieneke@frauenhilfe-westfalen.de, ÜF: € 38 bis 80, ✗. Bietet Pilgern einen kleinen Rabatt für die Unterkunft. ➲ 1 km vom Dom

6. Etappe: Von Bad Westernkotten nach Soest

Pilgrimhaus

- **Prodomo Hotel am Wall**, Dasselwall 19, ☏ 350 00, FAX 35 0 02 00, 🖥 www.prodomo-hotel.de (klicken Sie hier „Soest" an), ✉ soest@prodomo-hotel.de, ÜF: EZ ab € 39, DZ ab € 59, im Zentrum
- **Jugendherberge Soest**, Kaiser-Friedrich-Platz 2, ☏ 162 83, FAX 146 23, 🖥 www.djh.de/jh/soest, ✉ jh-soest@djh-wl.de, ÜF: ab € 20,70, Zuschläge für EZ, DZ und „Senioren" über 27 Jahren, ✘. ➲ 1 km vom Dom
- Ab Soest begleitet nun die Hellweg-Bahn (Dortmund - Holzwickede - Unna - Werl - Soest) den Pilgerweg. Bahnhöfe direkt am Weg sind Westönnen, Werl, Hemmerde, Lünern und Unna. So ist auch auf den nächsten Etappen eine flexible und gepäckfreie Planung möglich. Die Hellweg-Bahn fährt tagsüber halbstündlich, abends einmal pro Stunde.
- **Ev. St.-Petri-Kirche** (Alde Kerk), Petrikirchhof 1, erbaut um 1150, eine der ältesten Kirchenbauten Westfalens, 🕒 Di bis Fr 9:30 bis 12:00 und 14:00 bis 17:00, Sa bis 16:30, So 14:00 bis 17:30
- **Kath. St.-Patrokli-Dom** (📷 Seite 41), Romanik, 🕒 ab etwa 10:00 tagsüber geöffnet
- **Ev. St. Maria zur Höhe** (Hohnekirche), Am Hohnekirchhof 3, 12. Jh., das Scheibenkreuz an der Ostwand gilt als eine kunsthistorische Rarität, 🕒 April bis Sept. tägl. 9:00 bis 17:30, Okt. bis März 10:00 bis 16:00

- ✝ **Ev. St. Maria zur Wiese** (Wiesenkirche), Wiesenstraße 28, 14. Jh., zählt zu den schönsten gotischen Hallenkirchen, 🕮 Ostern bis Erntedank tägl. 11:00 bis 18:00, Erntedank bis Ostern von 11:00 bis 16:00
- ♦ **Ev. St.-Pauli-Kirche**, Paulistraße 11, 🕮 Di, Do, Sa und So 14:00 bis 17:00, Romanik
- ♦ **Ev. Alt St. Thomä**, Klosterstraße 8, Mitte des 14. Jh. Die Kirche ist schon allein wegen ihres schiefen Turms sehenswert. 🕮 Di bis Fr 15:00 bis 18:00, Sa, So 9:00 bis 12:00
- ⌘ **Burghofmuseum**, ehemaliger Patriziersitz, romanisches Haus, ältestes Haus Westfalens, 🕮 Di bis Sa 10:00 bis 12:00 und 15:00 bis 17:00, So 11:00 bis 13:00
- ♦ **Osthofentormuseum**, mittelalterliche Wehr- und Waffengeschichte, Stadtentwicklung des Mittelalters bis zur Neuzeit, Wohnbau in Soest von den Anfängen bis heute, 🕮 Di bis Sa 10:00 bis 12:00, 15:00 bis 17:00, So 11:00 bis 13:00
- ♦ **Grünsandsteinmuseum**, Walburgerstraße 56, 🕮 Mo bis Sa 10:00 bis 17:00, So 14:00 bis 17:00

Aus heutiger Sicht klingt es überraschend: Soest war einmal die bedeutendste und größte Stadt Westfalens und nach Köln die zweitgrößte Stadt Deutschlands. Noch bis Mitte des 19. Jh. war Soest mit 8.750 Einwohnern größer als Dortmund, was wiederum überrascht, ist Dortmund doch heute mit fast 600.000 Einwohnern nach Köln und Düsseldorf die drittgrößte Stadt Nordrhein-Westfalens.

Die Kreisstadt Soest zählt heute im Kernbereich etwa 30.000 Einwohner und fast 50.000 insgesamt. Ihre wirtschaftliche Blüte lag im Mittelalter. Seit dem 10. Jh. betrieben Soester Kaufleute Fernhandel vor allem nach Norden (bis Schleswig) und nach Osten. Sie waren Mitbegründer von Lübeck und anderen Ostseestädten im 12. und 13. Jh., darunter auch Wisby auf Gotland oder Thorn in Polen. Dass Fernhändler aus Soest schon früh in Riga und Nowgorod waren, ist nachgewiesen. Handelsgut waren vor allem das hier gewonnene Salz, das aus der Soester Börde stammende Getreide, aber auch Eisenwaren aus dem Sauerland sowie Wein aus dem Kölner Raum und Stoffe aus Westfalen. Soest war im Hohen Mittelalter Mitglied der Kaufmannsvereinigung der Hanse - bis zu ihrem Niedergang.

Die industrielle Entwicklung hat Soest nur in geringem Umfang erreicht. Ein Güterbahnhof war zeitweilig der größte Arbeitgeber der Stadt und führte zum Abbruch eines Drittels der Stadtbefestigung. Ansonsten hat sich Soest seine mittelalterlichen Strukturen weitgehend erhalten.

Der innere Wall der Stadtbefestigung umschließt noch zwei Drittel der Stadt, ist mit Bäumen bepflanzt und als Fuß- und Radweg ausgebaut. Der Weg ist als schnelle Verbindung in die verschiedenen Bereiche der Stadt beliebt. Als Spazierweg bietet er schöne Einblicke in die für Soest so typischen innerstädtischen Gärten.

Der schiefe Turm der ev. Alt St. Thomäkirche

Es ist ein Vergnügen, in Soest spazieren zu gehen, sich in den Gässchen und Winkeln der fachwerkgesäumten Sträßchen zu verlieren, an den vielen, manchmal hohen Umfriedungsmauern entlangzuschlendern. Hinter jeder kann ein geheimnisvoller Garten stecken. Drei Mal im Jahr öffnen Gartenbesitzer ihre Tore. Die Termine können Sie dem Tourismusportal der Stadt (🖥 www.tourismus-kreis-soest.de) entnehmen.

Vorbildlich ist ein Altstadtrundgang gestaltet. Überall in der Stadt angebrachte Tafeln geben Orientierung, vor 40 der insgesamt etwa 600 Baudenkmäler der Stadt finden Sie erklärende Tafeln. Eine mehrsprachige Begleitbroschüre gibt es in der Touristinformation. Es braucht etwas Zeit, die vielen schönen Eindrücke zu sortieren.

Aber da gibt es ja auch noch Petrus, den Schutzheiligen der Stadt. Sein roter Schlüssel mit dem charakteristischen Schlüsselbart, auf dem Soester Wappen und der Stadtfahne abgebildet, wird Ihnen die Seele der Stadt sicher eröffnen.

☺ Gruppen ab 20 Personen können in Soest eine speziell auf Pilger zugeschnittene Führung buchen: „Den historischen Jakobsweg in Soest mit allen Sinnen erleben." Jeden Samstag um 14:30 und in der Zeit von April bis

Okt. zusätzlich So um 11:30 findet eine öffentliche Führung statt. Diese dauert rund 90 Min. Teilnehmen kann jeder gegen einen Obolus. Der Treffpunkt für die regelmäßige Altstadtführung ist die Touristinformation in der Teichsmühle.

Zeugnisse des Jakobuskultes finden Sie in Soest insbesondere in der Wiesenkirche: Der Jakobialtar von 1420 zeigt auf der rechten Flügelaußenseite den Apostel mit Pilgerstab und Muschel. Auch an der linken Seitenwand befindet sich unter den Apostelfiguren Jakobus der Ältere. Weitere Abbildungen befinden sich auf dem Fenster des Südchores und dem Annenaltar.

Dem Westfalen geläufig und kaum eines Nachdenkens wert ist die Schreibweise des Namens Soest, das wie Soost gesprochen wird. Das e übernimmt hier eine reine Dehnungsfunktion wie sonst das h. Der Westfale kennt diese Aussprache von anderen Orten wie Saerbeck oder Coesfeld, aber auch in anderen Teilen Deutschlands kommt das vor (Itzehoe, Bad Laer etc.).

7. Etappe: Von Soest nach Werl

➲ 17 km, ⌛ 4,5 bis 5 Std.

Rechts an beiden Kirchen (St. Patrokli und St. Petri) entlang gehen Sie durch die Petristraße und biegen an der zweiten Straße links ab (Marktstraße). Nach der Soester Bücherstube treffen Sie auf die Jakobistraße, die Sie rechts zum Jakobitor führt. Noch vor dem Tor steht linker Hand die ⇌ ✕ Gaststätte **Pilgrimhaus**, Westfalens älteste Gaststätte. Sie wurde 1304 zunächst als Hospital für Bettlägerige und Kranke vor dem Stadttor erbaut. Schon bald diente sie als Unterkunft für Pilger. Mitte des 15. Jh. verlegte die Stadt die Herberge an den jetzigen Standort. Betrieben wurde sie vom Kloster Paradiese.

Rechter Hand finden Sie die Informationstafel dazu vor einem wieder errichteten Portal des Jakobitors. Schon vor der (Alt-)Stadt gleich linker Hand steht der neu errichtete Jakobibrunnen. Leider gibt es hier kein Trinkwasser. Nach Santiago de Compostela sind es noch 2.250 km.

Sie queren geradeaus den Dasselwall und folgen dem Westenhellweg. An der Bushaltestelle Jakobitor zeigt die Markierung dann rechts in die Pagenstraße und gleich wieder links in die Straße Alter Hellweg, abseits vom Hauptstraßenverkehr. Am Ende der Siedlungsstraße zeigt die Markierung rechts in einen Fußweg, der jetzt durch eine aus den 1920er-Jahren stammende, im Baustil einheitlich wirkende, aber nicht ohne Variationen bleibende zweigeschossige Wohnblockanlage mit großzügigen Gärten führt.

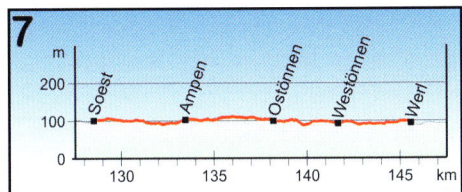

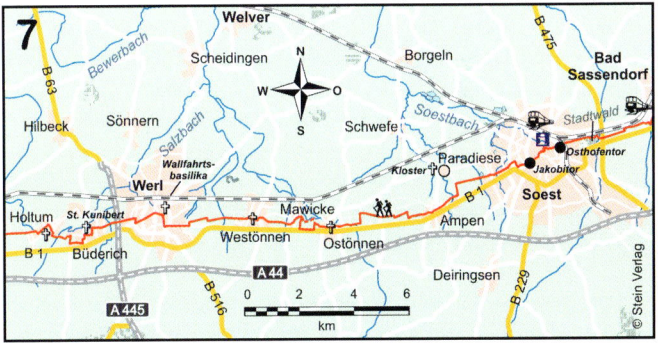

In dieser Zeit übernahmen Wohnbaugenossenschaften (nicht nur in Soest) die Aufgabe, preisgünstigen Wohnraum zu erstellen. Die Wohnungsnot war aufgrund der Kriegsfolgen und der Weltwirtschaftskrise groß. Gleichzeitig war die Bautätigkeit in Deutschland gering. In Soest entwickelte sich der Wohnungsbau auch in Zusammenarbeit mit der Reichsbahn, die Wohnungen für ihre Mitarbeiter brauchte. Immerhin hatte Soest in den 1920er-Jahren einen der größten Güterumschlagbahnhöfe Deutschlands. Die großzügigen Grünbereiche waren dazu gedacht, Selbstversorgergärten anzulegen und Kleintierzucht zu betreiben.

Das Gässchen quert die Herenfridstraße und erreicht die Meister-Conrad-Straße. Hier offenbart es seinen Namen (Herenfridgäßchen). Sie wenden sich links wieder Richtung Südwesten, bleiben erst einmal in dieser Richtung und queren den Kölner Ring, der sich als wunderbare Platanenallee präsentiert.

Weiter führt der Knippingweg, zuletzt zu einer Parkanlage. Eine Brücke führt hinein. Danach wenden Sie sich links und gehen an der folgenden Verzweigung geradeaus, auf geteertem Weg in ein neues Siedlungsgebiet. Sie überschreiten die Querstraße und laufen nun den Franz-Weger-Weg entlang. Der knickt nach rechts ab. Hier weichen Sie links vom bisherigen Weg ab und verlassen den Siedlungsbereich zu einem großen, dicht an dicht mit noch jungen Platanen bepflanzten Parkplatz hin. Er gehört zum Klinikum Soest. Sie bleiben auch hier in der bisherigen Richtung und wandern links am Parkplatz des Klinikums entlang. Bald geht es wieder hinaus in die Börde mit dem inzwischen vertrauten Panorama, begleitet von den aus der Ferne wie Spielzeuge erscheinenden Autos, die sich nahezu geräuschlos in gleicher Linie durch das Grün der Felder bewegen. Der Weg endet an einer Straße.

⇔   Rechts ist ein kurzer Abstecher zu den Resten des ehemaligen **Dominikanerinnenklosters Paradiese** über den Paradieser Holzweg für 🚲 Radfahrer möglich. Fußgänger müssten 1 Std. mehr Zeit einplanen (➲ 2 km).

Links gehen Sie Richtung Ampen. Der Radwegweiser zeigt 0,8 km an. Gleich rechter Hand finden Sie einen Hinweis auf das Naturschutzgebiet **Ampener Bruch**.

150 m vor dem Erreichen der B 1 biegen Sie rechts in die Straße Am Hellweg ab, die durch eine zweite **Armsäule** mit historischen Meilenangaben gekennzeichnet ist. Durch den Siedlungsbereich von Ampen führt die Straße bis zum ✕ ☕ **Hof Behrens-Witteborg**, wenige Schritte vor der B 1.

♦   Restaurant, Biergarten, Hofcafé, 🕐 Mi, Do und Fr 18:00 bis 22:00, Sa 15:00 bis 22:00, So 12:00 bis 21:00.

Gegenüber gibt es ein ☕ Bäckerei-Café.

Sie betreten die B 1 nicht, sondern halten sich gleich halb rechts und wandern in die abzweigende Siedlungsstraße Im Scheuning (hinter der alten Schule). Sie passieren die alte Schule. Danach erinnern Schlagbaum und

Informationstafel an eine mittelalterliche **Mautstelle am Röllingser Graben**. An einer T-Kreuzung gehen Sie rechts zur nahen Höhe, im leicht welligen Gelände. Nach etwa 200 m nehmen Sie den Weg links und erreichen ein ins freie Feld gestelltes Kunstwerk. „**Galgenvögel**" hat der Künstler diesen Schattenschnitt genannt und nimmt dabei auf den Flurnamen des Geländes Bezug: „Galgen". Ein solcher stand hier vermutlich auch mal.

Galgenvögel

An der nächsten T-Kreuzung gehen Sie wieder rechts. Im Rückblick sind von dieser relativen Höhe jetzt schön die Kirchen von Soest zu sehen. Nach etwa 50 m geht es schon wieder links über die Höhe hinweg, der Weg ist eben bis leicht abschüssig. An einer Reihe tief im Graben steckender Kopfweiden gehen Sie geradeaus weiter, dann aber an der T-Kreuzung links. Der Weg fällt jetzt zu einem Graben hin ab.

Den dort rechts abzweigenden Weg nehmen Sie und wandern jetzt im Schatten einer Wallhecke auf die Kirche von Ostönnen zu. Wieder einmal sind Sie den alten Hellweg entlanggepilgert, wie eine Tafel am Ortseingang von Ostönnen erklärt. Wieder stehen schöne, zum Teil ungenutzte Höfe am Wegesrand.

Ostönnen ✗ ♀ ≣ 59494 ① 02928

✞ **Ev. St.-Andreas-Kirche**, 🖳 www.ostoennen.de/kirche/fuehrer.htm
 Eine Besichtigung ist möglich, kontaktieren Sie: Altküster Martin Scharf, Kirchplatz 7, ☏ 12 14, ODER Küster Herbert Sillis, Eichenweg 8, ☏ 10 24, ODER Pfarrer Volker Kluft, Im Schloot 10, ☏ 239, Orgelführungen nach Absprache mit der Organistin: Erika Strelow, ☏ 465, Gemeindebüro: 🕒 Di und Fr 8:30 bis 11:30

Ev. St.-Andreas-Kirche

In Ostönnen (sprich: Ost-tönnen) wartet eine besondere Kostbarkeit auf den Liebhaber und Kenner. Hier ist es möglich, die älteste bespielbare Orgel der Welt zu besichtigen und auch zu hören. Dies ist aber nur nach Absprache und nicht spontan möglich (☞ oben). Die Kirche selbst gilt als eine der schönsten und am besten erhaltenen romanischen Dorfkirchen Westfalens. Ich fand sie während meiner Wanderung geschlossen vor, genoss aber den wunderbaren Kirchplatz auf der um eine Linde gebauten ⊼ Bank.

☺ Sie befinden sich hier parallel zur und nur wenig unterhalb der B 1. Wenn Sie eine der Seitengassen links heraufgehen, finden Sie an der Straße eine ✕ Imbissbude, weiter unterhalb eine Tankstelle mit Shop ⚲ und einen ✕ Gasthof, der Di bis Fr Mittagstisch anbietet.

🚶‍♂️ Weiter geht es geradeaus an der Kirche vorbei auf der Alten Heerstraße. Am Ortsausgang zeigt der Pfeil dann links zur B 1.

☺ An dieser Stelle ist eine Verlegung des Weges geplant. Dafür muss aber erst noch ein Fußweg neu gebaut werden. Wenn also für Sie hier rechts markiert ist, ist das Wegstück bereits fertiggestellt.

Bis dahin geht es also links und dann rechts ein Stück an der B 1 entlang. An der nächsten Hofstelle zweigt der Weg dann wieder rechts von der Straße ab. Krähenbrink heißt das schattige Sträßchen. Es führt in eine Senke. Nach dem Ortsschild von Mawicke weichen Sie nach links von der bisherigen

Richtung ab und gehen bis zu einer T-Kreuzung. Dort geht es dann nach links und nur wenig weiter an der Gabelung vor einem Bildstock wieder rechts die Ostlandstraße aufwärts. Auf der Höhe steht eine Kastanie an einer Wegkreuzung. Dort wenden Sie sich halb rechts in den Mawicker Weg, der hier ein richtiger Feldweg ist. Vor Ihnen taucht die Kirche vom Nachbardorf auf, das schnell erreicht ist.

Die Querstraße am Ortsrand überschreiten Sie zur Westönner Schützenstraße hin. Sie gelangen in die Dorfstraße (Mawicker Weg), halten sich links und bleiben auch an zwei weiteren Abzweigen links, zur Ortsmitte hin gerichtet. Mir sind die Bruchsteinhäuser aus grünem Sandstein besonders ins Auge gefallen.

Westönnen  59457 02922

- **Uschis kleine Privatpension**, Inh. Ursula Sprenger, Hohlestraße 6, ☎ 840 67 25 und 01 71/67 53 755, emmafee@gmx.de, Ü: € 20 bis 25, Etagendusche, Preisnachlass für Pilger, Lunchpaket möglich
- ♦ im Werler Ortsteil Oberbergstraße: privat, Erika Sommer, Zwischen den Kämpen 16, ☎ 80 58 89, Appartement für € 25/ Pers., Preisnachlass für Pilger (max. 4 Personen, nur am Wochenende), ➲ 2 km nördlich

Westönnen hat einen Bahnhof an der Strecke Soest - Dortmund, Soest.

Am Supermarkt gehen Sie rechts zur Kirche (kath. Pfarrkirche St. Cäcilia, klassizistische Grünsandsteinbasilika, 1819 bis 1822 erbaut). An der Kirche vorbei schlendern Sie geradeaus durch den Park und weiter in dieser Richtung zum Ortsrand. An einem Bildstock vor den Feldern gehen Sie erst links und wenig weiter rechts in den Werler Weg. Voraus schiebt sich schon ein Kirchturm von Werl ins Bild. Unterwegs treffen Sie auf eine große Tafel vor einem Kohlfeld: Westönnen stellt sich hier als Sauerkrautdorf vor.

Der flotte Gang durch die Felder wird erst kurz vor Werl an einer T-Kreuzung gebremst. Zwei Walnussbäume über einem Wegkreuz markieren diesen Punkt. Sie gehen rechts und wenig später links, weiter in der alten Richtung. Linker Hand begleiten bald Gewerbehallen den Weg, der zur Straße wird. Dann versperrt eine Halle den Weg. Sie weichen links aus und erreichen die B 1, an der es jetzt rechts weiter in die Stadt geht. Ein breiter Rad- und Fußweg sorgt dafür, dass Sie vom Verkehr nicht behelligt werden.

Nach einer ganzen Weile sind Geschäfte erreicht 🏪 ♀ 🅐. An der dann folgenden T-Kreuzung zeigt die Markierung nach rechts (auch 🚲 Radweg Richtung Werl und Unna).

Hier stellt sich das ✕ Caféhaus Zur alten Kirche quer, welches „das besondere Ambiente für Kaffee und Kuchen" in einer nicht mehr als solche genutzten Kirche bewirbt. Inzwischen hat in der alten Johanneskirche die Pizzeria La vecchia Chiesa Platz gefunden. Leider gibt es immer wieder einen Wechsel der Pächter. Interessant fand ich die schon ganz besondere Geschichte der Kirche:

Im 19. Jh. gab es in Werl nur eine kleine evangelische Gemeinde, der vom Paderborner Bischof eine kleine Kapelle für ihre Gottesdienste überlassen worden war. Im Zuge der Auflösung der Klöster (Säkularisation) wurde dann 1831 unter preußischer Herrschaft die frei gewordene Klosterkirche zur Gottesdienstnutzung bestimmt - sowohl für die katholische als auch die evangelische Gemeinde Werls (Simultaneum), die ihre Gottesdienste dann zu unterschiedlichen Zeiten in derselben Kirche feierten. Dies ging auch eine ganze Zeit lang gut, bis die gemeinsame Nutzung zu Beginn der Revolution 1848 einen Tumult auslöste. Das evangelische Kirchengerät wurde entwendet und zum Hohn durch die Stadt getragen.

Eine weitere gemeinsame Nutzung der Kirche wurde so unmöglich. Nach langen Verhandlungen wurden der evangelischen Gemeinde schließlich 5.000 Reichstaler dafür gezahlt, dass sie die Nutzungsrecht an der Klosterkirche abtrat. Eine Scheune wurde gekauft und nach und nach zur heutigen Johanneskirche um- und ausgebaut.

Seit 1990 ist die Kirche entwidmet, sie wurde an einen Immobilienhändler verkauft.

Sie gehen vor der Johanneskirche rechts in die Steinerstraße. Auf einem an dieser Ecke ausgehängten Stadtplan können Sie sich schon einmal orientieren. Der Gang durch die jetzt beginnende Einkaufsstraße ermöglicht allerdings ebenfalls eine Grundorientierung. Links herüber haben Sie bald den Durchblick zum ⌘ Städtischen Museum, wenig weiter dann links zur Propsteikirche St. Walburga. Auch das Büro der 🛈 Stadtinformation erscheint linker Hand noch vor dem Brunnen am Markt.

Rechter Hand dominiert die ✞ **Wallfahrtsbasilika** Mariä Heimsuchung den Platz. Ein älteres, barockes Gebäude steht nah an der Straße. Der jüngere, größere Kirchenbau aus dem Jahre 1905, nötig geworden, um die wachsende Schar der Pilger unterzubringen, ist dicht angelehnt, jedoch zurückgesetzt gebaut, sodass sich ein Vorplatz ergibt. Einige Stufen führen auf das mit einem Wandelgang umgebene Plateau. Über dem Portal hat das Wappen mit der auffälligen Muschelsymbolik Papst Benedikts XVI. einen hervorgehobenen Platz gefunden. Benedikt selbst zeigt mit der Wahl dieser Symbolik, dass ihm die Tradition des Pilgerns wichtig ist. Hiermit folgt er der Ansicht Johannes Pauls II., der als großer Pilger in jeden Teil der Welt gegangen ist.

Marktbrunnen

Der Schatz, der Werl seit über 350 Jahren (2011 war das Jubiläum) zum drittgrößter Marienwallfahrtsort in Deutschland hat werden lassen, ist ein Gnadenbild der „Trösterin der Betrübten", das vorher in der Soester Wiesenkirche beheimatet war. 1661 wurde es in einer feierlichen Prozession den Werler Kapuzinermönchen überstellt. Diese Szene ist am Marktbrunnen in Bronze gegossen dargestellt. Die ursprüngliche Herkunft dieser Madonnenfigur, die das Kind, versehen mit den Attributen des Weltenrichters, auf dem Schoße trägt, ist nicht abschließend geklärt. Vermutet wird die Entstehung heute im Rheinischen oder Westfälischen Ende des 12. Jh. Bekannt sind ähnliche Figuren aber auch in Schweden und dort vor allem auf der Insel Gotland. Weitere Informationen, auch zu den häufig stattfindenden Pilgermessen und Andachten, finden Sie auf der Internetseite 🖥 www.wallfahrt-werl.de.

Werl

📧 59457 ☎ 02922

- **Stadtinformation**, Steinerstraße 2, ☎ 870 35 00, FAX 87 03 50 16,
  ✉ stadtinfo@werl.de, 🕐 Mo bis Fr 10:00 bis 13:30 und 14:00 bis 18:00
- ⊙ **Klosterpforte** an der Wallfahrtsbasilika, Klosterstraße 17, ☎ 98 20,
  ✉ info@wallfahrt-werl.de, 🕐 Mo bis Fr 8:15 bis 11:45 und 14:30 bis 18:00,
  Sa und So 8:15 bis 11:45 und 14:30 bis 16:00
- ♦ **Kath. Pfarramt St. Walburga**, Kirchplatz 4, ☎ 22 33,
  ✉ propst.feldmann@propstei-werl.de, 🕐 Mo bis Fr 10:00 bis 12:00 und 15:00
  bis 17:30, Mi nachmittags geschlossen
- **Stadt-Hotel Bartels**, Walburgisstraße 6, ☎ 70 66, FAX 855 50,
  🌐 www.stadthotel-bartels.de, 50 Betten, ÜF: EZ ab € 49,50, DZ ab € 82,50,
  Zustellbett im DZ € 20, 🐾, ⊃ 0,5 km
- ♦ **Maifeld Sport- und Tagungshotel**, Hammer Landstraße 4, ☎ 976 80,
  FAX 976 88, 🌐 www.hotel-maifeld.de, ✉ info@hotel-maifeld.de, 113 Betten,
  ÜF: EZ ab € 59, DZ ab € 79, ⊃ 2 km
- ♦ **Parkhotel Wiener Hof**, Hammer Straße 1, ☎ 26 33, FAX 64 48, 15 Betten,
  ÜF: EZ ab € 45, DZ ab € 70, ✗ ⊃ 0,6 km
- **Hotel Melstergarten Seithe Poggel**, Belgische Straße 10, ☎ 91 05 30,
  🌐 www.hotelmelstergarten.de, ✉ buchung@hotelmelstergarten.de,
  100 Betten, ÜF: EZ ab 35, DZ ab € 56, MBZ ab € 18,50/Person + F € 3,
  Gruppen- und Wallfahrtsangebote, ⊃ 1,5 km
- Der Bahnhof Werl liegt an der Bahnstrecke Soest - Dortmund.

8. Etappe: Von Werl nach Unna ⊃ 18 km, ⏳ 5 Std.

Nach einem letzten Tag in der Hellwegbörde erreichen Sie in Unna das Ruhrgebiet.

🚶 Gegenüber der Wallfahrtsbasilika, am Marktbrunnen, folgen Sie der Marktstraße links bis zum Kreisverkehr und gehen zwischen der Bäckerei und dem HiFi- und Hausgeräteladen geradeaus. Linker Hand erinnern dort einige Lindenstümpfe an den ehemaligen Standort einer Synagoge. Wenig weiter steht als Baudenkmal die neufrühgotische Grünsandsteinkapelle Mutter Gottes in der Not.

8. Etappe: Von Werl nach Unna

Die Straßenschilder zeigen Richtung A 44 (Dortmund-Kassel) und A 45 (Hamm-Arnsberg). Stadtauswärts gehen Sie wieder nach Südwesten und bleiben an der **Unnaer Straße**, bis die noch junge katholische Kirche St. Norbert rechter Hand auftaucht. Gleich danach biegen Sie rechts von der Verkehrsachse in den Kucklermühlenweg ab. Die nächste Straße links (Büdericherstraße) gibt dann wieder, bald unter der Autobahn hindurch, südwestliche Orientierung.

Nur kurz dauert der Gang durch die Bördefelder, dann ist schon das Siedlungsgebiet von **Büderich** erreicht.

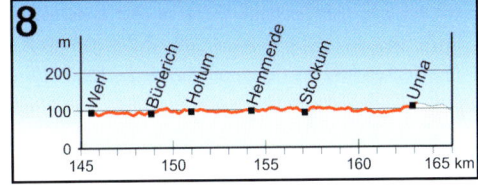

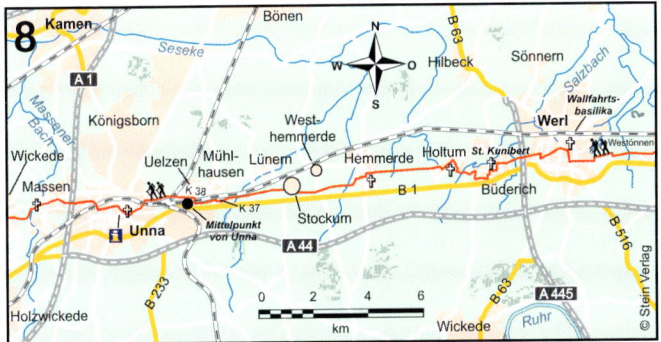

Erst wenn es an einer T-Kreuzung nicht mehr geradeaus geht (ein schöner Hof mit Sandsteinmauern steht an der Straßenecke), gehen Sie bei eindeutiger Markierung links. Die zweite Straße rechts ist dann wieder die Ihre (hier BANK 🍴 ✱ und ✝ **Pfarrkirche St. Kunibert**, Vorraum geöffnet).

An der Kirche vorbei geht es am Blumenladen links in den Schützenweg und bald spazieren Sie geradeaus gehend durch das schmucke Altdorf. Bei der nächsten Möglichkeit (Elisabethstraße) laufen Sie wieder rechts. An der folgenden Kreuzung biegen Sie dann noch einmal rechts ab, wandern jetzt länger wieder geradeaus zum Dorf hinaus und in die Felder.

Dann fällt das Sträßchen ab und macht vor einer höher gelegenen Kapelle einen Linksknick. Hier biegen Sie rechts in den wunderschönen, stark ausgeprägten **Hohlweg** und erreichen an einer frei stehenden, weit ausladenden, bis in die Spitzen gesunden und betagten Eiche eine Querstraße. Sie nehmen das Sträßchen links.

Als hätte das Dunkel des Hohlwegs die Welt verzaubert und den Wanderer auf eine märchenhafte Weise in eine andere Welt versetzt, geht es jetzt nicht mehr in die Bördenweite. Ein fast schon als hügelig zu bezeichnendes, mit Hecken und Wäldchen durchzogenes Land erwartet Sie hier. So plötzlich hatte ich den Wandel hier nicht erwartet.

Im Anstieg passieren Sie ein Ortsschild mit der Aufschrift Holtum. Sie gehen noch bis zur Wegkreuzung unterhalb eines Heiligenhäuschens von 1881 mit Ruhebank ⛉. (Wer ist der bärtige Mann mit Sandalen an den Füßen und dem Kind auf dem Arm im Inneren?)

Sie gehen rechts das Sträßchen Am Jahenbrink noch aufwärts und dann die nächste Straße links (Agathastraße) und weiter geradeaus in das Zentrum des Dorfes **Holtum** mit der katholischen St.-Agatha-Kirche (neugotische Backsteinkirche von 1898). Nach der Kirche wenden Sie sich nach links, bleiben zunächst noch in der Agathastraße und wandern dann durch die verlängernde Twittenstraße. Nach einer Weile biegen Sie rechts in die Grotekittelstraße und wenig weiter wieder links in den Hemmerder Weg. Wieder liegen schöne Höfe aus Bruchstein am Weg. Ziegel sorgen für lotrechte Laibungen an Fenster und Türen sowie Verzierungen.

Dann gibt es noch einmal für knapp 3 km das Börde-Feeling. Schnurgerade führt der Weg vorbei an Kohl- und Getreidefeldern bis Hemmerde. Rechts herüber ist der Kühlturm eines Kraftwerks (Hamm-Uentrop) zu sehen. Es bildet den Auftakt des langen Energiegürtels von Westfalen, der den Weg nun begleitet. In einer langen Reihe von Kraftwerken entlang der Lippe und des Dattel-Hamm- bzw. Rhein-Herne-Kanals wird überwiegend Kohle und zum Teil auch Gas verbrannt und in Energie umgewandelt.

Links herüber begleiten in ausreichender Entfernung B 1 und Autobahn den Weg. Eine schattenspendende Hecke am Weg kommt dem Wanderer gelegen.

Bei den ersten Häusern von Hemmerde halten Sie sich an der Kreuzung geradeaus. Ausgeschildert ist der Radweg Richtung Unna mit 9,5 km. Linker Hand schimmert die Kirche zwischen der Bebauung hindurch. Sie gehen hier links zum Hemmerder Kirchplatz (evangelische Kirchengemeinde Hemmerde, Teile der Kirche stammen noch aus dem 12. Jh.). Mit den schönen Fachwerkbauten, die den Platz umgeben, ergibt sich hier ein stimmungsvolles, romantisches Zentrum.

Hemmerde  59427 ⏰ 02308

 Bauernhof Familie Schmidt, Kühlstraße 3, ☎ 21 15, FAX 422, Ü: EZ € 23, DZ € 35, 11 Betten

Auch Hemmerde liegt an der Strecke der Hellweg-Bahn, ☞ Soest.

Gasthof Zur Post

Vom Turmportal steigen Sie die Treppen vom Kirchplatz zur Gaststätte Zur Post hinunter und gehen die Dorfstraße links. Die Bedeutung eines linker Hand zu entdeckenden giebelständigen, zweigeschossigen Fachwerkhauses mit Satteldach von 1811 (die **Alte Schule**) wird durch eine Informationstafel hervorgehoben. Eine Bronzeplastik, die spielende Kinder zeigt, belebt seit 2008 den Platz. Auffällig ist noch das vom Heimatverein renovierte **Spritzenhaus**, in dem heute ein kleines Museum untergebracht ist.

An der Kreuzung der Dorfstraße mit dem Hemmerder Hellweg (von hier etwa 200 m südlich, geradeaus), nicht direkt am markierten Weg gelegen, stehen zwei Fachwerkbauten. Heute als Wohnhäuser genutzt, dienten sie Pilgern und anderen Reisenden als Gasthof und Unterkunft. Pferde konnten gewechselt und Wagen repariert werden. Die als **Hilfshäuser** bezeichneten Rasthöfe am historischen Hellweg verloren mit dem Bau einer neuen

Fernwegtrasse, der heutigen B 1, in den 1820er-Jahren ihre Funktion. (Großes Hilfshaus: Hemmerder Hellweg 17, Kleines Hilfshaus: neben dem Haus Nr. 19 am Seitweg)

Der Jakobsweg zweigt an der alten Schule rechts in den Friedhofsweg ab. Vorbei an der katholischen, aus preußischer Zeit stammenden Kirche St. Peter und Paul, Friedhof und Festwiese zeigt die Markierung dann links schon wieder zum Dorf hinaus. An der folgenden Gabelung halten Sie sich halb rechts und am letzten Haus wieder rechts (🚲 Radweg Richtung Unna 8,5 km), vom zur B 1 strebenden Sträßchen abweichend. Durch eine Senke geht es wieder zur Höhe mit ⛱ Sitzbank und Ausblick. Die nächste Kirche sehen Sie schon. Das Kraftwerk scheint näher gerückt zu sein, ist aber in Wahrheit ein anderes (Werne-Stockum). Auf den Feldern stehen Kartoffeln, Weizen, Raps und Triticale fürs Vieh.

An der nächsten Kreuzung zeigt rechts ein Wegweiser nach **Westhemmerde**, dessen Dächer romantisch aus einer bewaldeten Bodenfalte lugen. Sie laufen aber weiter geradeaus. Immer wieder ist das Rauschen der Züge zu hören, deren Trasse Sie immer näher kommen. (Hier fährt die Hellweg-Bahn.)

Auch am Ortsrand von **Stockum** bleiben Sie geradeaus auf dem Radweg, der in schöner Linie der Höhe folgt. Dann weist ein Straßenschild den zurückgelegten Weg als Stockumer Hellweg aus. Hier biegen Sie rechts in den Ort, dann aber auf dem Stockumer Hellweg bleibend wieder links ab und gehen an der folgenden Verzweigung geradeaus. Auch Stockum versteckt sich in einem tieferen Taleinschnitt. Die vielen Windräder auf den Höhen erklären warum.

An der Gabelung am Ortsende gehen Sie rechts. Dort führt Ihr Weg aus der Stockumer Senke wieder zur Höhe hinauf. Wieder erreichen Sie eine Kreuzung. Ein Radweg zweigt hier rechts nach Lünern ab, Sie gehen geradeaus. Dasselbe gilt für die nächste Kreuzung. Dort ändert sich nur der Name der Straße: Sie wandern jetzt auf dem Mühlhausener Hellweg.

Geben Sie jetzt Acht. Rechter Hand ist bald eine Tafel neben einer Ruhebank ⛱ angebracht. Die Stadt Unna heißt Sie herzlich willkommen und empfiehlt eine neu eingerichtete Rastmöglichkeit in 1,3 km, am Mittelpunkt von Unna. Das mutet so weit vor der Stadt zunächst etwas seltsam an, erklärt sich aber durch die heute üblichen großflächigen Eingemeindungen der Städte. Seit Hemmerde befinden Sie sich, zumindest administrativ, in Unna und hier auf der Grenze zwischen Lünern und Mühlhausen.

Auch Mühlhausen berühren Sie kaum. Nach kurzem Gang durch eine Siedlung treffen Sie auf eine Straße (K 37). Dort gehen Sie links nur kurz aufwärts, folgen dann dem Radweg rechts abzweigend zur Bahnlinie und wandern vor der Bahnstrecke links an ihr entlang zum Mittelpunkt von Unna. Markiert ist an der Ecke mit einer in einen Stein eingelassenen Tonkachel mit Pilgerzeichen, hergestellt von der Keramik-Künstlerin Gisela Lücke aus Massen. Pilger haben hier kleinere Steinchen zum Zeichen ihres Vorbeikommens abgelegt.

Der Heimatverein von Mühlhausen/Uelzen hat die Bitte der Altertumskommission für Westfalen, in geeigneter Weise auf die am Jakobsweg liegenden religiösen und kulturellen Besonderheiten hinzuweisen, ernstgenommen. So findet der Pilger hier einen Rastplatz mit Bank und Tisch, eine Aufforderung innezuhalten, nicht einfach vorbeizulaufen und Mühlhausen/Uelzen wahrzunehmen. Der zufällig direkt am Jakobsweg entdeckte geografische **Mittelpunkt von Unna** bot den passenden Anlass. Eine Orientierungs- und eine Informationstafel helfen beim Ankommen (📷 Seite 36).

Besondere Verdienste erwarb der Verein durch die Mitinitiierung der Naturschutzgebiete **Ülzener Heide und Mühlhauser Mark**, auf die hier aufmerksam gemacht wird. Der größte Schilfbestand im Kreis Unna und das größte Vorkommen der essbaren Brunnenkresse von ganz Westfalen sowie eine größere Population des stark gefährdeten Laubfrosches weisen auf quellenreiche Feuchtgebiete hin.

Ein neu errichtetes Edelstahlkreuz erinnert an ein älteres verschollenes und nur von einer Flurkarte her bekanntes. Weitere Aktionen und Merkpunkte am Weg sollen in Kürze folgen. Ergänzende Information bietet die Webseite des Vereins, 💻 www.heimatverein-muehlhausen-uelzen.de.

Sie gehen weiter entlang der Bahn bis zu einem Stoppschild. Dort zeigt die Markierung rechts über die Schienen (geradeaus ist ein Radweg nach Unna ausgeschildert). Wenig weiter ist dann links der Uelzener Hellweg markiert. Noch 2.128 km sind hier nach Santiago de Compostela ausgewiesen.

Geradeaus gehen Sie auf dem Uelzener Hellweg durch eine Siedlung und dann wieder über eine Bahntrasse. Diesmal ist es die Fernverkehrsstrecke zwischen Hamm und Wuppertal. In derselben Richtung führt der Uelzener Weg (K 38) weiter. Ein Kiosk ♀ am Wegesrand kündigt die ausgedehnten Hallen der Aluminium Union Unna AG (Rohre, Profile, Bänder, Stangen, Bolzen) an, die Sie nun passieren. Im Anschluss wandern Sie durch eine Arbeitersiedlung. Am Himmel befinden sich die Maschinen, die vom Flughafen Dortmund-Holzwickede kommen, noch im Steigflug. Sie sind im Ruhrgebiet angekommen, dem gigantischen Geflecht ineinander verwobener Städte und Siedlungen, das im 18. und 19. Jh. durch Kohle und Stahl groß geworden ist.

So präsent sind Industrie, Industrierelikte und großstädtische Strukturen, dass man kaum an die Vorgeschichte denkt, an die auch nur wenig erinnert. So erscheint es vielleicht überraschend, schon fast exotisch, dass hier auf dem Gelände der Aluminium Union ein erst zum Teil ausgegrabenes germanisches Gräberfeld aus dem 6. oder 7. Jh. gefunden worden ist.

An einer T-Kreuzung treffen Sie an einer Tankstelle auf eine stark befahrene, Hellweg genannte Straße. Sie gehen links und weiter geradeaus unter der Bahnunterführung hindurch. Danach steigt die Straße zu einer Kreuzung an. Sie biegen rechts mit dem Hellweg in eine ruhige Nebenstraße ab, am Ende treffen Sie auf eine belebte Straßenkreuzung (fünfte Einmündung). Markiert ist jetzt über die erste Straße linker Hand hinüber und dann weiter rechts über den Ostring.

Jetzt stehen Sie dort, wo früher das Osttor der mittelalterlichen Stadt stand. Repräsentiert wird das nicht mehr vorhandene Tor durch die Morgenstraße (erinnert an „des moren porte", die nach dem Morgen, zum Sonnenaufgang gerichtete Pforte), die verkehrsberuhigt und mit romantischem Fachwerk gesäumt in das Zentrum führt.

Doch der Jakobsweg will es anders. Er nimmt auch nicht die zweite sich hier eröffnende, ebenso verlockende Möglichkeit durch die Gasse Güldener Trog (mundartlich beschönigend für „schlammige Mulde"). Es ist die dritte Straße, die Voßkuhle, die Sie jetzt parallel zum Ostring zum Kirchplatz hochsteigen. Links um die evangelische Stadtkirche herum werden Sie zum Turmportal geführt.

Unna 🛈 🛌 ✕ 🍴 ♨ ➕ 🏧 ≋ 🛒 ♿ 🚌 🚍 ▭ 59423 ☎ 02303

- **i-Punkt Unna**, Rathausplatz, ☎ 10 37 77, FAX 10 37 88, 💻 www.unna.de, ✉ zib-i-punkt@stadt-unna.de, Mo geschlossen, Di bis Fr 10:30 bis 18:30, Sa 10:30 bis 14:30
- **Ringhotel Katharinen Hof**, Bahnhofstraße 49, ☎ 92 00, FAX 92 04 44, 💻 www.riepe.com, ✉ katharinenhof@riepe.com, 175 Betten, ÜF: EZ Fr bis Mo € 89, Mo bis Fr € 99, DZ Fr bis Mo € 115, Mo bis Fr € 125, WLAN, Fön, am Bahnhof
- **Akzent Hotel Gut Höing**, Ligusterweg, ☎ 96 86 60, 💻 www.hotel-gut-hoeing.de, ✉ mail@hotel-gut-hoeing.de, 96 Betten, ÜF: EZ ab € 69, DZ ab € 89, DBZ ab € 119, WLAN, Fön. Gutshof aus dem 18. Jh., ⮕ 1,5 km
- **Hotel Kraka**, Gesellschaftsstraße 10, ☎ 220 22, FAX 24 10, 💻 www.hotel-kraka.de, ✉ hotel-kraka@web.de, 60 Betten, ÜF: EZ ab € 59, DZ ab € 89, ✕
- **Hotel/Restaurant G. Kauke**, Iserlohner Straße 61, ☎ 801 85, 21 Betten, ÜF: EZ € 24, DZ € 48, ⮕ 1,5 km
- **Gaststätte Kolpinghaus**, Klosterstraße 77, ☎ 124 72, FAX 23 82 41, 14 Betten, ÜF: EZ € 25, DZ € 45, im Zentrum
- **Hotel/Restaurant Nachtwächter**, Schulstraße 1, ☎ 124 49, FAX 77 34 68, 💻 www.nachtwaechter-unna.de, 15 Betten, ÜF: EZ € 50, DZ € 76, im Zentrum
- **Privatzimmer Nickel**, Gartenstraße 12 a, ☎ 140 28, 2 Betten, Ü: ab € 22/Person, ⮕ 1 km vom Markt
- **Privatzimmer Paduch**, Schützenhof 28, ☎ 33 00 36, 6 Betten, Ü: EZ ab € 25, DZ ab € ab 40, ⮕ 1,5 km vom Markt
- **Ferienwohnung am Nordring**, Nordring 22, ☎ 605 63, 10 Betten, Ü: EZ ab € 30, DZ ab € 40, im Zentrum
- Zwischen Unna und Dortmund-Lütgendortmund verkehrt die Schnellbahnlinie S4. Folgende Haltepunkte liegen direkt oder nahe am heutigen Weg: Unna, Massen, Dortmund-Wickede, Dortmund-Wickede West, Dortmund-Asseln Mitte, Dortmund-Brackel, Dortmund Knappschaftskrankenhaus, Dortmund-Körne, Dortmund Stadthaus.
  Von Unna fahren auch Züge zurück nach Soest, nach Dortmund, Richtung Hamm und Richtung Köln.

✝ **Ev. Stadtkirche**, Mozartstraße 18 bis 20, gotische Hallenkirche aus dem 14. Jh., 🕘 Nov. bis März Di bis Fr 10:00 bis 13:00 und 15:00 bis 17:00, April bis Okt. bis 18:00, Sa 10:00 bis 14:00, Gottesdienst So 11:00

⌘ **Hellwegmuseum**, Burgstraße 8, ☏ 25 64 44, 🕘 Mi und Fr 10:00 bis 12:00 und 15:00 bis 17:00, Do 15:00 bis 17:00, Sa, So und Feiertage 14:00 bis 17:00

♦ **Zentrum für internationale Lichtkunst**, Lindenplatz 1, ☏ 10 37 70, Führungen: Di, Mi und Fr 14:00, 15:30 und 17:00, Do zusätzlich um 18:30, Sa, So und Feiertag stündlich 13:00 bis 17:00

Die kleine Stadt wird Ihnen gefallen. Wie zu einer Burg steigen Sie zu ihr hoch und landen gleich hinter der mittelalterlichen **Stadtkirche** auf dem belebten, von prächtigen Häusern umgebenen **Marktplatz**. Rechts herunter fällt die Bahnhofstraße als Einkaufsstraße bis zum Rathaus mit dem modernen, gläsernen Lichthof am Rathausplatz ab. Noch vorher sehen Sie rechter Hand die katholische **Pfarrkirche St. Katharina** (erbaut 1933/34) mit den monumentalen Tympana über den Westportalen und Heiligenfiguren von Joseph Baron. Der 1920 in Schlesien geborene Maler und Bildhauer hat auch die Ausgestaltung der Werler Wallfahrtskirche entscheidend geprägt. Baron lebt und arbeitet in Unna-Hemmerde. Auf dem Markplatz steht noch eine Skulptur dieses Künstlers, das heimliche Wahrzeichen Unnas, **der störrische Esel**.

Auch eine Burg finden Sie hier. Sie müssen nur von der Bahnhofstraße rechts durch die Mauer- oder Burgstraße gehen und stehen nach wenigen Schritten vor ihr. Sie ist direkt auf der Stadtmauer errichtet und beherbergt seit 1936 das sehenswerte **Hellwegmuseum**. Auf mehreren Etagen erleben Sie die Stadtgeschichte vom Königshof zur Hansestadt, die Zeit der Salzgewinnung, des Steinkohlebergbaus und Brauereiwesens. Besuchermagnet ist der 1952 in Unna gehobene mittelalterliche **Goldschatz**.

Zwischen Rathausplatz, Bahnhofstraße und Stadtkirche erstrecken sich die Gässchen des mittelalterlichen Nicolaiviertels.

Am Markt fallen besonders zwei reich verzierte Fachwerkbauten auf, von der Einmündung des Jakobswegs aus gesehen an der linken oberen Ecke. Am Eckhaus findet der aufmerksame Betrachter ein Bild mit interessantem Motiv: Mönch und Nonne befinden sich beim Liebesspiel, während eine Person daneben die Hände über dem Kopf zusammenschlägt.

Fachwerkgasse in Unna

Wenn Sie an dieser Ecke den Markt über die Massener Straße verlassen, erreichen Sie den Lindenplatz mit dem unter Denkmalschutz stehenden Gebäude der ehemaligen **Lindenbrauerei**. Sie fiel der wachsenden Konzentration auf wenige Marken im Brauereiwesen zum Opfer. Heute befinden sich hier ein Kultur- und Kommunikationszentrum (🛈 unter anderem auch die Touristeninformation), vor allem aber in den Kellergewölben das weltweit einzige **Museum**, das sich ausschließlich **der Lichtkunst** widmet. International bekannte Lichtkünstler präsentieren hier ihre Werke, die im Rahmen einer Führung zu besichtigen sind.

9. Etappe: Von Unna nach Dortmund

⮕ 18 km, ⏳ 6 Std.

Der heutige Weg führt im Dortmunder Raum weitgehend an einer grünen, vom Autoverkehr unbehelligten Radwegstrecke entlang. Das garantiert zwar entspanntes Gehen bzw. Radfahren, die schönen Kirchen der Hellwegdörfer Wickede, Brackel und Wambel liegen aber nicht direkt am Weg. Wer sie trotzdem besuchen will, muss für die nötigen Abstecher mehr Zeit einkalkulieren.

☺ Aus dem Zentrum von Dortmund verkehrt die Stadtbahn U43 (alle 10 Min., abends und an Wochenenden alle 15 Min.) entlang der Hellwegtrasse zwischen Reinoldikirche und Wickede. Diese könnten Sie nutzen, um zum Beispiel nach dem Erreichen der Dortmunder Innenstadt gezielt in die Zentren der Hellwegdörfer zu fahren. Information dazu finden Sie unten.

Schauen Sie sich auch die schöne und reich bebilderte private Webseite einer einheimischen Pilgerin und ihre Lösung für dieses Problem an:
🖥 members.dokom.net/m.exner/index-Dateien/Page3002.htm.

🚶 Vom Turmportal der Stadtkirche kommend überqueren Sie die Einkaufsstraße am Markt (Bahnhofstraße), gehen am Café Extrablatt entlang (an der rechten Platzseite) und finden am Marktplatzende einen schmalen Durchlass, der weiter in nordwestlicher Richtung in die Gerhart-Hauptmann-Straße führt. Achten Sie an der ersten Kreuzung rechts auf die Fachwerkgebäude des ehemaligen **Katharinenklosters** in der Klosterstraße. Vor einer weiteren Kreuzung fällt rechter Hand die Städtische Gemeinschaftsschule (Nicolaischule), ein interessant gestaltetes Ziegelgebäude, ins Auge.

Namensgeber der Schule ist Philipp Nicolai, ein Verfechter der lutherischen Lehre und von 1596 bis 1601 Pfarrer in der Stadtkirche Unna. Unter dem Eindruck einer verheerenden Pestepidemie, bei der mehr als die Hälfte der Unnaer Bürger den Tod fand, schrieb er nach ihrem Abklingen den „Freudenspiegel des ewigen Lebens", der unter anderem die so berühmt gewordenen Choräle „Wie schön leuchtet uns der Morgenstern" und „Wachet auf, ruft uns die Stimme" enthält.

Noch bleiben Sie in dieser Richtung und wandern jetzt durch die Husemannstraße. An der folgenden Querstraße (Mozartstraße) wenden Sie sich nach links und bleiben bis zur zweiten Kreuzung in der neuen Richtung, bald auch im Schatten einer Ahornallee. Hier zeigt ein Radwegweiser rechts Richtung Dortmund und Kamen. Sie folgen ihm durch die Mühlenstraße.

Nach dem Unterqueren der Bahnstrecke zweigt die Mühlenstraße rechts ab. Sie gehen hier geradeaus auf der weiterführenden Hochstraße weiter. Diese mündet in eine breitere Straße, die Sie geradeaus überqueren, um den gegenüberliegenden Wendeplatz zu erreichen.

9. Etappe: Von Unna nach Dortmund

Vom Wendeplatz folgen Sie dem hier beginnenden Oberen Kohlenweg durch ein Industriegebiet. Vor der Autobahn A1 wird die Straße zum Fußweg. Sie gehen kurz links herum und dann rechts unter der Autobahn hindurch.

Gleich nach der Unterführung beginnt **Unna-Massen**. Rechter Hand liegt der Friedhof. Es entwickelt sich Besiedlung. Sie bleiben auf dieser Trasse (Büddenberg), bis Sie am Massener Hof, einem ✕ Grill-Restaurant in einem historischen, repräsentativen Eckhaus mit zwei turmartigen Erkern, auf die Hansastraße treffen. Sie gehen diese verkehrsreiche Straße, die zum Massener Hellweg wird, nach links. Markiert ist auf der linken Straßenseite.

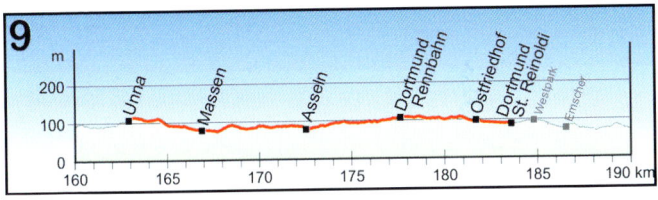

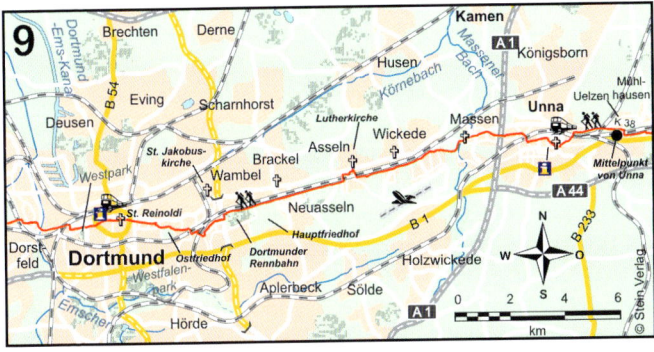

Ein Biohof linker Hand bietet seine Produkte an. Rechter Hand schaut bald die Turmuhr einer Schule in schönem Ziegelbau durch die Häuserreihen. Mehrfach finden Sie Hinweise zum früheren Bergbau in dieser Region. Rechter Hand erscheint dann die moderne **Marienkirche**. „Schütz' Euch Gott die Ihr des Weges zieht", grüßt ein Schriftzug den Pilger.

Am Ortsausgangsschild bleiben Sie immer noch an der Straße. Die Bebauung reißt ab. Das Grün der Felder beginnt und dann müssen Sie Acht geben. Nach einer Hofanlage geht es links von der Straße ab und leicht aufwärts zwischen Siedlungsrand und Feld weiter.

Den Hellweg, den Sie hier verlassen, werden Sie noch zweimal betreten. Er führt weiter durch die Dortmunder Stadtteile und Hellwegdörfer Wickede, Asseln, Brackel, Wambel und Körne in die Dortmunder Innenstadt. Ab Wickede fährt dort auch die Straßenbahn entlang. Ihr Weg führt über eine ruhigere Strecke, im Wesentlichen parallel zu der S-Bahn auf einem Fuß- und Radweg. In Wickede und in Asseln betreten Sie den Hellweg nahe dem bzw. im Zentrum kurz noch einmal.

Aber zunächst erreichen Sie eine T-Kreuzung an einem Wäldchen. Markiert ist die Straße rechts an dem Wäldchen entlang.

☺ Sie können hier auch den Weg durch den Wald nehmen. Er führt an Schrebergärten entlang auf eine Bergbauhalde und dann links wieder zur Straße zurück. Dort biegen Sie dann rechts in die Straße ein.

Wieder gibt es Tafeln, die über die Bergbaugeschichte aufklären. Bald tauchen Gewerbehallen am Weg auf, wenig später folgt Wohnbebauung. **Frische Luft** heißt die Straße hier. Der Straßenname hat seinen Ursprung im Bergbau: Hier endet ein Wetterschacht zur Belüftung der Zeche Massener Tiefbau.

Schließlich treffen Sie vor dem S-Bahnhof Dortmund-Wickede auf den Hellweg, hier Altwickeder Hellweg genannt, und gehen diesen links bis zu einer Kreuzung. Der Hellweg führt rechts unter der Bahn hindurch, Sie laufen links entlang der Bahn weiter auf dem abzweigenden Radweg Richtung Dortmund und Wickede.

Ging es eben noch leicht abwärts, so steigen Sie jetzt etwas an. Hügelig ist es hier geblieben. Linker Hand sehen Sie den Friedhof von Wickede, entsprechend grün ist es auch am Weg. Dann wird eine erste Möglichkeit angezeigt, um ins Zentrum von Wickede zu gelangen (mit dem Radweg links und dann rechts unter der Bahn hindurch). Ihr Weg führt weiter geradeaus an der Bahn entlang, jetzt auf einem schmaler werdenden Radweg.

⇔ Im Zentrum von **Wickede** ✕ ☕ 🍺, direkt am Hellweg, steht eine schöne, spätromanische evangelische Hallenkirche aus dem 13. Jh. Die ursprünglich katholische Kirche wurde Johannes dem Täufer geweiht. Errichtet ist sie aus Grünsandstein, der zum Schutz vor allzu schneller Verwitterung von außen weiß übertüncht ist, im Inneren aber sein Farbenspiel entfaltet. Wer diese Kirche besichtigen will, vergewissert sich am besten beim Gemeindebüro, ob die Öffnungszeiten noch stimmen (➲ 1,6 km).

✝ **Ev. Johanneskirche**, Wickeder Hellweg 82-84, ☎ 02 31/21 15 10,
✉ gemeindebuero@wickede-evangelisch.de, 🕒 Di, Mi und Fr 10:30 bis 12:00, Do 15:30 bis 18:00, 🚉 Stadtbahn-Haltestelle Eichwaldstraße

🛏 **Pension Sonnenschein**, Wickeder Hellweg 55, 44319 Wickede,
☎ 02 31/21 19 19, FAX 21 18 84, 💻 www.pension-sonnenschein.de, 15 Betten, Ü: EZ € 31, DZ € 52, DBZ € 75, VBZ € 100, 🏊 Pool im Garten, 🚗

Wieder wird ein 🚆 S-Bahnhof (DO-Wickede West) erreicht, es gibt wieder die Möglichkeit zu einem ⇔ Abstecher ins Zentrum von Wickede (➲ 1 km). Sie gehen wenige Meter links die querende Straße aufwärts und dann rechts in den Webershohl, weiter auf dem Radweg. Sie laufen jetzt an einer Kleingartenanlage nahe der Bahn entlang, im Schatten der Hecken und Bäume.

An einer Wegkreuzung tauchen Sie aus dem Grün auf und folgen rechts dem Wegweiser zum Drei-Sterne-Biergarten, der ✕ zum Steakhaus Haus Suberg (🕒 täglich ab 17:00) gehört. Hier geht es nicht mehr geradeaus an der Bahn entlang. Sie laufen stattdessen rechts unter der Bahn hindurch zum **Asselner** Hellweg, den Sie gegenüber der evangelischen **Lutherkirche** erreichen ✕ ☕ 🍺.

✝ **Lutherkirche**, Asselner Hellweg 118, ☎ 02 31/27 05 30, Gemeindebüro: 🕒 Mo, Di, Fr 9:00 bis 12:00, Do 15:00 bis 18:00, 💻 www.asseln-evangelisch.de,
✉ do-kg-asseln@kk-ekvw.de, Jugendstilbemalung und -ausstattung

Markiert ist am Hellweg nur wenige Meter nach links, dann zweigt der Jakobsweg schon wieder links in den Schlotweg ab. Dieser führt zurück zur S-Bahn-Linie. Sie gehen unter den Schienen hindurch und nehmen dann rechts den Fußweg zum S-Bahnhof Asseln Mitte hinauf und wieder hinunter zur Aplerbecker Straße. Möglich ist es aber auch, bis zur katholischen Josephskirche (📞 Mo 16:00 bis 18:00) auf dem Hellweg zu bleiben und dann links die Aplerbecker Straße zur Bahnlinie zurückzugehen.

Vom Bahnhof Asseln Mitte kommend gehen Sie in gleichbleibender Richtung an der Bahn entlang und die Straße bis in die Kurve aufwärts. Dann weichen Sie geradeaus auf den abzweigenden Radweg ab und bleiben am Bahndamm.

Deponie in Neuasseln

Ich weiß nicht, in welchem Zustand Sie die bald folgende **Deponie in Neuasseln** antreffen werden. Ich fühlte mich in eine Mondlandschaft versetzt. Aus dem flachen Grün der Felder ragt ein bräunlich-grauer, vegetationsloser, gleichmäßig geformter Berg breit und hoch zum Himmel. „Das frühere Ärgernis wird bald ein Höhepunkt sein", meinte der Bezirksbürgermeister Karl-Heinz Czierpka bei einer Besichtigung der Rekultivierungsfortschritte 2012 an der Industriehalde und Deponie Schleswig und bezeichnet diesen Kunstberg schon einmal positiv vorausschauend als „Asselner Alm".

Etwas weiter überschreiten Sie die Holzwickeder Straße und bleiben entlang der Bahn jetzt auf der Westfälischen Straße. Wohnbebauung, Gewerbegebiet und Kleingartenanlagen wechseln einander ab. Am S-Bahnhof **Brackel** verlassen Sie die links abknickende Westfälische Straße geradeaus. Zur Fortsetzung gehen Sie an der Bahn entlang weiter Richtung Dortmund Mitte (6,3 km). Der weiterführende Radweg gabelt sich hier.

⇦　Links ist für 🚴 Radfahrer ein Abstecher nach Brackel ausgeschildert.
🚶‍♂️　Fußgänger nutzen die Unterführung direkt am Bahnsteig, falls sie in die Brackeler Innenstadt wollen, und gehen in nördlicher Richtung zur Ortsmitte (➲ 1 km).

Die seit der Reformation evangelische Brackeler Kirche romanischen Ursprungs bildet umgeben von alten Baumbeständen, Fachwerkhäusern und Teilen einer Klosteranlage den Mittelpunkt des alten Hellwegdorfes Brackel 📷. Bis in die 1960er-Jahre war Brackel (sprich: Braakel) noch agrarisch geprägt, bevor auch hier dichtere Bebauung als Folge der Industrialisierung dorfnahe Äcker ablöste.

✝　**Ev. Kirche Brackel**, Brackeler Hellweg 140, ☏ 02 31/25 90 16,
　🖥 www.ev-kirche-brackel.de, ✉ gemeindebuero@ev-kirche-brackel.de,
　🕙 Gemeindebüro: Mo bis Fr 10:00 bis 12:00 und Di bis Do zusätzlich 15:00 bis 18:00, 🚋 Stadtbahnhaltestelle Brackel Kirche

Auf dem markierten Weg entlang der Bahntrasse erreichen Sie den **Hauptfriedhof**, einen der größten Friedhöfe Deutschlands und mit Abstand die größte Grünfläche Dortmunds.

Angelegt wurde der Friedhof in den 1920er-Jahren, ursprünglich geplant als Parkanlage, die heute mit einem vielfältigen und schon älteren Baum- und Buschbestand nicht nur den Menschen eine schöne Umgebung ist. Große Teile werden im Sinne des Naturschutzes zur Förderung von Flora und Fauna gepflegt. So wird die Talwiese nur einmal im Jahr gemäht, Baumruinen verbleiben zum Teil als Lebensraum im Bestand, heimische Gehölze werden zum Vogelschutz angepflanzt etc.

Am S-Bahnhof Knappschaftskrankenhaus queren Sie den Rennweg (Kiosk 🍸). Danach wird es schattig, grün, aber auch gleichzeitig bunt. Sie wandern an der an vielen Stellen bröckelnden, wohl 2 m hohen Mauer entlang um die **Dortmunder Rennbahn** herum, welche auch gleichzeitig Golfplatz ist. Bunt ist die nicht abreißende Reihe der zum Teil auch den Baumbestand einbeziehenden, nahtlos aneinandergereihten Graffitis. Eine Mauer, die bereits Kultstatus hat.

Zuletzt treffen Sie auf ein Wegdreieck in einem kleinen Park vor einer Straße. Radwegweiser geben Auskunft und auch das Pilgerzeichen ist hier angebracht. Sie gehen links Richtung Körne und Dortmund Mitte. Rechts kämen Sie nach **Wambel**.

> ⇔ Ein Abstecher könnte zur 1908 errichteten, aber erst 1988 auf den Apostel Jakobus getauften Kirche und zum evangelischen Gemeindezentrum in Wambel führen. Das Bronzeportal der Kirche zeigt eine Darstellung Jakobus dem Älteren als Pilger. Auch das Muschelsymbol fehlt nicht (➲ 1,4 km).
> ✝ **St.-Jakobus-Kirche**, Eichendorffstraße 31, 🚊 Stadtbahnhaltestelle Rüschebrinkstraße

Schon nach wenigen Schritten queren Sie rechts den Nußbaumweg und folgen geradeaus der Peter-Paul-Rubens-Straße. Am Straßenende gehen Sie rechts zum S-Bahnhof Körne und wieder links an der Bahn entlang auf der Massener Straße weiter. Eine auffällig groß dimensionierte Pipeline einer heute brachliegenden Gasversorgung der Hoesch AG begleitet den Weg. Vor dem Turm eines Heizkraftwerks weichen Sie links vom Weg ab und gehen danach zweimal rechtsherum über das Gleisbett der alten Industriebahntrasse, die hinter der Pipeline verläuft. Sie folgen der Straße Am Zehnthof durch den von Weitem sichtbaren Bahntunnel und gehen danach links in die Straße Lange Reihe, der Sie eine Weile folgen.

Über eine Brücke hinweg erreichen Sie den **Ostfriedhof**, dem Sie besondere Beachtung schenken sollten. Dortmunds ältester Friedhof (zumindest seit der noch ältere, der heutige Westpark, nicht mehr als Friedhof genutzt wird), ist ein Ort des Gedenkens, der Stille und der Einkehr und gleichzeitig ein großartiger Park zum Flanieren und Wandern. Unter alten, ehrwürdigen Bäumen blickt man auf Rhododendren und kleine, mit Gräbern belegte, für das Licht offene Wiesen. Eine Fülle alter Grabsteine steht hier. Mal sind sie dicht gedrängt, mal ordentlich in Reihen, wie zum Beispiel die Grabstätte der Familie Hoesch. Viele der bekannten, aber auch der weniger berühmten Dortmunder liegen hier begraben. Dazu gehören auch die im Bergbau Verunglückten, derer besonders gedacht wird. Ich glaube, jeder Besucher kann hier seine eigenen Entdeckungen machen. Mich überraschte der Stein von

Henriette Davidis, einer erfolgreichen Kochbuchautorin aus dem 19. Jahrhundert. Beachtenswert im Hinblick auf den weiteren Weg ist die Grabstätte der Franziskaner, deren Kloster und Kirche nur wenig vom Ostfriedhof entfernt am Weg liegt. Sehr interessant ist auch die jüdische Abteilung.

Die Straße Am Ostpark führt am Friedhof entlang. Linker Hand finden Sie bereits einen ersten Zugang. Dann erreichen Sie die Robert-Koch-Straße, auf der Sie links weiter zum Haupteingang wandern. Nur wenig später treffen Sie auf die **Franziskanerkirche**.

Grabstätte der Franziskaner

Die Neugründung der Franziskanergemeinschaft hier in Dortmund hängt direkt mit dem Bergbau zusammen. Viele Arbeiter kamen Ende des 19. Jh. unter anderen aus dem katholischen Polen in das evangelische Dortmund und brauchten religiöse Betreuung. Die Franziskaner übernahmen diese Aufgabe, bauten ein Kloster (1897) und eine Kirche (1902). Die besondere Verehrung des Franziskaners Jordan Mai, der mit bürgerlichen Namen eigentlich Heinrich hieß und aus Gelsenkirchen-Buer stammte, geht auf die außerordentliche Beliebtheit zurück, die er zu Lebzeiten genoss. Sein Tod im Jahre 1922 rief eine tiefe Verehrung in der Bevölkerung hervor. Scharenweise pilgerten die Menschen zu seinem Grab und gerne nahm man auch etwas Erde davon mit. So stark war der Drang, Erde vom Friedhof nach Hause zu tragen, dass die Friedhofsverwaltung beständig neue auffüllen musste und sich dann dazu entschied, das Grab sicher einzuzäunen. Im Jahre 1950 wurden die Gebeine unter Anteilnahme von nahezu 100.000 Menschen in die Franziskanerkirche übertragen. Die päpstliche Seligsprechung ist vorbereitet. Zu ihrer Umsetzung fehlt nur noch die Anerkennung eines Wunders.

An der Kirche vorbei gehen Sie nicht ganz rechts in die Franziskanerstraße, sondern halb rechts durch den Robert-Koch-Park ☕ ✗ 🍽 🍷 und an dessen Ende kurz rechts und wieder halb links in derselben Richtung die Robert-Koch-Straße entlang zu einem kleinen Platz an der Kaiserstraße.

Nach einem Entwurf des Essener Tischlers, Künstlers und Pädagogen Hugo Kükelhaus, sind hier ein **Summstein** sowie eine Anleitung zum Gebrauch desselben aufgestellt. Eine Höhlung im Stein dient der menschlichen Stimme als Resonanzraum, das in ihm erzeugte Summen als Erfahrung der jedem Menschen ureigenen Organ-Vibration, des Tremors. Hugo Kükelhaus (1900 bis 1984) hat in seiner vielfältigen Arbeit unter anderem eine Reihe von Gerätschaften zur Entfaltung des menschlichen Sinnesapparats entworfen, die in weltweiten Ausstellungen vorgestellt worden sind. In einer seiner Veröffentlichungen stellt er das Gehen selbst als physischen Vorgang in den Mittelpunkt seiner Betrachtungen zur Erfahrung des eigenen Selbst.

📖 Fassen - Fühlen - Bilden: Organerfahrungen im Umgang mit Phänomenen. Gaia, Köln 1975, ISBN 978-3877320150 (nur noch antiquarisch erhältlich)

Die Kaiserstraße ist eine lebendige Geschäftsstraße mit breiten Fußwegen unter Bäumen, kleinen Restaurants, Cafés, Ecken zum Sitzen und Brunnen, die Trinkwasser spenden, nach meinem kurzen Eindruck Mittelpunkt eines schönen Viertels zum Wohnen und guten Leben. (Beachten Sie auch die Übernachtungsmöglichkeiten im Kaiserviertel.)

Die Kaiserstraße gehen Sie links Richtung Stadtmitte. Am Landgericht ist dann schon voraus die Reinoldikirche zu sehen. Jetzt queren Sie am U-Bahnhof Ostentor noch die breite Wallstraße (hier Ostwall/Ecke Schwanenwall), die als Ring um die Altstadt noch den Verlauf der mittelalterlichen Stadtbefestigung markiert. Geradeaus kommen Sie über den Ostenhellweg zur ersten der vier großen Stadtkirchen, der Hauptkirche **St. Reinoldi** in Dortmund Mitte, an. Die **St.-Marien-Kirche** steht gleich gegenüber.

Dortmund 🛏 🏠 ✗ ☕ ♿ ✚ 🏦 ⛴ 🍽 🍷 🚗 🚌 ① 0231

ℹ **Dortmund Tourismus**, Stadt Dortmund, Königswall 18a, ☎ 502 56 66, FAX 16 35 93, 💻 www.dortmund-tourismus.de, ✉ info@dortmund-tourismus.de, 🕐 Mo bis Fr 9:00 bis 18:00, Sa 9:00 bis 13:00. Hier lassen sich auch geführte Touren, unter anderem „Eine kleine Pilgerreise durch die Stadt", buchen.

9. Etappe: Von Unna nach Dortmund

- ⊙ **Katholisches Forum**, Propsteihof 10, ☎ Mo bis Fr 8:30 bis 15:30
- ♦ **Stadtkirchenbüro**, Ostenhellweg 2, direkt neben der Reinoldikirche, ☎ 882 30 13, ☎ Mo bis Fr 9:00 bis 14:00
- ♦ **St.-Petri-Kirche**, ☎ ☞ S. 153
- ⇌ **Cityhotel Dortmund**, Grafenhof 6, ✉ 44137, ☎ 477 96 60, FAX 47 79 66 69, 🖥 www.cityhoteldortmund.de, ✉ info@cityhoteldortmund.de, 100 Betten, ÜF: EZ ab € 73, DZ ab € 86, DBZ ab € 110, VBZ ab € 130, im Zentrum
- ♦ **Pension Kirchhoff**, Reinoldistraße 6, ✉ 44137, ☎ 950 97 28, FAX 950 97 29, 🖥 www.gratis-webserver.de/kirchhoff, ✉ pension-kirchhoff@t-online.de, Ü: EZ € 35, DZ € 56, DBZ € 75, VBZ € 100, im Zentrum
- ♦ **Pension Göhler**, Sudermannstraße 40, ✉ 44137, ☎ 16 44 49, FAX 861 98 84, 🖥 www.pensiongoehler.de, ✉ pensiongoehler@arcor.de, 45 bis 50 Betten, Ü: EZ € 27, DZ € 45, DBZ € 66, kein Frühstück, gegenüber dem Westpark, Ecke Lange Straße (am Weg)
- ♦ **Hotel Königshof**, Königswall 4-6, ✉ 44137, ☎ 570 41, FAX 570 40, 🖥 www.hotel-koenigshof.biz, ✉ hotelkoenigshof@versanet.de, ÜF: EZ ab € 45, DZ ab € 55, Lunchpakete und Coffee to go gibt es für Frühaufsteher, die vor 6:00 abreisen, aktuelle Tageszeitung, WLAN, im Zentrum
- ♦ **Hotel La Villa am Kaiserbrunnen**, Arndtstr. 56, ✉ 44135, ☎ 52 22 80, FAX 52 81 95, 🖥 www.hotelindortmund.de, ✉ lavilla@hotelindortmund.de, 7 Zimmer, ÜF: EZ ab € 51, DZ ab € 65, DBZ ab € 89, am Weg im Kaiserviertel, südliche Parallelstraße zur Kaiserstraße
- ♦ **Hotel Union**, Arndtstraße 66, ✉ 44135, ☎ 55 00 70, FAX 55 17 22, 🖥 www.hotel-union-do.com, ✉ info@hotel-union-do.com, 29 Betten, ÜF: EZ ab € 55, DZ ab € 86, am Weg im Kaiserviertel
- ♦ **Hotel Petersmann**, Moltkestr. 2, ✉ 44135, ☎ 52 22 80, FAX 52 81 95, am Weg im Kaiserviertel, Ecke Kaiserstraße
- ♦ **Mercure Hotel Dortmund City**, Kampstr. 35-37, ✉ 44137, ☎ 59 70, 🖥 www.mercure.com, ÜF: EZ ab € 60, DZ ab € 70, WLAN, Sauna, 🏊. Nähe Hbf, im Zentrum
- ♦ **Hotel Carlton**, Lütge-Brückstr. 5-7, ✉ 44135, ☎ 52 80 30, FAX 55 38 42, ÜF: EZ € 35 (Etagendusche) bzw. € 59 (eigene Nasszelle), DZ € 75, im Zentrum
- ♦ **Hotel Esplanade**, Burgwall 3, ✉ 44135, ☎ 585 30, FAX 58 53 270, 🖥 www.esplanade-dortmund.de, ✉ hotel@esplanade-dortmund.de, Ü: EZ ab € 68, DZ ab € 78, DBZ ab € 88, F € 14, im Zentrum

9. Etappe: Von Unna nach Dortmund

- **The Grey Inn Hotel**, Schmiedlingstraße 11-13, ✉ 44137, ☎ 41 91 03 00, FAX 41 91 03 01, 🖥 www.thegrey-hotel.de, ✉ info@thegrey-hotel.de, 34 Zimmer, WLAN, im Zentrum
- **Jugendgästehaus Adolph Kolping**, Silberstr. 24-26, ✉ 44137, ☎ 14 00 74, FAX 14 26 54, 🖥 www.djh-wl.de/jh/dortmund, ✉ jgh-dortmund@djh-wl.de, ÜF: ab € 26,60, Aufschlag für alle über 27 Jahre, ✗, im Zentrum

Der Dortmunder Hauptbahnhof ist einer der wichtigsten Eisenbahnknoten Deutschlands. Dementsprechend haben Sie hier eine gute Fernverkehrsanbindung. Mithilfe des hervorragenden Nahverkehrsystems lassen sich die folgenden Etappen leicht auch abschnittsweise bewältigen. Wieder begleiten die Schienen der Dortmunder S-Bahn-Linie S4 Ihren Weg, allerdings nicht so nah wie im Osten Dortmunds. Unterwegsbahnhöfe sind Dortmund Dorstfeld, Dortmund-Marten Süd und Dortmund-Lütgendortmund.

Haltestellen der Dortmunder Stadtbahn, einem Schnellbahnsystem aus Untergrund- und Straßenbahn, sind an vielen Wegpunkten vorhanden.

- ⌘ **Museum für Kunst und Kulturgeschichte**, Hansastr. 3, ☎ 255 22, FAX 255 11, 🖥 mkk.dortmund.de, ✉ mkk@stadtdo.de, 🕐 Di, Mi, Fr, So 10:00 bis 17:00, Do 10:00 bis 20:00, Sa 12:00 bis 17:00. Das Museum besitzt u.a. mehrere mittelalterliche Gemälde mit Ansichten zur damaligen Pilgerschaft.
- ✝ **Ev. St.-Reinoldi-Kirche**, Ostenhellweg, 🖥 www.sanktreinoldi.de, ✉ post@sanktreinoldi.de, 🕐 Mo bis Sa 10:00 bis 18:00, So 13:00 bis 18:00, Gottesdienst: So 11:30, Termine der kostenlosen Kirchenführungen erfahren Sie im Internet oder unter ☎ 882 30 13, größere Gruppen bitte zur Besichtigung anmelden. Besonderheiten: hölzerne Statuen von St. Reinoldus (links) und Karl dem Großen (rechts) im Choreingang, evangelische Hauptkirche aus dem 13. Jh. Der heilige Reinold ist der Schutzpatron Dortmunds.
- ♦ **Ev. St.-Marien-Kirche**, Kleppingstr. 5, ☎ 52 65 48 🖥 www.stiftung-marien.de, ✉ info@stiftung-marien.de, 🕐 Di bis Fr 10:00 bis 12:00 und 14:00 bis 16:00, Do bis 18:00, Sa 10:00 bis 13:00, Gottesdienst: So 10:00, kostenlose öffentliche Führung: Do 16:30. Besonderheiten: farbenfroher Marienaltar vom Dortmunder Meister Conrad von Soest (1420), älteste Dortmunder Kirche, romanischer Ursprung
- ♦ **Kath. Propsteikirche**, Propsteihof 3, ☎ 94 46 20, 🖥 www.propsteikirche-dortmund.de, ✉ propstei@propsteikirche-dortmund.de, 🕐 Mo ab 10:00, Di, Do und Fr ab

9. Etappe: Von Unna nach Dortmund

9:00, Mi, Sa und So ab ca. 9:30, jeweils bis 19:00, Gottesdienste: Sie finden das umfangreiche, jahreszeitlich wechselnde Angebot auf der Homepage. Besonderheit: älteste Stadtansicht von Dortmund in monumentaler Größe

♦ **Ev. St.-Petri-Kirche**, Westenhellweg, ☎ 721 41 73 🖥 www.stpetrido.de, ✉ buero@stpetrido.de, 🕘 Di bis Fr 11:00 bis 17:00, Sa 10:00 bis 16:00, So während der Ausstellungen. Besonderheit: wertvolles Antwerpener Altarretabel - das „Goldene Wunder" mit drei Wandlungen, die zu unterschiedlichen Zeiten zur Ansicht kommen

Die Industriemetropole Dortmund, die äußerst erfolgreich den Strukturwandel von der Schwerindustrie zur modernen High-Tech-Industrie und zum Dienstleistungssektor vollzogen hat, präsentiert sich im Zentrum als stark frequentierte Einkaufsstadt. Bis zu 9.000 Menschen laufen stündlich durch Dortmunds Mitte. Dortmund gehört damit zu den meistfrequentierten Zentren Deutschlands. Am Alten Markt sowie rund um Marien- und Reinoldikirche findet sich die größte Biergartendichte Dortmunds.

Der Jakobsweg führt mitten hindurch. Links und rechts des nun weiterführenden Westenhellwegs bleiben auch die beiden weiteren der vier Stadtkirchen, auch wenn sie etwas abseits stehen, nicht ganz unbeeinträchtigt von dem weltlichen und immer wuseligen Geschehen. Sie behaupten sich jedoch noch als Ruhepole und natürlich als kunstgeschichtliche Highlights. Ausgewählte Details aus dem vielen Wahrnehmenswerten im Inneren habe ich unten beschrieben. Genauere Information bekommen Sie bei Interesse auch in den Kirchen.

Viel ist es nicht, was an die frühe Geschichte Dortmunds erinnert, außer den Kirchen. Die Reinoldikirche ist Nachfolgerbau einer Pfalzkirche aus dem 9. Jh. Vermutlich geht die erste christliche Gründung der Stadt an der Kreuzung zweier Handelswege, dem Hellweg und der Straße zwischen Bremen und Köln, auf die Karolinger Zeit zurück. Allein es fehlt der handfeste Beweis, der Fund einer Königspfalz.

Krüger Passage mit Jugendstil-Elementen

Der Adlerturm am Ostwall 51 a ist eine Rekonstruktion, aufgesetzt auf die originalen, ausgegrabenen Fundamente der mittelalterlichen Stadtbefestigung. Das **Vehoffsche Haus**, das an die Marienkirche grenzt, gilt als das älteste Haus Dortmunds (1607 im Stil der Spätrenaissance errichtet). Beachtenswert ist am Westenhellweg noch die älteste erhaltene Passage Dortmunds (**Krüger Passage**) mit Jugendstil-Elementen. Wie die alten Handelswege früher kreuzen sich heute in Dortmund Mitte die Jakobswege, der Ihre und der zwischen Bremen und Köln.

 Jakobsweg Bremen - Köln von Klaus Engel, Conrad Stein Verlag, Outdoor-Handbuch Band 301, ISBN 978-3-86686-344-6 (Neuerscheinung 2013)

10. Etappe: Von Dortmund nach Bochum

➲ 23 km, ⧗ ca. 7 Std.

Dortmund ist eine moderne Flächenstadt von ungefähr 20 x 20 km Ausdehnung, ein Zusammenwuchs vieler Dörfer, die allerdings bis heute ihre eigenen lebendigen Mittelpunkte haben. Ihr weiterer Weg führt jetzt nicht mehr wie im Dortmunder Osten an den Zentren vorbei, sondern mitten hindurch: durch Dorstfeld, Marten und Lütgendortmund. Holte, ganz im Westen Dortmunds, wird nur gestreift und dann ist auch schon Bochum erreicht.

Vielleicht erleben Sie das auch: Die Menschen hier sind offen, reagieren auf ein Wort, das in der zufälligen Begegnung fällt, oder auf einen freundlichen Blickkontakt, sprechen auch von sich aus den Wanderer an, bleiben stehen und lassen sich gerne auf ein Gespräch ein, sodass man so manches aus erster Hand erfährt. Stolz sind die Dortmunder auf die vielen grünen Oasen, das wird häufig betont: Reste von Wald und Landwirtschaft, erfolgreich rekultivierte Industriebrachen und Halden, die man manchmal als solche kaum noch identifizieren kann.

In der Tat werden Sie auf dem weiteren Weg immer wieder aus dem spannenden städtischen Geschehen in ländliche, hügelige und lieblich wirkende Feld- und Waldlandschaften geführt. Hinter Dorstfeld ist nach einer Bergsenkung ein See zum Rückzugsgebiet für Vögel und Amphibien rekultiviert worden. Die arg geschundene Natur holt sich ihr Land zurück. Doch nie bleibt die Idylle ohne Brüche, der schnelle Puls der Großstadt ist immer gegenwärtig: Da rauscht im schönsten Wald die Bahn vorbei, man sieht sie nicht, aber sie ist zu hören. Das Brodeln der Autobahn und der großen Straßen dringt immer wieder mal in das Land. Ein Baukran ragt über den Horizont einer Feldlandschaft und die Stromtrassen machen auch vor dem Grün nicht halt. Aber es geht auch andersherum: Über Industriebrachen deckt sich der Teppich der sich neu formierenden Vielfalt der Vegetation.

Ab Dortmund führt die gelbe Muschel auf blauem Grund als **Wegmarkierung** weiter. Die jeweilige Richtung wird jetzt aber nicht mehr durch das von den Strahlen gebildete Zentrum angezeigt, sondern mithilfe zusätzlich angebrachter gelber Richtungspfeile.

An der Reinoldikrche bleiben Sie in der bisherigen Richtung, jetzt auf dem Westenhellweg, bis dieser auf den Königswall mündet. Sie überqueren diesen, gehen wenige Meter links und biegen dann rechts in die Lange Straße ein. Der Radweg nach Bochum (und auch der Jakobsweg) sind hier ausgeschildert. In dieser ruhigen Nebenstraße bleiben Sie eine Weile. Rechter Hand ist ein schöner Blick zur ehemaligen Union-Brauerei möglich. Das vierseitige und beleuchtete U auf dem Gebäude ist zu einem Wahrzeichen Dortmunds, dem **Dortmunder U,** geworden. Das denkmalgeschützte Gebäude wird heute als Kulturzentrum genutzt.

Danach erstreckt sich linker Hand der **Westpark,** der wie bereits erwähnt einmal Friedhof war.

Bevor auf der linken Seite ein Kiosk (Trinkhalle) auftaucht, fällt Ihnen rechter Hand an einem Eckhaus vielleicht die Aufschrift ins Auge. Der Bau- und Sparverein eG Dortmund (seit 1893) zeigt als Markenzeichen das Symbol der fleißigen Bienen.

Das **Adlerviertel**, in dem Sie sich hier befinden, ist in der Zeit um 1900 auch mithilfe der Wohnbaugenossenschaften entstanden. Wenn Sie gleich an dem Kiosk rechts Ihren Weg durch die Paulinenstraße fortsetzen, sehen Sie dort noch gut erhaltene Häuserzeilen aus der frühen Bauphase. Die Paulinenstraße führt Sie geradeaus zur Stadtbahnhaltestelle Heinrichstraße. Dort gehen Sie links die breite Verkehrsstraße (Rheinische Straße) entlang und über die Bahn.

Linker Hand kommt die neoromanische katholische Kirche ✟ **St. Anna** ins Blickfeld, in der die polnische Gemeinde ihre geistliche Heimat gefunden hat. Rechter Hand erhebt sich der an einen klassizistischen Palast erinnernde **Verwaltungsbau der Union AG** für Bergbau und Stahl. Die auffälligen Embleme im Mauerwerk, Füllhorn und Maschinengewehr, geben Auskunft über das Wirkungsfeld und Selbstverständnis des Bauherrn Hugo Stinnes, der das Gebäude 1922 errichten ließ. Heute wird es vom Verwaltungsamt der Stadt genutzt und kann während der Dienstzeiten besichtigt werden.

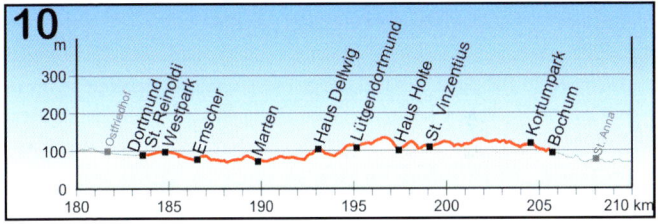

Etwas weiter wandern Sie entlang der Fassaden aus Stahl und Glas, ehemalige Produktionshallen der Hoesch AG. Inzwischen erobert sich Efeu auch schon im Inneren neuen Lebensraum. In der Hochzeit der Dortmunder Eisen- und Stahlindustrie lebte ein Fünftel der Einwohner Dortmunds von den Unternehmen der Familie Hoesch.

An der großen Straßengabelung gehen Sie rechts in den Dorstfelder Hellweg und überqueren die **Emscher**. Die einstige Kloake im Pott, durch Rohre geführt oder in Beton eingepfercht und als Abwasserkanal missbraucht, wird nun erneuert. Sie soll zu einem naturnahen Fließgewässer umgestaltet werden.

Anschließend queren Sie die breite Dorstfelder Allee und gehen geradeaus in den Dorstfelder Hellweg. Die Straße zeigt kleinstädtische Infrastruktur, hier gibt es alles, was man im täglichen Leben benötigt ♁ ☕ ✕ ♀ BANK ♨. Die katholische, neoromanische ✝ Kirche von **Dorstfeld** ist der heiligen Barbara, der Schutzpatronin der Bergleute, geweiht.

Linker Hand fällt die in der Parkanlage etwas versteckt stehende, großzügige Villa auf. Sie gehört heute der Stadt Dortmund und dient als Stadtteilbibliothek. Erbaut wurde sie im Jahre 1880 durch die alteingesessene Dorstfelder Familie Schulte-Witten, nachdem sie durch den Verkauf einiger ihrer Ländereien in der Industrialisierungsphase reich geworden war.

> Eine Besichtigung ist nur zu bestimmten Zeiten möglich: Di 10:00 bis 12:00 und 14:00 bis 18:00, Mi, Do 14:00 bis 17:00, Fr 10:00 bis 12:00 und 14:00 bis 17:00.

Sie folgen den Schienen der Straßenbahn. Am Ende verzweigen sich die Schienen vor dem Betriebshof der Dortmunder Straßenbahnen. Sie folgen geradeaus dem roten Pfeil für Radfahrer und gehen hinter dem Betriebshof rechts am Gitterzaun entlang. Der Straßenname (Hallerey) wird erst später angezeigt. An der Informationstafel zum Naturschutzgebiet **Hallerey** wird Ihr Weg zum reinen Rad- und Fußweg.

Durch eine erhebliche Bergsenkung ist hier ein großer See entstanden, der in den 1970er-Jahren zunächst Mittelpunkt eines Erholungsgebiets (Revierpark Wischlingen) wurde. Heute bildet der südwestliche Teil des Sees mit den angrenzenden Flachwassergebieten und Feuchtwiesen ein 75 ha großes Naturreservat, das Rückzugsgebiet für viele Vogelarten und Amphibien ist.

Ihr Weg führt hinter einem dichten Gehölzstreifen am Südufer entlang bis zur Autobahn A45, die Sie unterqueren. Danach halten Sie sich halb rechts und gehen in die Martener Straße. Wieder finden Sie städtische Infrastruktur ♁ ☕ ✕ ♀ BANK ♨.

10. Etappe: Von Dortmund nach Bochum

Vor der ✕ Gaststätte Altes Brauhaus biegen Sie rechts in die Straße An der Wasserburg ab. Gleich rechts steht ein schönes Ziegelgebäude, in dem das ⌘ **Westfälische Schulmuseum** der Stadt Dortmund untergebracht ist. Neben einer der umfangreichsten schulhistorischen Sammlungen Deutschlands präsentiert das Museum variierende themenbezogene Ausstellungen.

♦ Di bis So 10:00 bis 17:00, während der Sommerferien geschlossen, schulmuseum.dortmund.de

An der neuapostolischen Kirche folgen Sie der scharfen Linkskurve der Straße An der Wasserburg. Wenig weiter erreichen Sie die evangelische **St.-Emanuel-Kirche in Marten.**

✞ **Ev. St.-Emanuel-Kirche**, Bärenbruch 17-19, Gemeindebüro:
☎ 02 31/61 97 77, FAX 61 97 03, ✉ elias-gemeinde@dokom.net,
Mo, Mi und Fr 9:30 bis 12:00, Do 15:00 bis 18:00, Kirchenöffnung auf Anfrage, flächendeckende Jugendstilausmalung

Hier biegen Sie rechts in die Straße Bärenbruch ab und bleiben eine Weile in dieser Richtung. Nach einer Unterführung weichen Sie links mit der Hangeneystraße von der bisherigen Richtung ab. Nach einer leichten Anhöhe macht die Straße einen Rechtsknick. Sie gehen geradeaus in den Rathoffsweg (Sackgasse). Die Siedlungsstraßen biegen rechts ab. Sie gehen geradeaus auf dem beginnenden Fußweg durch die Gärten zu einer T-Kreuzung. Hier halten Sie sich rechts, ebenso an der sofort folgenden Gabelung.

Die Stadt scheint gänzlich verschwunden. Es ist ländlich, hügelig geworden. Irgendwo ragt ein Kirchturm über das Grün hinaus, an anderer Stelle ein Baukran. Sie wandern durch die Feldflur auf ein Tal zu. Der Bach, der durch das Tal fließt, ist der **Dellwiger Bach**. Auch er war einmal kanalisiert, gilt heute aber als erfolgreich renaturiert.

Im Tal erreichen Sie ein Feldsträßchen. Sie gehen dort links etwas bergan und an den schnell folgenden Pausenbänken ⊼ wieder links auf feinem Schotter weiter leicht steigend zum **Haus Dellwig**.

🚲 Radfahrer sollten hier besser schieben.

Das Wasserschloss Haus Dellwig ist ein gut erhaltener ehemaliger Rittersitz, der bis auf das 12. Jh. zurückgeht. Die heutigen Gebäude sind jüngeren Datums. An zwei Seiten ist das Schloss noch von Wasser umgeben. Es befindet sich im Besitz der Stadt Dortmund. Das Gelände ist öffentlich zugänglich, einen Teil der Räumlichkeiten nutzt das Heimatmuseum Lütgendortmund. Vor allem Gegenstände des täglichen Lebens aus Handwerk und Landwirtschaft der ersten Hälfte des 20. Jh. sind hier verwahrt.

- **Heimatmuseum-Lütgendortmund 1988 e.V.**, Dellwiger Strasse 130, ☎ 02 31/60 41 86, ✉ info@museum-luedo.de, 🖥 www.museum-luedo.de, April bis Okt. So und Feiertag 10:30 bis 13:00

Kanadagänse am Wasserschloss Haus Dellwig

Der schöne Ort ist gut geeignet für eine Zwischenrast. Allerdings ist es auch nicht mehr weit bis Lütgendortmund, wo es ☕ Kaffee und Eis gibt.

An den Schlossgräften angekommen gehen Sie links herum und steigen dann in den Park hinauf. Sehen Sie sich um und nehmen Sie dann den oberhalb des Geländes entlangführenden Weg links, erst in südwestlicher, dann in südlicher Richtung einbiegend. Ein wunderbarer Alleeweg führt mit weitem

Blick auf die durchwanderte Landschaft über eine Höhe. Schließlich biegen Sie durch einen Bahntunnel ab und erreichen die Martener Straße, die Sie geradeaus queren.

Am erreichten Siedlungsrand biegen Sie rechts in die jetzt leicht aufwärts führende Straße ein. Ein Friedhof ganz ohne Zaun und Mauern folgt am Wegesrand. Auf einmal sind Sie mittendrin. Bleiben Sie einfach in der bisherigen Richtung. Wie der Ostfriedhof ist auch der Bezirksfriedhof **Lütgendortmund** durch eine parkartige Baum- und Rhododendrenpflanzung strukturiert.

Am Friedhofsausgang gehen Sie in der bisherigen Richtung weiter und auf der beginnenden Straße zur Höhe. Oben gehen Sie links zur Kirche **St. Bartholomäus** (der einzige klassizistische Sakralbau Dortmunds) und rechts daran vorbei. Die Limbecker Straße führt dann rechts verkehrsberuhigt durch den Ort ♀ ☕ ✕ ♀ BANK 🍺. In dem gleich folgenden Linksknick liegt rechter Hand das ☕ Café Blickpunkt mit Pilgerwegweiser und Pilgerstempel.

Wegweiser am Café Blickpunkt

⊙ **Café Blickpunkt** Lütgendortmund, Limbecker Straße 17

Weiter geht es geradeaus über den Marktplatz mit der 🚍 S-Bahn-Station und der ✝ katholischen Kirche **St. Magdalena.**

♦ 📖 Mo 15:00 bis 17:00, Mi 10:00 bis 12:00, außer in den Ferien. Neoromanische Backsteinkirche von 1892, umfangreiche Innenausmalung des Chorraumes, die mehrfach übermalt wurde und sich nun, wieder freigelegt, im alten Glanz präsentiert.

Sie bleiben geradeaus auf der Limbecker Straße. Im weiteren Verlauf biegen Sie mit ihr rechts herum und erreichen eine Kreuzung. Die Richtung wechseln Sie hier nicht. Weiter führt der Harpener Hellweg. In leichten Wellen zieht er sich etwa 2 km durch die Stadtlandschaft und sinkt schließlich in ein Tal. Rechter Hand liegt der Gutshof **Haus Holte**, bewirtschaftet als Bioland-Betrieb. Wenig weiter überschreiten Sie den Harpener Bach (Naturschutzgebiet) und die Grenze zu Bochum und steigen mit der Straße wieder an. Schon fast auf der Höhe überrascht ein Ensemble von Fachwerkhofgebäuden und herrschaftlicher Villa. Ein Bergwerksdirektor hatte diesen Hof, dessen ältestes Gebäude um 1700 erbaut wurde, gekauft und für sich selbst um 1900 die Villa dazugebaut. Heute sind die Gebäude an eine Vielzahl von Parteien vermietet.

Erst abwärts und dann wieder aufwärts führt die Straße jetzt nach Alt Harpen.

Harpen ⇨ ✕ ♀ ☕ ≡ 44805 ☎ 0234

⇨ ✕ **Gaststätte Alt Harpen**, Harpener Hellweg 167, ☎ 23 28 36,
🖥 www.altharpen.de, ÜF: EZ € 30, DZ € 50, 🍴 Gasthof: Mo bis Sa 17:00 bis 24:00, So 12:00 bis 14:00 und 17:00 bis 22:00, Di Ruhetag

⇨ **Kath. Kirchengemeinde Heilig-Geist**, Laurentiusstr. 1, Kirchharpen,
☎ 23 19 12 (Gemeindebüro). Die Gemeinde hält einige Pilgerunterkünfte bereit, vermittelt aber auch Unterkünfte bei Privatpersonen.
Ansprechpartner sind Pastor Walter Bauer, ✉ walter_bauer@arcor.de, und Andrea Liedmann, ✉ andrea.liedmann@arcor.de.

Wenig weiter steht der Gasthof Brinkhoff's Stammhaus von 1758.

Das vor allem im Ruhrgebiet bekannte Bier der Brauerei Brinkhoff, Brinkhoff's No.1, wurde bis zum Jahr 2006 in Lütgendortmund gebraut. Heute ist die Produktion nach dem Originalrezept von 1887 in die Dortmunder Actien-Brauerei verlegt. Die Marke gehört zur Oetker KG.

Sie gehen hier links in den Vinzentiusweg - es sei denn, Sie wollen zur Pilgerunterkunft der katholischen Kirchengemeinde Heilig-Geist, dann folgen Sie einfach weiter dem Harpener Hellweg.

⊙ **Ev. Kirche St. Vinzentius**, Kirchharpen, Vinzentiusweg 15, ☏ 925 66 90, 🖥 harpen.kirchenkreis-bochum.de. St. Vinzentius ist wieder eine ältere Kirche, die im 12. Jh. entstand, mehrfach umgebaut und erweitert wurde.

An der Vinzentiuskirche biegen Sie rechts in die Kattenstraße und am Ende wieder links in den Lütgendorpweg, mit dem Sie dann geradeaus über die Autobahnbrücke (A40, Ruhrschnellweg, Verlängerung der B 1) nahe dem Kreuz Bochum gehen.

Sie landen am **Einkaufszentrum Ruhr-Park**, wenden sich nach rechts und wandern parallel zur Autobahn A40 über den großen Parkplatz. Leider gibt es hier keine Wegalternative.

Am letzten Gebäude gehen Sie links an diesem entlang und folgen am Ende halb rechts der abwärtsführenden Straße. Die Straße führt bald rechts unter der Autobahn A 43 hindurch. Gleich die nächste links biegen Sie in den Wischmühlenweg ab. Der knickt nach rechts ab und entfernt sich von dem Lärm der Autobahn ins Grüne. Linker Hand erstreckt sich ein schönes Tal vor einer bereits versiegelten, schon teilbegrünten Halde. Mir erschien es zunächst so reizvoll, dass ich einen Moment lang versucht war, abschweifend hineinzuwandern. Doch dann rauschte ein ICE durch das Tal und klärte mich auf. Was mir als vermeintlicher Fußweg erschien, ist die Hauptstrecke der Bahn zwischen Dortmund und Bochum.

Ein schöner Hohlweg quert. Sie behalten die bisherige Richtung bei. Auch die folgende Kornharpener Straße überqueren Sie geradeaus und pilgern jetzt durch **Kornharpen** 🚉 🍴 🚌. Am grellgelben ✕ Imbiss vor einer Tankstelle biegen Sie links in die Elbestraße ein. Die nächste rechts (Warthestraße) ist dann wieder die Ihre. Am Ende führt eine Fußgängerbrücke in steilem Bogen über eine Schnellstraße. Kurz rechts und dann wieder links gehend wandern Sie danach entlang der Harpener Straße.

Mit der abknickenden Vorfahrt biegen Sie nach links in die Buselohstraße ab, durchqueren das tiefe Bahntal mit der Brücke und wandern danach rechts mit dem Fußweg zwischen Häusern und Bahnhang durch eine Parkanlage. Der Parkweg wird zum Hauptweg einer Kleingartenanlage. Sie folgen ihm noch bis zu einer Querstraße. Dort gehen Sie rechts über die Brücke eines ehemaligen Nebengleises, das offenbar zum Radweg umgebaut wird. Nach der Brücke knickt die Straße rechts ab und führt in das Tal hinunter. Sie biegen mit der ersten Siedlungsstraße (Goerdtstraße, Sackgasse) links aufwärts davon ab. Oben beginnt wieder ein Weg durch Kleingartenanlagen.

An einem einmündenden Weg gehen Sie rechts zur nahen Höhe und dann wieder leicht abwärts. Der Lohring wird erreicht und geradeaus überquert. Am Kinder- und Jugendfreizeitzentrum Falkenheim gehen Sie rechts zum Haus 67a und passieren die Gaststätte am Lohberg. Rechts herüber ist der Gipfel des **Lohbergs** als höchster Punkt des **Kortumparks** mit einem Kreuz markiert. Einzelne Gräber bedeutender und weniger bedeutender Bewohner der Stadt weisen auf die frühere Nutzung des heutigen Parks hin.

Der Mediziner Dr. Carl Arnold Kortum (1745-1824) schrieb unter anderem ein Buch zur Bochumer Stadtgeschichte. In der Bochumer Innenstadt, vor dem Landgericht, zeigt der Kortumbrunnen eine Prüfungsszene aus seiner satirischen Erzählung, der Jobsiade über den komischen Helden Hieronymus Jobs: „Über diese Antwort des Kandidaten Jobses geschah allgemeines Schütteln des Kopfes."

Sie bewegen sich geradeaus wieder abwärts durch die schöne Parkanlage. Auch im Tal wandern Sie weiter in derselben Richtung. Am Postbank-Finanzcenter ❦ erreichen Sie die stark befahrene Wittener Straße, die Sie rechts unter den Schienen hindurch zur Straßenkreuzung Kurt-Schuhmacher-Platz (links ist dort der Hbf)/Ecke Ostring bringt. Geradeaus an den vier riesigen Metallplatten einer amerikanischen Künstlerin (Terminal) vorbei führt der markierte Weg weiter ins Zentrum.

Wenn Sie zur 🛈 Touristeninformation wollen, gehen Sie nach der Querung der Kreuzung links, die nächste Straße rechts ist dann die Huestraße.

Bochum

Innenstadt 44787 ☏ 0234

🛈   **Ruhr Infocenter**, Huestraße 9, ☎ 96 30 20, 🖥 www.bochum-tourismus.de, ✉ info@bochum-tourismus.de, 🕘 Mo bis Fr 9:00 bis 18:00, Sa 10:00 bis 16:00, ➲ 300 m vom Hbf

🛏✕ **Park Inn Bochum**, Massenbergstraße 19-21, ☎ 96 90, FAX 969 22 22, 🖥 www.park-inn-bochum.de, ✉ info.bochum@eventhotels.com, 162 Zimmer, ÜF: EZ ab € 99, DZ ab € 126, gegenüber vom Hbf

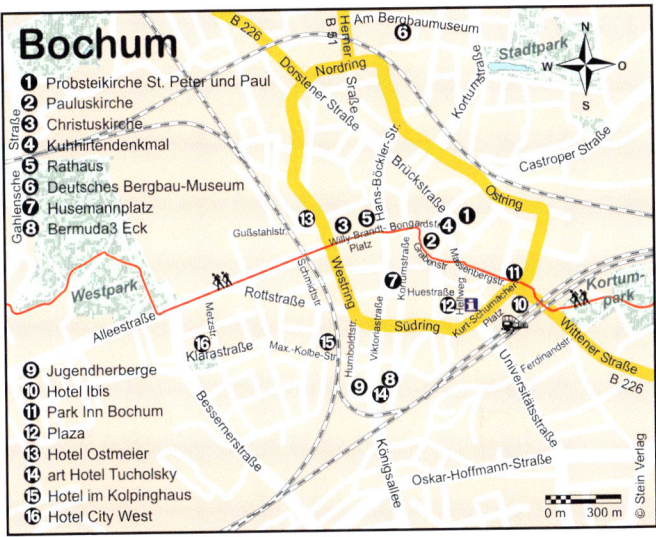

Bochum
1. Probsteikirche St. Peter und Paul
2. Pauluskirche
3. Christuskirche
4. Kuhhirtendenkmal
5. Rathaus
6. Deutsches Bergbau-Museum
7. Husemannplatz
8. Bermuda3 Eck
9. Jugendherberge
10. Hotel Ibis
11. Park Inn Bochum
12. Plaza
13. Hotel Ostmeier
14. art Hotel Tucholsky
15. Hotel im Kolpinghaus
16. Hotel City West

- **Hotel Ostmeier**, Westring 35, ☏ 68 78 50, FAX 68 78 56 66, 🖥 www.hotel-ostmeier.de, ✉ info@hotel-ostmeier.de, ÜF: EZ ab € 72, DZ ab € 97, ➲ 1 km vom Hbf, am Weg vor dem Westpark
- **art Hotel Tucholsky**, Viktoriastraße 73, ☏ 96 43 60, FAX 96 43 64 36, 🖥 www.art-hotel-tucholsky.de, ✉ info@cafe-tucholsky.de, ÜF: EZ ab € 70, DZ ab € 90, ➲ 700 m vom Hbf, Bermuda3Eck
- **Hotel im Kolpinghaus**, Maximilian-Kolbe-Straße 14-18, ✉ 44793, ☏ 601 90, FAX 658 52, 🖥 old.kolpinghaeuser.de/kh/kh_bochum/, ✉ hotel-kolpinghaus-bochum@arcor.de, 90 Betten, Ü: EZ ab € 29, DZ ab € 45, F € 7, ➲ 800 m vom Hbf, Bermuda3Eck
- **Hotel City West**, Klarastraße 10, 44793 Stahlhausen, ☏ 661 01, FAX 68 03 97, 🖥 www.city-west.net, ✉ bocity-west@city-west.net, ÜF: EZ ab € 41, DZ ab € 64, ➲ 1,4 km vom Hbf, westlich des Bermuda3Ecks, wenig südlich vom Westpark
- **Hotel Ibis Bochum Hauptbahnhof**, Kurt-Schumacher-Platz 13-15, ☏ 914 30, FAX 68 07 78, 🖥 www.ibishotel.com, 80 Zimmer, Ü: EZ ab € 65, DZ ab € 65, am Hbf

- **Plaza**, Hellweg 20, ☎ 130 85, FAX 687 68 50, 🖥 www.plaza-bochum.de, ✉ info@plaza-bochum.de, ÜF: EZ € 68, DZ € 90, EZ mit Etagendusche € 40, ⮕ 200 m vom Hbf
- **Jugendherberge Bochum** im Jugendgästehaus „Bermudadreieck", Humboldtstraße 59-63, ☎ 41 75 79 90, FAX 41 75 79 99, 🖥 www.djh-wl.de, ✕, ⮕ 800 m vom Hbf
- Bochum ist Fernverkehrsbahnhof. In Essen-Steele, bei km 13,5 auf der 11. Etappe, führt der Weg an der gleichnamigen S-Bahn-Station an der Strecke Oberhausen-Essen-Hattingen, Linie S3, vorbei. Die Bahnhöfe Essen-Stadtwald, Essen-Hügel und Essen-Werden an der S-Bahn-Strecke (S6) zwischen Essen Hbf und Köln-Nippes liegen im zweiten Teil der Wanderung nahe am Weg.
- **Kath. Propsteikirche** St. Peter und Paul, Grabenstr. 9, 🖥 www.st-peter-paul-bochum.kirche-vor-ort.de, 🕒 Mo bis Fr 11:00 bis 18:00, Sa 11:00 bis 16:00, So 17:00 bis 18:00, Gottesdienst: täglich, zu unterschiedlichen Zeiten
- **Ev. Pauluskirche** (📷 Seite 2-3), 🕒 Di bis Do 14:00 bis 17:00, Fr 15:00 bis 18:00 (☕ das Kirchencafé ist parallel geöffnet), So zu den Gottesdienstzeiten. Die Kirche ist auch Pilgerkirche der Initiative „Pilgern im Pott", 🖥 www.pilgern-im-pott.de.
- **Deutsches Bergbau-Museum**, Am Bergbaumuseum 28, ✉ 44791, ☎ 587 71 46, 🖥 www.bergbaumuseum.de, 🕒 Di bis Fr 8:30 bis 17:00, Sa, So und Feiertag 10:00 bis 17:00, Bergbaugeschichte, Schaubergwerk
- **Zeiss Planetarium**, Castroper Str. 67, ☎ 02 34/51 60 60, 🖥 www.planetarium-bochum.de, 🕒 Di bis So zu den Veranstaltungen, in den Schulferien auch Mo

Die Industrie-, Universitäts- und Kulturstadt Bochum ist in ihrem auf eine mittelalterliche Anlage zurückgehenden Kern auf einem kleinen Spaziergang schnell zu erkunden. Manch Sehenswertes liegt direkt am morgigen Weg und wird weiter unten in der Wegbeschreibung Erwähnung finden.

Zunächst einmal wird dem ankommenden Pilger vielleicht das körperliche Wohlergehen am wichtigsten sein. Rund 80 gastronomische Betriebe mit einem vielfältigen Angebot an Essen und Trinken konzentrieren sich im Bochumer **Bermuda3Eck**. Sie gehen am Portal des Hauptbahnhofs am Kurt-

Schumacher-Platz entlang, queren die einmündende Universitätsstraße und erreichen so den Südring, von dem aus als dritte Straße links die Brüderstraße abzweigt. Hier beginnt mit ersten Biergärten bereits das kulinarische Angebot, das am Konrad-Adenauer-Platz seinen Höhepunkt findet.

Wollen Sie sich weiter umschauen, führt von hier die Königsallee weiter südlich zum **Schauspielhaus**, einem der größten und renommiertesten Theater Deutschlands, das auch Schauspielschule ist.

Eingangshalle zum Hauptbahnhof Bochum

Der **Hauptbahnhof** selbst ist auch eine genauere Betrachtung wert. Er gilt als einer der bedeutendsten Bahnhofsneubauten der 1950er-Jahre. Von seinem in schöner Linie geschwungenen Vordach startend spazieren Sie über den Kurt-Schumacher-Platz geradewegs in die **Altstadt**. „Stolpersteine" im Pflaster erinnern an jüdische Mitbürger, die im Dritten Reich deportiert wurden, und geben Denkanstöße zur Stadtgeschichte. Gegenwärtiges ist auf Tafeln erklärt.

Vielleicht wollen Sie sich mehr Zeit in Bochum nehmen. Sehenswert sind unter anderem das Deutsche Bergbaumuseum und das Zeiss Planetarium.

11. Etappe: Von Bochum nach Essen-Werden

➲ 25 km, ⧖ ca. 8-9 Std.

⧖ Die angegebene Wegzeit berücksichtigt, dass viele Sehenswürdigkeiten am Weg liegen. Im Bereich von Essen gibt es ein paar Steigungen in Ruhrtalnähe. Der Weg lässt sich gut in Essen-Steele (🚏 🚆) teilen.

🥾 An der Gabelung der durchwanderten Einkaufsstraße (Massenbergstraße) halten Sie sich halb rechts und kommen zum ⌘ **Kuhhirtendenkmal**. Fritz Kortebusch war der letzte Bochumer Kuhhirte, der im Auftrag der Stadt das Vieh für die Bürger hütete. Bis zum Jahre 1877 hielten viele Bochumer noch eine Kuh zur Selbstversorgung.

Rechter Hand ist von hier bereits die ✝ katholische **Propsteikirche St. Peter und Paul** zu sehen. Die älteste Kirche Bochums geht auf eine steinerne Saalkirche aus dem 11. Jh. zurück, welche eine vermutlich hölzerne Missionskapelle ablöste. Es wird außerdem vermutet, dass hier im 8. Jh. ein Reichshof von Karl dem Großen war. Das älteste Relikt in der Kirche ist ein romanischer Taufstein aus dem 12. Jh. Der gotische Hochaltar stammt aus dem Jahre 1352. Der Reliquienschrein bewahrt die Erinnerung an die heilige Perpetua und ihre Sklavin Felicitas, zwei Frauen, die ihrer christlichen Überzeugung wegen im Jahre 203 im römischen Karthago zum Tode verurteilt und Tieren zum Fraß vorgeworfen wurden. Perpetua verfasste während ihrer Haft eine Schrift, die bis heute erhalten ist und deren Glaubwürdigkeit nicht angezweifelt wird.

Der letzte Kuhhirte Bochums

Linker Hand finden Sie einen Durchgang zur sehenswerten ✠ evangelischen **Pauluskirche**.

Vom Kuhhirtendenkmal folgen Sie der Einkaufsstraße, die jetzt Bongardstraße heißt, und erreichen den Willy-Brandt-Platz mit dem 1931 fertiggestellten **Rathaus**. Eine für die Weltausstellung 1867 gefertigte Glocke des Stahlgussunternehmens Bochumer Verein (☞ Westpark) hat vor dem wuchtigen Gebäudekomplex eine Heimat gefunden.

Wenig weiter liegt die aus einem bei Hannover gebrochenen Sandstein errichtete ✠ **Christuskirche** (erbaut 1877 bis 1879) am Weg. Man könnte meinen, sie sei vom Kohlenstaub der Vergangenheit geschwärzt. Doch die Ursache für die schwarze Erscheinung liegt im Stein selbst. Der ursprünglich gelblich-graue Stein wird bedingt durch seinen Kohleanteil mit den Jahren schwärzer.

Davor befindet sich heute der noch unvollendete **Platz des europäischen Versprechens**.

Foyer der Christuskirche

Nach einer Idee des Düsseldorfer Konzeptkünstler Jochen Gerz, von der Stadt Bochum in Auftrag gegeben, haben seit dem Jahre 2006 bisher 14.500 Bürger aus vielen Regionen der Europäischen Union ein Versprechen für ihren persönlichen Einsatz für Europa abgegeben, das nur sie selbst kennen. Symbolisch wird für jede Absicht der Name der Teilnehmer in Steinplatten geschrieben, die sich über den Platz ausbreiten werden. Realisiert wurde bisher (Stand 2012) nur eine von insgesamt 25 geplanten und dann 15.000 Namen fassenden Bodenplatten. Sie liegt im Foyer der Christuskirche.

Geradeaus überqueren Sie den Westring, gehen unter der Bahnbrücke am Bahnhof Bochum West hindurch und wandern jetzt auf der Alleestraße nach Südwesten. Rechter Hand begleiten die Fabrikhallen des Bochumer Stahlgussunternehmens Ihren Weg, der am Jahrhunderthaus (Sitz der IG Metall) die Richtung ändert.

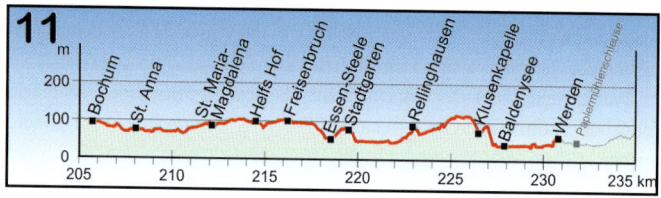

Während der Geschäftszeiten können Sie durch den gläsernen Innenhof die Treppen aufwärts spazieren und oben das Haus wieder verlassen. Ansonsten gehen Sie rechts vor dem 2004/2005 errichteten Gebäude aufwärts.

In derselben Richtung weiterlaufend haben Sie rechter Hand einen Blick auf die noch verbliebenen industriellen Werkshallen des heute unter dem Namen **Bochumer Verein Verkehrstechnik GmbH (VSG)** firmierenden Stahlgussunternehmens, das unter anderem auch die Radreifen für den ICE produziert.

Ins Bewusstsein breiter Bevölkerungskreise gelangte dieses Werk nach dem traurigen ICE-Unglück von Eschede am 3. Juni 1998. Die für den Unfall verantwortlich gemachten schadhaften Teile waren hier konstruiert und gefertigt worden.

Zu seinen besten Zeiten beschäftigte das Bochumer Stahlgussunternehmen mit dem Fertigen von Glocken, Kanonen, Schienen und Ähnlichem bis zu 20.000 Menschen. Heute sind es nicht viel mehr als 500. Das frei gewordene Areal wurde seit 1990 zum **Bochumer Westpark**, den Sie nun berühren, umgestaltet. Die einzigen verbliebenen, nicht mehr für den Betrieb benötigten Gebäude sind der Kühlturm, der Wasserturm und die heute zu einem Veranstaltungszentrum (www.jahrhunderthalle-bochum.de) umgebaute denkmalgeschützte Werkshalle des **Jahrhunderthallenkomplexes**.

Die Parkgestaltung selbst orientiert sich an den von der Industrie hinterlassenen Strukturen und greift die auf den Brachflächen entstandene Spontanvegetation als Gestaltungselement mit auf. Vielleicht lassen Sie sich auf eine genauere Erkundung ein, zum Beispiel auf dem etwa 2 km langen Rundweg, der auch über abenteuerliche Brückenkonstruktionen führt. Von den unterschiedlichen, für die Platzierung der Industrieanlagen künstlich geschaffenen topografischen Ebenen bieten sich wechselnde Perspektiven sowohl auf den Innenraum als auch in die umgebenden Stadtviertel. Versuchen Sie doch mal zu erfassen, wie sich hier Vergangenes in Gegenwärtiges verwandelt hat. Machen Sie sich Ihr eigenes Bild von diesem noch im Werden befindlichen Areal.

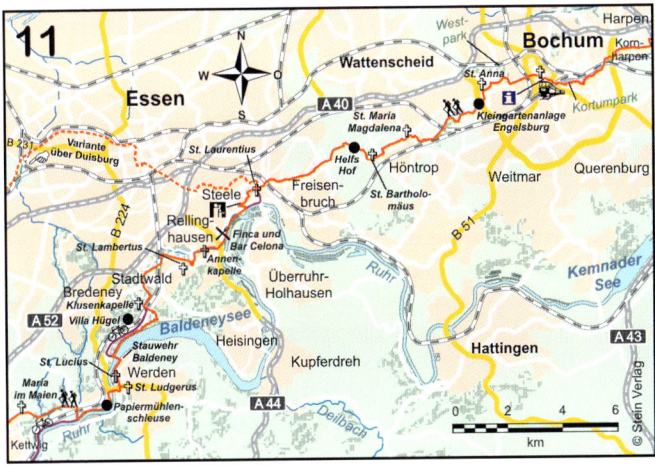

Ihr Weg führt bald an den Spielplatzanlagen halb links die Freitreppe hinab zur als Barockgarten bezeichneten Pyramidenpappelanlage vor der Jahrhunderthalle. Weiter geht es eng an der Front der Halle entlang und dann halb links auf einem Radweg abwärts. Vorher ist links herüber von einem schanzenartigen Aussichtspunkt ein Blick auf das sogenannte **Colosseum** möglich. Die Industrieruine hat heute noch die Funktion einer Mauer, die die dahinter aufgeschütteten Erdmassen stützen soll.

Vorbei an dem **Glockenspiel** queren Sie einen kleinen Kreisverkehr unter der Hochleitung der ehemaligen Gasversorgung. Der abgerissene Leitungsstumpf zeigt genau in die Richtung, die Sie jetzt einschlagen müssen. Markiert ist etwas ungewöhnlich rechts um die nachfolgende große Straßenkreuzung herum und dann wieder in südliche Richtung (links) die Wattenscheider Straße entlang bis zur halb rechts abzweigenden Kohlenstraße.

Mein Vorschlag: Gehen Sie nach dem kleinen Kreisverkehr geradeaus zur Wattenscheider Straße, dann Richtung Süden (links) bis zur Fußgängerampel, queren Sie die Straße, laufen Sie links weiter an der Straße entlang und biegen Sie dann halb rechts in die Kohlenstraße, jetzt genau nach Südwesten, ab. Die nächste Straße rechts ist dann die Normannenstraße, in die Sie einbiegen. Rechter Hand steht bald die katholische ✝ **Kirche St. Anna**, an der der aus Fehlbränden und Schlackeziegeln ungewöhnlich gestaltete Turmbau auffällt. Danach wenden Sie sich links in die Goldhammerstraße, überqueren die vielbefahrene Essener Straße und biegen nach weiteren etwa 250 m rechts mit dem Heckenweg in die ganz besondere Kleingartenanlage **Engelsburg** ab.

Sie bleiben auf dem Hauptweg, überqueren mit einer Fußgängerbrücke eine Schnellstraße, welche die Anlage zerschneidet, und treffen zuletzt auf eine T-Kreuzung, an der Sie rechts und nach dem Überqueren eines Bachgrabens wieder links gehen. Auf schönem Feldweg steigen Sie aufwärts bis vor den Metallgitterzaun eines Firmengeländes, halten sich links und gleich wieder rechts am Zaun entlang bis zur Engelsburger Straße, der Sie links folgen. An der nächsten Straße (In der Senke) biegen Sie rechts wieder ab und folgen ihr. Sie knickt bald im rechten Winkel nach links ab und heißt in der Verlängerung Hombecker Weg.

✋ Geben Sie dann auf das Fußgängerschild rechter Hand Acht. Hier zweigen Sie rechts in den Park (**Engelsburg Park**) ab und bleiben in der Folge geradeaus auf dem Hauptweg.

Am Parkende queren Sie den Ahbachgraben und gehen links die Ahbachstraße und in der Verlängerung die Ostfeldmark am Graben entlang. Wenn die Siedlungsstraße einen Rechtsknick macht, weichen Sie links (weiter Ostfeldmark) durch den Bahntunnel gehend von ihr ab. Die Straße, auf der Sie jetzt bis zu ihrem Ende verbleiben, heißt Emilstraße.

Zunächst wird das Gelände ländlich. Nach einem Wendeplatz mit kreisförmig aufsteigender Brücke fügt sich eine Siedlung an. Am Ende erreichen Sie eine Kreuzung und nehmen dort die zweite Straße links (Alte Post). An der folgenden Querstraße gehen Sie rechts die Höntroper Straße (☕ ✕ 🏳) entlang zum Wattenscheider Hellweg, dem Sie links folgen. Hier gleich links an der Ampel (nachdem die Höntroper Straße überquert ist), schnell übersehen, steht auf einer schmalen Grünfläche das **Gänsereiterdenkmal**, das an die seit 1598 bestehende Tradition des Gänsereitens in Höntrop und im angrenzenden Sevinghausen erinnert.

Die dargestellte Skulptur nimmt das Gänsereiten wörtlich: Ein Hütejunge reitet auf einer Gans. Tatsächlich wird am Rosenmontag eine zuvor getötete (das war nicht immer so) Gans an den Füßen aufgehängt. Reiter versuchen ihr im Galopp den Kopf abzureißen. Der Sieger ist für ein Jahr der Gänsereiterkönig.

Sie befinden sich nun in **Bochum Höntrop** 🜚 ☕ ⚘, an der Schwelle zwischen Westfalen und Rheinland. Linker Hand steht die schieferverkleidete ✝ Kirche St. Maria Magdalena.

Panorama von Wattenscheid

Bald findet sich eine etwas ruhigere Parallele zum Wattenscheider Hellweg. Die zweite Straße rechts (Theodorstraße) ist ein Fußweg, der gleich links hinter die Häuser führt. Sofort wird es ländlich. Über die Felder hinweg sehen Sie das Panorama von **Wattenscheid**.

Bei einer Pause auf einer der Bänke am bald erreichten Friedhof fiel mir zum ersten Mal auf, dass man sich hier genau unter der Einflugschneise vom Flughafen Düsseldorf befindet. Sie können die noch nicht zu geräuschvollen Maschinen sinken sehen.

An der Friedhofskapelle gehen Sie links zurück zum Wattenscheider Hellweg und dort rechts an ihm entlang noch über die nächste Kreuzung und auch am Gartencenter vorbei. Danach steht linker Hand die kleine ✞ **Bartholomäus-Kapelle**. Die heutige Autofahrerkapelle war in ihren Ursprüngen Kapelle eines Hospitals, in dem auch vorbeiziehende Pilger Verpflegung und Unterkunft fanden. Heute findet der Pilger in der 1661 im Stil der Renaissance restaurierten Kapelle auf einer alten Truhe sitzend Gelegenheit zum Innehalten. Die hölzernen Figuren der Apostel Jakobus und Bartholomäus stehen links und rechts auf Wandkonsolen. Beide sind mit Pilgerstab dargestellt. Jakobus trägt eine Muschel am Hut und ist so leicht zu identifizieren. Achten Sie auch auf die schöne Maserung der alten, eichenen Tür am Eingang.

Jakobus der Ältere

Nur wenig weiter erhalten Sie den Pilgerstempel der Bartholomäuskapelle.

⊙ **Brigitte Bojarzin**, Wattenscheider Hellweg 257e, ☏ 023 27/519 01 (📷 S. 35)

Brigitte Bojarzin ist Porzellanmalerin. Sie bemalt und verkauft Jakobsmuscheln mit dem Jakobskreuz und wunderschöne, spülmaschinenfest gebrannte Tassen mit Muschelsymbol und einer Grafik der Kapelle als Unikat. Diese können Sie bei ihr käuflich erwerben und bei rechtzeitiger Vorbestellung (☞ Telefonnummer siehe oben) auf Ihrem Weg bei ihr abholen.

Die Höfeanlage, die Sie zum Stempeln des Pilgerpasses betreten, war ursprünglich Standort des nach seinem Besitzer benannten Bitterhofs. Heute sind vier weitere, originalgetreu wieder aufgebaute Fachwerkbauten aus dem Westfälischen - unter anderem aus Coesfeld und Welver - hinzugekommen und dienen als Wohnungen. Das idyllisch gelegene Ensemble aus fünf Höfen nennt sich Bitterie.

Nur wenig weiter zweigen Sie rechts in den Sevinghauser Weg ab. Ausgeschildert ist das Heimatmuseum Helfs Hof. Vorbei an der katholischen **Herz-Jesu-Kirche**, die ich geschlossen fand, biegen Sie links in den Wirtschaftsweg (In den Höfen) ab und finden gleich den Hinweis auf eine alte **Femelinde** (Gerichtsplatz) und die dazugehörende Geschichte.

Von dieser Straße zweigen Sie rechts auf einem Fußweg (Fußgängerweg) durch den Wald ab. Leider ist hier nicht eindeutig markiert. Sie landen am Heimatmuseum **Helfs Hof.**

🚲 Radfahrer bleiben auf dem Sträßchen und sehen Helfs Hof wenig weiter rechter Hand liegen.

⌘ **Heimatmuseum Helfs Hof**, In den Höfen 37, 44777 Bochum-Wattenscheid, Ortsteil Sevinghausen, ☏ 023 27/331 50 (Museum), 02 34/910 39 53 (Kulturbüro), 🕐 Mi 10:00 bis 13:00 und 15:00 bis 19:00, Sa, So 11:00 bis 19:00, im Winter: Mi 10:00 bis 17:00, Sa, So 9:30 bis 17:30. In dem gut erhaltenen Vierständerhaus aus dem 16. Jh. werden Möbel, Ölbilder, Porzellan, Urkunden sowie bäuerliches Küchen- und Gartengerät aus früherer Zeit gezeigt. Der Name Helfs Hof leitet sich aus Hof am Hellweg/Hellwegshof ab.

Hinter dem Hof gehen Sie dann das Sträßchen links aufwärts zu einem Wegdreieck, das von einer schönen Esche markiert ist. Rechts führt die Straße In den Höfen weiter zur Höhe und macht einen Linksknick. Da dies ein Privatweg ist, der bald über den Winkelmannhof führt, müssen Sie in der Kurve vor einem Haus rechts in den Wald zur Umgehung abbiegen. (🚲 Radfahrer müssen hier eventuell schieben.)

Der Wald ist schnell durchschritten. Sie gehen am Waldrand scharf links wieder zur Höhe. Wenn Sie den Hof erreicht haben, biegen Sie wieder rechts ab und wandern bei weiter Sicht geradlinig unter der Stromtransportleitung hindurch. Erdbeerfelder liegen am Wegesrand. Rechts über den Felder sehen Sie jetzt das Panorama von Wattenscheid bis Gelsenkirchen. Das Kraftwerk, das eine feste Größe am Horizont ist, konnte ich nicht genau einordnen. Ist das vielleicht schon der Stromgigant Scholven bei Gelsenkirchen Buer?

Der Weg macht einen Linksknick. (Genau hier überschreiten Sie die **Grenze** zwischen Bochum und Essen und gleichzeitig **zwischen Rheinland und Westfalen.**) Sie erreichen eine Siedlung in **Essen-Freisenbruch**. Dort biegen Sie die erste Straße rechts (Im Haferfeld) ab. Sie führt genau auf die katholische Pfarrkirche St. Antonius zu, bis zu deren Portal Sie gehen können. Dort halten Sie sich links und laufen durch die Grünanlagen zur Straße Hellweg, der Sie rechts folgen.

🚲 Radfahrer fahren vor der Kirche links in die Straße Kütings Garten und auf dieser zum Hellweg, dann ebenfalls rechts.

Auf dem Hellweg bleiben Sie jetzt bis Essen-Steele. Sie passieren einen Friedhof und das Alfred Krupp Krankenhaus (Kiosk ☎). Danach fällt die Straße längere Zeit bis zum Nottebaumskamp ab, den Sie queren und dann weiter geradeaus pilgern. Die Wegmarkierungen leiten durch die Unterführung (S-Bahn, nahe dem Bahnhof Steele). Danach queren Sie auch die nächste Straße geradeaus.

Halb rechts beginnt nun die Fußgängerzone von Steele, die geradeaus zur katholischen **Kirche St. Laurentius** führt. Vor der Kirche gehen Sie etwas links und versetzt die Treppen aufwärts. ✗ Im Schatten der Kirche finden Sie eine Osteria und ein Restaurant.

Essen-Steele 🛏✗☎🍺 BANK ✉ 45276 ☎ 0201

- 🛏✗ **Hotel Zur guten Quelle**, Krayer Straße 78, ✉ 45307, ☎ 59 36 38, FAX 59 36 38, 27 Betten, EZ € 35 bis 45, DZ € 45 bis 60, ➲ vom S-Bahnhof nördlich 500 m
- ♦ **Hotel Wirtshaus Töff-Töff**, Krayer Str. 136, ✉ 45307, ☎ 85 90 70, FAX 859 07 18, 🖥 www.toeff-toeff-essen.de, ✉ info@toeff-toeff-essen.de, 17 Betten, ÜF: EZ 58, DZ 77, DBZ 94, ➲ vom S-Bahnhof 800 m Richtung Norden

11. Etappe: Von Bochum nach Essen-Werden

- **Petul Apart Hotel „Stadtgarten"**, Steeler Straße 487, ☎ 72 94 70, FAX 729 47 79, 🖳 www.petul-stadtgarten.de, ✉ info@petul.de, Ü: EZ € 57 bis 154, DZ € 69 bis 166, ➲ 300 m
- ♦ **Gäste- und Tagungshaus Grend**, Westfalenstraße 311, ☎ 02 01/851 32 11, ✉ tagungshaus@grend.de, 🖳 www.grend.de, für Gruppen von 10 bis 18 Personen, im Zentrum
- **Ruhrcamping Bauer**, In der Lake 76, 45279 (Essen-Horst), ☎ 01 78/156 39 10, 🖳 www.ruhrcamping.de, ✉ info@ruhrcamping.de. Wer kein Zelt hat, kann im Bauwagen übernachten, Ü: DZ 45, DBZ 60. ➲ zwei Stationen mit der S-Bahn-Linie S3 Richtung Hattingen, Fahrtzeit 4 Min.

St.-Laurentius-Stift in Essen-Steele

Die seit dem ausgehenden Mittelalter selbstständige Stadt Steele hat sich bis heute, auch nach der Eingliederung als Stadtteil von Essen, einen eigenständigen Charakter bewahrt. Die ✝ **St.-Laurentius-Kirche** thront erhöht über dem städtischen Zentrum um den Kaiser-Otto-Platz (östlich) und den Grendplatz (südlich). Den Aufzeichnungen der rührigen Mönche im Kloster zu Essen-Werden (am heutigen Tagesziel) ist es zu verdanken, dass wir heute wissen, dass im Jahre 936 der fränkische König und spätere Kaiser Otto I. am

Platze der Laurentiuskirche einen Hoftag abhielt. Zur Erinnerung an dieses Ereignis bekam der überkuppelte Ostbau der Kirche die Kaiserkrone aufgesetzt. Die Kirche selbst ist ein Produkt der Industrialisierungszeit des späten 19. Jh., von der auch Steele, an der Ruhr gelegen, profitierte. Die damals übliche historisierende Formensprache prägt nicht nur den imposanten Kirchenbau nach gotischer Art, sondern auch zwei weitere Prachtbauten am Weg, die Sie nicht übersehen können, wenn Sie gleich den Laurentiusweg in das etwas später, in den 1920er-Jahren errichtete Villenviertel am Stadtgarten aufsteigen. Die repräsentative Fassade des Karl-Humann-Gymnasiums fällt mit ihrem klassizistischen Portal und romanisierenden Rundbögen auf. Manche dem Gymnasium ähnliche Gestaltungselemente finden Sie bei aufmerksamer Betrachtung des schlossähnlichen Baus des heutigen St.-Laurentius-Stiftes, auch wenn dieser eine vollkommen andere Ausstrahlung besitzt.

> Die Kirche fand ich am späten Nachmittag werktags geöffnet. Feste Öffnungszeiten konnte ich nicht herausfinden. Um genau planen zu können, kontaktieren Sie am besten das Pfarrbüro: Kath. Pfarrgemeinde St. Laurentius, Laurentiusweg 18, ☎ 514 74 03, FAX 177 67 56,
> St.Laurentius.Essen-Steele@bistum-essen.de

Vor dem Hauptportal der Kirche ist vorbildlich markiert. Ein Wegweiser könnte jedoch nicht schaden, denn die gelben Pfeile am Muschelsymbol zeigen hier in zwei Richtungen. Rechts beginnt eine Variante des Jakobusweges über Essen, Duisburg und Kaiserswerth nach Düsseldorf. Geradeaus aufwärts starten Sie die hier beschriebene, nach Südwesten und direkt auf Aachen gerichtete Hauptroute über Werden, Kettwig und Ratingen nach Düsseldorf.

Sie steigen den Laurentiusweg in westlicher Richtung hinauf und passieren das Karl Humann Gymnasium und das Laurentius-Stift St. Anna. Linker Hand liegt der Friedhof hinter einer Mauer.

Oberhalb des Altenheimes gehen Sie links in die Schüttgenstraße. Achten Sie auf die interessanten Fassaden der Villen! Alte Platanen, aber auch Linden stehen am Weg. Nach einer Rechtskurve am steilen Ruhrhang (mit Parkbänken) gehen Sie links in den Stadtgarten, bleiben dann aber rechts der Höhe. Vor der ✖ Gaststätte Stadtgarten Steele wandern Sie links abwärts und unterhalb des Spielplatzes wieder rechts. Ein paar Schritte links herüber führen dann zu einer Aussichtplattform mit weitem Blick über das Ruhrtal.

Das Tal wirkt auf den ersten Blick nicht sonderlich idyllisch: Straßen, Baustellen, die Bahn fährt dort entlang, Hochhäuser und Gewerbehallen ragen aus dem Grün. Intensive Besiedlung bis in das südliche Bergland bei Heisingen und Kupferdreh ist zu sehen. Das Auge findet an einer alten Bruchsteinbogenbrücke der Bahn Halt, eine Kirche überragt die Wohntürme, die Klärbecken des Ruhrverbands sind in die Ruhrwiesen eingefügt. Immerhin: ein Überblick.

Sie nehmen hier den Fußweg mit dem Eisengeländer bergab und treffen neben einer Tankstelle auf die Ruhrtalstraße, die Sie queren. Sie gehen hier kurz links und dann rechts zum Ruhrtal-Rad-und-Fußweg. Auf diesem wandern Sie rechts eine Weile entlang der Ruhrwiesen, passieren zwei schöne Stahlrahmenbrücken älterer, für Fußgängerbrücken viel zu schwerer Bauart (ein Hinweis auf die ursprüngliche Nutzung als Eisenbahnbrücke), lernen, wenn Sie wollen, anhand der Informationstafel des Ruhrverbands etwas über die Wasserwirtschaft, begegnen auf jeden Fall vielen Menschen auf dem Fahrrad, zu Fuß, skatend, joggend oder am Ruhrufer sitzend oder liegend und haben die Möglichkeit einzukehren. Die Gaststätte Finca und Bar Celona liegt an Ihrem Weg.

Nach dem Passieren der Gaststätte sollten Sie etwas auf die Radwegweiser achten. Diese sind eindeutiger als die Markierungen durch die Muschel.

Der Radweg teilt sich. Ein Abzweig links zum Baldeney See ist deutlich angezeigt und führt kurz vor einer Straßenunterführung an der Gaststätte Zornige Ameise (Bikertreff) vorbei. Sie gehen noch geradeaus durch die Unterführung und biegen etwa 100 m weiter links in einen schmalen Fußweg ab. Die Trasse der ehemaligen Zechenbahn, die Sie hier verlassen, werden Sie wieder erreichen, aber erst weiter oben in Rellinghausen.

Vom Fußweg biegen Sie rechts ab, wandern unter dem eben verlassenen Radweg hindurch und jetzt die Straße Sankt Annental aufwärts. Vorbei an einem Gebäude, in dem eine historische Sammlung von Gerätschaften der Ruhr-Wasserwirtschaft verwahrt wird, und einer Information zur

Kläranlage **Rellinghausen** erreichen Sie die Annenkapelle, die, wie hier in der einsamen Tallandschaft zu erwarten, nicht geöffnet ist.

✝   Die **St.-Annen-Kapelle** verdankt ihre Existenz einem Hostienraub. Dieser ereignete sich am Jakobustag im Jahre 1516 während des Kirchweihfestes in Rellinghausen. Mitsamt Ziborium (Hostienbehälter) wurden die Hostien nach dem Frühgottesdienst aus der Kirche geraubt. Als der Dieb sich verfolgt fühlte, schüttete er die Hostien in eine Hecke am Weg, wo sie einen Tag später, am Festtag der hl. Anna, gefunden und „unter großer Ehrerbietung, einer Prozession mit Fahnen und Kreuzen, unter Beteiligung der ganzen Gemeinde" in die Kirche zurückgetragen wurden.

Der Fundort wurde eingezäunt und bald heilige Stätte genannt. Pilger fanden sich ein und wenig später wurde an selbiger Stelle eine Kapelle gebaut. St. Anna im Annental von Rellinghausen ist ein Nachfolgebau. Bis heute wird hier dem Hostienfrevel und der glücklichen Wiederbringung jährlich zum Annenfest gedacht. Über den Verbleib des Ziboriums wird hier nichts erwähnt. War es eher von einfacher Art oder doch sogar gülden?

☺   Eine ausführliche Information zur Geschichte der Kapelle finden Sie auf einer Tafel direkt an der Straße.

Aus dem schönen bewaldeten Tal steigt die Straße zu einer Straßenkreuzung auf der Höhe an. Sie gehen hier links die Rellinghauser Straße noch leicht aufwärts, vorbei an der Informationstafel zur **Zeche Langenbrahm**. Sie gehörte zu den ältesten Grubenbetrieben des Ruhrgebietes mit einer der längsten ununterbrochenen Förderungen (von 1772 bis 1903). Nach der Brücke über den weiter unten verlassenen Radweg (alte Zechenbahn) halten Sie sich an der Gabelung rechts auf der Rellinghauser Straße. Ein schöner Blick führt bald rechts herüber zur Kirche **St. Lambertus** unter Bäumen.

Die Markierung zeigt hier weiter geradeaus in das Innenstadtviertel mit etwas Gastronomie ✕ ☕, obwohl es auch möglich ist, gleich rechts zu spazieren. Der Grund hierfür ist das südöstlich der Kirche gelegene, mittelalterliche Wohnhaus des Rellinghauser Damenstiftes, das heute gastronomisch genutzt wird (an der querenden Frankenstraße rechts und am alten Stiftshaus wieder rechts zur Kirche).

☺ Wenn Sie, noch bevor Sie das Stiftshaus an der Frankenstraße erreichen, einmal links in die Gasse Am Stift abbiegen, treffen Sie auf den denkmalgeschützten, 1567 aus Bruchstein errichteten Blücherturm (Am Stift 9) mitten in einem dörflichen Zentrum mit schönen Häusern in Fachwerk und Schieferverkleidung. Der Turm diente bis zur Auflösung des Klosters im Jahre 1803 der Gerichtsbarkeit und war auch Schauplatz von Hexenprozessen, die 39 Rellinghausener Bürgern den Tod am Galgen brachten.

✝ **St. Lambertus**, Frankenstraße 138, ✉ 45134, ☏ 02 01/44 17 32, ✉ st.lambertus.essen@bistum-essen.de, 🕒 Do 15:00 bis 17:00, die Turmkapelle ist täglich geöffnet.

Stiftsplatz und Kirche, umgeben von Fachwerkbauten, bilden das romantisch wirkende historische Zentrum von Rellinghausen. Der Turm der alten Stiftskirche ist noch aus dem 12. Jh. erhalten. Das Kirchenschiff selbst wurde baufällig und musste im frühen 19. Jh. erneuert werden. Die 1.000-jährige Krypta, ein Taufstein aus dem 13. Jh. und ein achteckiger Radleuchter mit Motiven aus Flora und Fauna (eingearbeitet ist auch eine Jakobsmuschel) gelten als kunsthistorisch bedeutsam.

Vom Turmportal der Kirche steigen Sie die Treppen hinunter, gehen mit der erreichten Straße rechts und biegen dann links in den Stiftmühlenbrink. Gleich rechts finden Sie einen Zugang zum Radweg auf der Trasse der alten Zechenbahn, dem Sie jetzt links, in angenehmer Steigung, bis zur Überbrückung durch die S-Bahn-Linie folgen.

Vor der Brücke, bereits im **Essener Stadtwald** (ein ausgedehntes Waldgebiet zwischen den Stadtteilen Stadtwald, Bredeney und dem Baldeneysee), verlassen Sie den Radweg nach rechts und gehen wieder rechts unter dem Radweg hindurch. Vor dem S-Bahn-Tunnel biegen Sie links in den für Fahrzeuge gesperrten Weg. An einer Gaststätte vorbei, etwas aufwärts und weiter an der Bahn entlang, zuletzt wieder abwärts (Eschenstraße), erreichen Sie eine Gabelung, an der Sie rechts durch den Bahntunnel (🚆 Wenig südlich liegt der Bahnhof Essen-Stadtwald an der Bahnstrecke zwischen Essen und Werden.) und wieder leicht bergan im Wald bis zu einer vierspurigen Querstraße (Wittenbergstraße) gehen.

Sie queren geradeaus und steigen gegenüber den Platanenweg aufwärts. Oben bleiben Sie an der Wegkreuzung in der bisherigen Richtung (Schlagbaum), jetzt auf Schotter. Wenig weiter kreuzen sich drei Hauptwege und einige Nebenwege ohne Markierung. Gehen Sie hier links herum (südwestliche Richtung) auf dem Hauptweg. Wieder erreichen Sie eine Fahrstraße (Frankenstraße), die Sie zum Wanderparkplatz hin überqueren.

Möglicherweise zeichnet der heutige Verlauf der Frankenstraße zusammen mit der verlängernden Meisenburgstraße zwischen Essen-Kettwig und Steele die alten Reichsgrenzen zwischen Franken und Sachsen in der Zeit vor den Eroberungszügen Karls des Großen nach. Genau lässt sich das heute nicht mehr nachvollziehen. Fest steht nur, dass die alten Grenzen im Bereich des Ruhrverlaufs liegen.

Klusenkapelle St. Ägidius am Restaurant Zur Kluse

Den Parkplatz lassen Sie rechts liegen, gehen geradeaus und an der Gabelung der breiten Wege halb links (auch als Radweg markiert). Auf der angrenzenden Wiese steht eine solide Schutzhütte ⚷. Wenig weiter zeigen Radwegweiser und das Muschelsymbol nach links, es geht jetzt etwas steiler abwärts. Bevor der Weg an einer Wegekreuzung noch steiler (zu einer Bahnlinie) abfällt, ist für die Radfahrer rechts markiert. Das gilt auch für den Pilger. (Ich fand hier leider keine Markierung.) Gemäßigt fällt der Weg in das Bahntal ab und erreicht am Biergarten des ✘ Restaurants zur Kluse die ✞ **Klusenkapelle St. Ägidius**.

Kluse oder **Klause** ist das niederdeutsche Wort für Klosterzelle, Einsiedelei oder weltabgeschiedene Behausung.

Ihren Namen tragen die als Denkmal geschützte, vermutlich vor 1300 aus Ruhrsandstein errichtete Klusenkapelle und das Ensemble von Gaststätte (Klusenkotten) und weiteren Gebäuden zu Recht. Vermutlich diente dieser Ort einmal einem Einsiedler als Klause.

Eine Sage berichtet auch Folgendes: „Nachdem der Kölner Erzbischof Engelbert am 7. November 1225 von dem Hattinger Grafen Friedrich von Isenberg ermordet worden war, ließ sich zur Sühne seine Frau oder eine nahe Verwandte, die auch als Stifterin dieser Kapelle angesehen wird, hier zeitlebens einmauern." So erzählt es jedenfalls der Heimatforscher Hans Steinforth aus Essen-Bredeney:

Im Mittelalter war dieser Ort auch ein vom städtischen Leben abgesonderter Standort eines Leprosenhauses und schließlich - vielleicht ist es reiner Zufall - bezeugt der Türspruch als ersten Besitzer der heutigen Ausflugsgaststätte einen Johannes Ludgerus Klusemann. Seine Abgeschiedenheit im Essener Stadtwald hat sich der Ort bis heute bewahrt.

> Kapelle und Restaurant sind seit Ende 2011 täglich ab 9:00 geöffnet, nachdem nach einem Brand fast zwei Jahre lang geschlossen war.

Noch ein Wort zu den zwei Fensterbildern der Kapelle: Entworfen wurden sie von einem Werdener Künstler des 20. Jh. Das eine greift die Geschichte vom oben erwähnten Engelbert I. (in Bischofstracht) und die Szenen um seine Ermordung auf, während das andere auf einem der Flügel den Namenspatron der Kapelle, den hl. Ägidius, einen der vierzehn Nothelfer (unter anderem Patron der stillenden Mütter), darstellt. Der andere Fensterflügel ist den übrigen Nothelfern vorbehalten. Genutzt wird der stimmungsvolle Raum heute für Taufen, Trauungen und Messfeiern.

An der Kluse vorbei gehen Sie links unter der S-Bahn-Trasse und geradeaus auch unter der Straßenbrücke hindurch und dann sollten Sie Acht geben!

✋ Etwas überraschend, da die Wegführung bisher eher auf breiteren Wegen verlief, führt der Weg hier in der Straßenkehre einen schmalen Pfad steil die Böschung aufwärts bis zu einer höher gelegenen Trasse. Dort gehen Sie kurz nach links und dann rechts in den Waldweg. Auch andere Markierungen sind jetzt zu sehen (X29, A3 und weitere).

In den Ruhrhöhen

Schmaler werdend und geteert führt Ihr Weg an einem Fachwerkhaus entlang. Zwei links abzweigende Wege werden ignoriert.

An einem zweiten Fachwerkhaus halten Sie sich links und gehen dann, geradeaus vom X29 abweichend, an der Längsseite des Hauses entlang. An der darauffolgenden Gabelung halten Sie sich links und wandern auf dem breiteren Weg weiter. Auch hier ist ein weißes X zu sehen, versehen aber mit dem R für den Ruhr Höhenweg. Es geht in einem schönen, bewaldeten Tal sanft abwärts. An der nächsten Gabelung wenden Sie sich rechts Richtung Landheim Baldeney, der Weg weicht wieder vom Ruhrhöhenweg ab und führt etwas steiler in einem Quelltal abwärts.

Am Waldrand treffen Sie auf eine Querstraße, mal wieder ohne jede Markierung (außer der für die Radfahrer). Hier gehen Sie rechts zu einem Parkplatz und finden die Markierung wieder (⚱ Kiosk, ✘ Imbiss, ✘ Fahrradverleih). Der Pfeil zeigt links über die Brücke und dann rechts in einen Fußweg Richtung Stauwehr Baldeney. (Links sehen Sie die Zufahrt zum ✘ ☕ Restaurant/Café Schloss Baldeney.) Am ✘ ☕ Restaurant/Café Südtiroler Stuben biegen Sie links zum See ab und am Uferweg dann rechts. Bis zum Stauwehr spazieren Sie jetzt am Seeufer entlang.

Der für Wassersport und Freizeit beliebte **Baldeneysee** ist mit Abstand der größte der sechs Ruhrstauseen. Fertiggestellt und mit einem Laufwasserkraftwerk (heute bis zu 10 MW) versehen wurde das Werdener Stauwehr im Februar 1933. Eigentlicher Grund für die Stauung war es, der zunehmenden Verschmutzung des dringend zur Trinkwassergewinnung benötigten Ruhrwassers entgegenzuwirken. War das Wasser zur Ruhe gekommen, konnten sich zumindest Schwebstoffe absetzen. Bis heute allerdings ist das Baden im See verboten, da die Wasserqualität, trotz gewaltiger Anstrengungen diesen Anforderungen nicht genügt.

Vom Haltepunkt „Hügel" der Weißen Flotte, direkt am Weg gelegen, ist ein Abstecher zum ehemaligen Wohn- und Repräsentationssitz der Industriellenfamilie Krupp empfehlenswert. Die 269 Räume umfassende **Villa Hügel** steht in einem 28 Hektar großen, höher gelegenen Parkgelände im Ruhrhang (Bredeneyer Berg). Sie wurde 1873 von Alfred Krupp fertiggestellt und ist die größte Fabrikantenvilla des Rheinlands. Prunkvoll ausgestattete Räumlichkeiten können besichtigt werden. Neben einer Sonderausstellung gibt es eine Ausstellung, die über das Leben und Wirken der Familie informiert. Allein die großzügige Parkanlage macht einen Besuch lohnenswert. Alfred Krupp ließ damals bereits bis zu 100 Jahre alte Bäume hierher verpflanzen.

☺ Für den heutigen Tag mag dieser Abstecher zu umfangreich sein. Es ist aber ein Leichtes, anderntags vom S-Bahnhof Essen-Werden in wenigen Minuten den direkt am Park der Villa Hügel gelegenen S-Bahnhof Essen-Hügel zu erreichen und dort zu starten.

Sie queren das Wehr und steigen rechts wieder herunter. An der Verzweigung halten Sie sich rechts am Hardenbergufer. Die Ruhr ist wieder Fluss geworden. An der Weißen Mühle (historische Getreidemühle, seit 2003 Unterrichtsräume der Folkwang Universität) gehen Sie links nach Werden (Heckstraße). Schöne Häuserzeilen mit schön gegliederten Fassaden liegen am Weg. Linker Hand erscheint die katholische **St.-Lucius-Kirche**.

✞ Die **St.-Lucius-Kirche** gilt als die älteste noch erhaltene Kirche nördlich der Alpen, die für Gemeindezwecke erbaut wurde, und macht damit der St.-Bartholomäus-Kapelle (um 1017) in Paderborn Konkurrenz (☞ Paderborn). Der Baubeginn (995) der romanischen Luciuskirche lag früher, das Weihedatum (1063) aber später. Die Zweckbestimmung der Bartholomäuskapelle als Pfalzkapelle war eine andere. Ungewöhnlich bleibt die wehrhafte, auf einfachen rechteckigen Grundformen aufgebaute, Basilika allemal. Im Inneren fallen vor allem die bildhaft gestalteten Säulenkapitelle sowie die durch reichhaltige Bemalung verstärkte, ungebrochen klar wirkende romanische Rundbogenkomposition ins Auge.

Romanische St.-Lucius-Kirche

🛈 Do, Sa und So 10:00 bis 18:00 sowie nach Vereinbarung (Kontakt: kath. Propsteigemeinde St. Ludgerus, ☞ Essen-Werden)

Wenig weiter lädt die im bergischen Stil um 1900 errichtete evangelische **Kirche Werden** zu einem Besuch (🖥 www.kirche-werden.de) ein. Noch etwas weiter steht der klassizistische Kirchenbau **Haus Fuhr**, in dem heute das evangelische Gemeindebüro untergebracht ist.

Noch bevor Sie den Markt mit dem Alten Rathaus und der Statue des St. Liudger und damit die Bundesstraße 224, die hier die Stadt quert, erreichen, zweigt rechts, an der ✕ Gaststätte Alt Werden, die Grafenstraße zur Touristeninformation ab.

Vom Markt nur wenige Schritte links herauf geht es zur **Basilika St. Ludgerus,** die am Standort einer ersten, bereits 808 geweihten Klosterkirche steht.

Essen-Werden

🖃 45239 ✆ 0201

- 🛈 **Touristeninformation**, Kokosnuss- Reisen, Grafenstraße 36-37, ✆ 49 45 24, 🖳 www.travelhaus.com, 🕒 Mo bis Fr 9:00 bis 18:30, Sa 9:30 bis 13:30
- ♦ **EMG - Essen Marketing GmbH**, Touristikzentrale Essen, 🖃 45127, Am Hauptbahnhof 2, ✆ 887 23 33, FAX 887 20 44, 🖳 www.essen-marketing.de, ✉ touristikzentrale@essen.de
- ⊙ Den Pilgerwegstempel der **ev. Kirche Werden** erhalten Sie in der offenen, gastfreundlichen Kirche, 🕒 Sa 11:00 bis 17:00 und So 11:30 bis 17:00, oder im **Gemeindebüro**, Heckstraße 65, 🕒 Mo, Mi und Fr. von 9:00 bis 12:00
- ♦ Den Pilgerstempel der kath. Ludgerusgemeinde erhalten Sie in der **Schatzkammer**, 🕒 ☞ unten.
- ⇌ ✕ **Domstuben**, Brückstraße 81, ✆ 320 35 40, FAX 320 35 48, 🖳 www.domstuben.de, ✉ info@domstuben.de, 16 Betten, ÜF: EZ € 65, DZ € 85, gegenüber der Abteikirche
- ⇌ **Haus am Turm**, ev. Tagungs- und Begegnungsstätte, Am Turm 7, ✆ 40 40 67, FAX 840 54 37, 🖳 www.hausamturm.de, ✉ hausamturm@t-online.de, 75 Betten, ÜF: EZ ab € 35, DZ ab € 60, MBZ ab € 17 p.P. plus € 5 für Handtücher und Bettwäsche, ➲ 1,5 km südlich, Richtung Heidhausen (☞ Hinweis in der Wegbeschreibung)
- ♦ **Berg Café Kammann**, Scheppener Weg 40, ✆ 40 96 35, FAX 40 98 23, 🖳 www.bergcafe-hotel.de, ✉ info@bergcafe-hotel.de, ÜF: EZ € 55, DZ € 80, DBZ € 110, VBZ €140, ➲ 2 km, am Bergfriedhof
- ♦ **Hotel Hohenstein**, Hohensteinweg 5, ✆ 61 26 60, FAX 616 26 29, 🖳 www.hotel-hohenstein.de, ✉ info@hotel-hohenstein.de, ÜF: EZ € 65, DZ € 85, ➲ 1 km südlich, links der Ruhr

11. Etappe: Von Bochum nach Essen-Werden

- **Hotel Gastgeb**, Hammer Straße 17, ☎ 400 35 37, FAX 40 11 14, 🖳 www.hotelgastgeb.de, ✉ Info@hotelgastgeb.de, ÜF: EZ € 75, DZ € 95, DBZ € 125, ➲ 2 km, Nähe Bergfriedhof
- **Jugendherberge Essen**, Pastoratsberg 2, ☎ 49 11 63, FAX 49 25 05, 🖳 www.essen.jugendherberge.de, ✉ jh-essen@djh-rheinland.de, ÜF: pro Person ab € 22,60, ✕, ➲ 1 km, ☞ Hinweis in der Wegbeschreibung
- **Emil-Frick-Haus**, Jugendgästehaus der Stadt Essen, Baldeney 42, ✉ 45134, ☎ 44 24 02, FAX 43 06 315, 🖳 www.jh-essen.de, ✉ emil.frick@jugendhilfe.essen.de, Ü: ab € 8, ÜF: ab € 13, oberhalb von Schloss Baldeney in der Nähe der Klusenkapelle
- **DCC Campingpark Essen-Werden**, Im Löwental 67, ☎ 49 29 78, FAX 49 29 78, 🖳 www.dcc-stadtcamping-essen-werden.de, ✉ Stadtcamping-Essen@t-online.de, ganzjährig geöffnet, südlich vom Zentrum am rechten Ruhrufer (am Weg)
- Die **S-Bahn-Strecke** S6 zwischen Essen und Köln-Nippes bleibt jetzt bis Düsseldorf in der Nähe des Weges. Unterwegsbahnhöfe sind: Kettwig, Hösel, Ratingen-Ost und Düsseldorf-Derendorf.
- **Weisse Flotte Baldeney GmbH**, Hardenbergufer 379, ☎ 185 79 90, Rund- und Linienfahrten, täglich von Mai bis Sept., Haltepunkte: Wehr, Hügel, Baldeney, Scheppen, Heisingen, Kupferdreh
- **Kulturstiftung Ruhr Essen**, Villa Hügel, ☎ 61 62 90, FAX 616 29 11, 🖳 www.villahuegel.de, ✉ office@villahuegel.de, Villa Hügel: täglich außer Mo 10:00 bis 18:00, Park: täglich 8:00 bis 20:00
- **Kath. Propsteigemeinde St. Ludgerus**, Brückstraße 77, ☎ 49 00 50, 🖳 www.st.ludgerus-werden.de, ✉ pfarrbüro@st.ludgerus-werden.de, heilige Messe: Mo bis Sa 9:00 in der Krypta, Sa 18:30, So Hochamt mit gregorianischem Choral, Buchungen von Führungen in der Basilika und Luciuskirche: ☎ 49 18 01, Schatzkammer: Di bis So 10:00 bis 12:00 und 15:00 bis 17:00

Die Geschichte Werdens ist eng mit dem Wirken des friesischen, bei Utrecht geborenen Adligen St. Luidger, einem Zeitgenossen Karls des Großen, verbunden. Luidger oder lateinisch Ludgerus wurde im Jahre 777 in Köln zum Priester geweiht, studierte die Lehre des Mönchsvaters Benedikt und gründete 799 das Benediktinerkloster in Werden als Stützpunkt seiner Missionstätigkeit, die ihm als seine wesentliche Lebensaufgabe erschien.

Seine ersten Missionsreisen führten in seine westfriesische Heimat. Im Jahre 805 wurde er im sächsischen Missionsgebiet, dem damaligen Mimigerneford und heutigen Münster, erster Bischof des neugegründeten Bistums. Begraben liegt er in der Werdener St.-Ludgerus-Kirche.

Der spätromanischen ✝ Basilika St. Ludgerus sowie der Krypta mit dem Schrein des Heiligen werden Sie sicher heute oder morgen einen ausführlichen Besuch abstatten wollen. Sehenswert ist auch die Schatzkammer, in der Sie zudem ausführliche Informationen erhalten. Vielleicht besuchen Sie noch die ehemaligen Klostergebäude, die in der heutigen Form der Zeit des Barock entstammen und von der Folkwang Universität der Künste belebt werden.

Altes Rathaus und Statue des St. Liudger

12. Etappe: Von Essen-Werden nach Ratingen

⮂ 19 km, ⧖ 6 Std.

Noch bis Kettwig bleiben Sie heute nahe der Ruhr, die Sie dann Richtung Rhein verlassen. Am Weg liegen auch einige von der Industrialisierung und Wohnbebauung verschont gebliebene, erstaunlich naturnahe Wegabschnitte. Nach so viel Städtischem tut das richtig gut.

Freuen können Sie sich auch auf das romantische Fachwerkstädtchen Kettwig und, wenn Sie wollen, auf eine Wegvariante zur Jakobusgemeinde im bergischen Homberg, in der die Jakobuspilgerschaft besonders intensiv gepflegt wird.

Am Alten Rathaus gehen Sie auf der Straße Clemensborn geradeaus (Richtung Süden), passieren das Tor zur ehemaligen Abtei (Folkwang Universität der Künste) und erreichen eine Straßengabelung. Links herauf ist der Weg zur evangelischen Tagungsstätte Haus am Turm und zur Jugendherberge ausgeschildert. Rechts biegt der Pilgerweg in die Bungertstraße ein.

An einer großen Straßenkreuzung (B 224) halten Sie sich links und überqueren dann die Ruhr. Gegenüber blicken Sie jetzt auf den S-Bahnhof. Nach der Brücke biegen Sie links in die Ruhrtalstraße und weichen gleich wieder links mit dem beginnenden Fußweg zum Ruhrufer hinunter von der Straße ab. Rechts führt ein Radweg im Schatten der Uferbepflanzung ruhrabwärts.

Linker Hand liegt bald die alte **Papiermühlenschleuse** am Weg (Industriedenkmal, von 1834 bis 1950 war die Schleuse in Betrieb).

Eine Weile spazieren Sie gemütlich auf dem Uferweg, bis ein Schild dem Radfahrer noch 4,6 km nach Kettwig anzeigt.

Radfahrern sei empfohlen, dieser Beschilderung zu folgen. Der hier abzweigende Pilgerweg weist nicht nur starke Steigungen, sondern auch wenige radgängige Wegabschnitte auf.

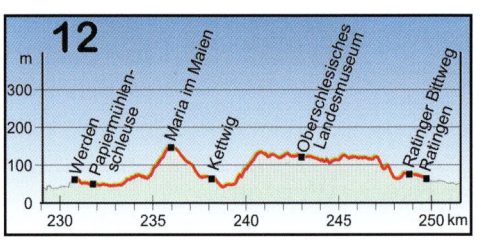

Fußgänger freuen sich auf einen abwechslungsreichen Weg und biegen hier rechts auf den Radweg Richtung Haarzopf ab. Sie passieren die Speisegaststätte Landhaus Am Staadt (täglich außer Mo ab 11:00), die S-Bahn-Strecke und weiter geradeaus die Ruhrtalstraße. Danach steigen Sie den Schuirweg bis zur Linkskurve aufwärts. Der Radweg führt geradeaus weiter, Sie aber gehen nach der Kurve halb links in den Rutherweg.

Am Huxsoll-Hof beginnt das Sträßchen zu steigen. Sie weichen hier links von der Straße ab, gehen auf einem schmalen, befestigten Fußweg leicht abwärts und dann eben am Fuß des Ruhrtalhangs mit Blick über die Ruhrwiesen weiter. Nach dem Überqueren zweier Bäche gehen Sie an der erreichten

12. Etappe: Von Essen-Werden nach Ratingen

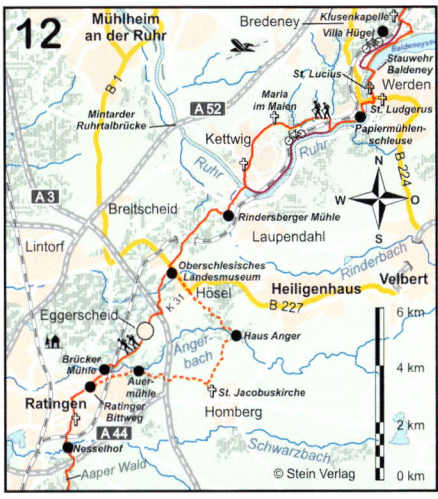

Waldstraße kurz rechts und biegen gleich wieder links auf den bald als Hohlweg ausgeprägten, aufwärts führenden Waldweg ab (🚲 für Radfahrer schwierig). Ein schöner Blick ins Ruhrtal entschädigt für die Mühe beim Aufstieg.

Der gelbe Pfeil weist auf den schmalen Pfad, der halb links durch die Wiesen aufwärts zu einer Streusiedlung führt. In der Verlängerung folgen Sie einem Sträßchen unterhalb der Häuser an ihnen entlang. Ein richtiges Dorf liegt von Wald, Wiesen und Feldern umgeben tiefer in einer Mulde, ein schönes Stück bergischer Natur am Rande großer Metropolen.

Auf der Höhe quert ein Sträßchen am Haus Pierburg.

⇔ Etwa 150 m links herüber finden Sie rechter Hand eine kleine, gerne für Hochzeitsfeiern genutzte Rundkapelle (**Maria im Maien**).

Markiert ist der Weg aber an der Pierburg rechts. Schon nach wenigen Metern biegen Sie links in den Oberlehberg ab. Vorbei ist die ländliche Idylle. Kettwigs Siedlungsgebiete ziehen sich bis hier oben hinauf.

Geradeaus pilgern Sie den Oberlehberg und in der Verlängerung den Unterlehberg abwärts. Schon fast unten zweigen Sie halb rechts von der Siedlungsstraße in eine Sackgasse ab. (Die Sackgasse heißt weiter Unterlehberg und ist ein Hohlweg.) Die danach erreichte Ampelkreuzung queren Sie geradeaus in die Brederbachstraße. An der T-Kreuzung geht es dann links in die Corneliusstraße.

🚲 Radfahrern wird empfohlen, bald rechts in die Ruhrstraße abzubiegen (Wegweiser).

Schöner haben es die Fußgänger. Sie nehmen die zweite Straße rechts, die Kaiserstraße, die sich zwischen Fachwerkhäusern hindurchwindet.

🚲 Radfahrer dürfen hier auch durchschieben (Einbahnstraße).

An der Hauptstraße ist dann links markiert und an der nächsten Straße schon wieder rechts. Das ist der Meisterweg, der zur Ruhrstraße führt.

Doch schauen Sie sich vorher an der Hauptstraße erst einmal um. Dort finden Sie alles für das körperliche Wohlergehen, ☕ schöne Cafés und ✗ Restaurants für eine angenehme Rast.

Essen-Kettwig

✉ 45219, ☏ 02054

- 🛏✗ **Landhaus Knappmann**, Ringstraße 198, ☎ 78 09, FAX 67 89,
  💻 www.hotel-landhaus-knappmann.de, ✉ Info@landhaus-knappmann.de,
  ÜF: EZ ab € 77, DZ ab € 103, am Weg stadtauswärts
- 🛏 **Hotel Diening**, Kirchfeldstraße 34, ☎ 45 77, FAX 856 27,
  💻 www.hotel-diening.com, ✉ mail@hotel-diening.de, 20 Betten,
  ÜF: EZ € 49, DZ € 79, im Zentrum
- ♦ **Bärbel Schütte**, Übernachten in Kettwig, Hauptstr. 4, ☎ 969 56 76,
  FAX 87 19 66, 💻 www.uebernachten-in-kettwig.de,
  www.gaestezimmer-in-essen-kettwig.de, ✉ info@uebernachten-in-kettwig.de,
  Ü: EZ € 50, DZ € 70, im Zentrum
- ♦ **Hotel zur Flora**, Landsberger Straße 83-87a, ☎ 952 60, FAX 95 26 66,
  💻 www.hotel-zur-flora.de, ✉ info@hotel-zur-flora.de, 23 Betten, ÜF: EZ ab
  € 54, DZ ab € 64, ➲ gleich nach der Ruhrbrücke rechts 600 m
- ♦ **Hotel Henning Garni**, Zur Alten Fähre 27, ☎ 12 59 15, FAX 12 59 16,
  💻 hotel-hennig.regional.de, 9 Betten, am Weg, nach der Ruhrbrücke links
- ♦ **Jugendbildungsstätte St. Altfrid**, Charlottenhofstr. 61, ☎ 93 76 00, FAX 937 60 99, 💻 www.altfrid.de, ✉ jugendbildungsstaette.st.altfrid@bistum-essen.de,
  Ein- bis Vierbettzimmer, ÜF: € 28 p. P., ➲ etwa 2,5 km von der Ruhrbrücke
  Südlich des Ruhrknies bei Kettwig liegt hoch oben im Wald die in den 1920er-

Jahren errichtete, nach seiner Frau Charlotte benannte ehemalige Villa des Industriellen Friedrich Flick. Heute ist sie zur Bildungsstätte nicht nur für Jugendliche umgebaut. Auch Einzelpilger und Gruppen finden im schönen Ambiente Unterkunft. Friedrich Flick, als NS-Kriegsverbrecher zu sieben Jahren Haft verurteilt, wurde zu einem der reichsten Männer der BRD.

- Kettwig liegt an der S-Bahn-Strecke S6, ⇨ Essen-Werden.
- **Ev. Kirchengemeinde Kettwig**, Hauptstraße 83, ☎ 8 39 10,
  🖥 www.ev-kirche-kettwig.de, ✉ info@ev-kirche-kettwig.de
- **Kath. Kirche St. Peter**, 🖥 www.st-peter-und-laurentius.de, Barockbau von 1830

Kettwig liegt unter der Einflugschneise zum Flughafen Düsseldorf

Die evangelische Kirche bildet ein altes Zentrum im Dorf, wenigstens seit dem 13. Jh., denn so alt ist ihr Turm. Wenn Sie an der Kirche vorbei und die Hauptstraße noch ziemlich weit bis zum Haus Nr. 46 entlanggehen, können Sie die von einem Privatmann als Zeichen erfolgreicher Santiagopilgerschaft in einer Fassadennische aufgestellte Jakobusfigur sehen. Im Übrigen finden Sie dort auch einige schöne Bauten aus der Zeit um 1900.

Die Ruhrstraße führt zur Ruhr. Lassen Sie sich Zeit für den weiteren Weg. Viele schöne Ecken und Winkel liegen an der Sonnenseite des Fachwerkstädtchens. Vor allem am **Tuchmacherplatz** mit dem Weberbrunnen, von dem die Kirchtreppen steil zur evangelischen Kirche hinaufführen, sollten Sie verweilen. Tafeln geben Informationen zu den umliegenden Häusern.

Am Haus Nr. 69 ist der Türbalken, der von einem anderen, weiter unten am Mühlengraben gelegenen Haus stammt, für Pilger interessant. Laut

Informationstafel des Heimat- und Verkehrsvereins Kettwig e.V. sind die eingravierten, muschelähnlichen Zeichen im Holz zusammen mit der Jahreszahl 1645 ein Hinweis auf die damals hier vorbeiziehenden Pilger. Im Übrigen gehört der Türsturz heute zum „**Parlament**", das schon 1848 Gaststätte war und in diesem Revolutionsjahr seinen Namen bekam. Die Demokraten trafen sich regelmäßig hier. Ob der Kettwiger Abgeordnete Jakob Grimm, einer der berühmten Gebrüder Grimm, der 1848 in die Nationalversammlung gewählt wurde, auch hier logierte, weiß ich leider nicht.

📖 Viele zusätzliche Infos finden Sie in der historischen Aufarbeitung: Essen Kettwig - Das Weberstädtchen am Ruhrbogen, 1. Auflage 2012, ISBN 978-3-941676-15-2.

Die Muschelsymbolik im Türbalken vom Parlament

An der Brückenschenke gehen Sie rechts über die Brücke des **Mühlengrabens**, eine 1786 aus Ruhrsandstein errichtete Bruchsteinbogenbrücke. Stufen führen hinauf zur eigentlichen Ruhrbrücke, eine Brücke modernerer Bauart mit Pkw-Verkehr. Auf ihr überqueren Sie die Ruhr.

Rechts herüber ist in der Ferne noch eine modernere Brücke zu sehen, die **Mintarder Ruhrtalbrücke**, auf der die Autobahn A 52 seit 1966 das Ruhrtal überquert. Rückwärtig führt der Blick noch einmal zur evangelische Kirche, die über der Altstadt thront. Das auffällige, große Ziegelgebäude ist die alte Tuchmacherei von Kettwig, die heute zu Privatwohnungen umgebaut ist.

An der folgenden Ampelkreuzung bleiben Sie noch an der Straße (Ringstraße) und laufen an 🏦 Sparkasse, 🛒 Supermarkt und dem 🛏 ✕ Hotel/Restaurant Knappmann vorbei. Ein Bach wird überschritten, linker Hand lassen Sie die katholische Kirche St. Joseph hinter sich. Dann teilt sich die Straße. Zur Autobahn nach Düsseldorf geht es rechts weiter, links nach Heiligenhaus. Sie entfernen sich vom Verkehrsstrom und wandern geradeaus den Höseler Weg aufwärts.

⇔ Nach etwa 150 m ist ein kleiner Abstecher empfehlenswert. Links führt der Weg **Rindersberger Mühle** zur gleichnamigen schönen Wassermühle mit mittelschlächtigem, funktionstüchtigen Rad (⊃ 300 m).

Es bleibt gut markiert. Sie halten sich zweimal rechts und wandern auf dem Sträßchen aufwärts, bald im Wald. In der scharfen Kurve ignorieren Sie den Abzweig rechts und auch noch einen links abzweigenden Weg. Am Wanderparkplatz Breitscheider Berg treffen Sie auf einen Friedhof. Gleich hinter der Kapelle können Sie noch einmal Wasser tanken und auf einer Bank pausieren 🪑.

Weiter folgen Sie dem Sträßchen ganz zur Höhe und dann in leichtem Auf und Ab. Das Sträßchen bleibt dasselbe, wechselt aber seinen Namen (Kettwiger- und zuletzt Hugo-Henkel-Straße). Viel Wald liegt am Weg, mal durch Felder oder ein paar Häuser unterbrochen. Markierungen sind selten angebracht.

Zuletzt entwickeln sich Siedlungsgebiete von **Hösel** am Weg. Danach erreichen Sie die quer verlaufende Bahnhofstraße. Rechts kämen Sie zum nahen 🚉 S-Bahnhof Hösel an der Strecke Köln-Düsseldorf-Essen. Ihr Weg führt hier an der Bahnhofstraße aber zunächst nach links und dann gleich wieder rechts in die Kohlstraße.

Falls Sie sich für die unten beschriebene **Variante** über das Jakobusdorf **Homberg** entscheiden, bleiben Sie hier links auf der Bahnhofstraße und laufen Richtung Ortsmitte. Auch wer sich für das nach etwa 100 m rechter Hand an der Bahnhofstraße auftauchende **Oberschlesische Landesmuseum** interessiert, geht zunächst in dieser Richtung weiter.

⌘ Das größte schlesische Museum im Westen Deutschlands, sammelt und bewahrt Kulturgut der oberschlesischen Region, die heute im Wesentlichen zu Polen und zu einem kleinen Teil zu Tschechien gehört. Es begreift sich als kultureller Botschafter und Partner dieser Region, vermittelt nicht nur die Geschichte, sondern auch die gegenwärtige Entwicklung. Als Industrie- und Kohleregion sind weite Teile Oberschlesiens einem dem Ruhrgebiet vergleichbaren Strukturwandel unterlegen. In NRW und insbesondere auch im Ruhrgebiet haben zudem viele Oberschlesier als Arbeitsmigranten, Flüchtlinge und Vertriebene eine neue Heimat gefunden.

♦ **Oberschlesisches Landesmuseum**, Bahnhofstraße 62, ☎ 96 50, 🖥 www.oslm.de, 🕐 Di bis So 11:00 bis 17:00

Hösel 40883 ☎ 02102

▸ **Apartmentvermietung**, Am Wetzelshaus 12, ☎ 389 79 88, ✉ wetzelshaus@web.de, Ü: EZ € 35, DZ € 45, DBZ € 55, Sonderpreise während der Messen

Der günstig gelegene Autobahnanschluss nach Düsseldorf hat den Ratinger Ortsteil Hösel zu einem begehrten Wohnort für Besserverdienende und somit zum Teil des Speckgürtels von Düsseldorf gemacht. Die Kohlstraße führt Sie durch die parkartige Struktur eines modernen Villenvororts bis zur Autobahn.

🚶 Sie bleiben bis zum Wendeplatz auf der Kohlstraße und folgen dort dem geradeaus weiterführenden Weg. Ein weiterer links abzweigender, ebenfalls geteerter Weg wird ignoriert. Sanft geht es abwärts. In einer Linkskurve zweigen zwei Schotterwege ab. Sie bleiben auf der Straße, gehen linksherum und erreichen eine Kläranlage, die umgangen werden muss. Sie wandern links daran vorbei, laufen oberhalb wieder rechts und erreichen erneut Besiedlung, die sich in den Wald einfügt. Die nahe Autobahn (A 3) kann akustisch bereits geortet werden.

Auf der Höhe Allscheidt (🚌 Bushaltestelle) erreichen Sie die K 31, der Sie rechts über die Autobahnbrücke folgen. Es ist beeindruckend, der Raserei auf sechs Fahrspuren zuzusehen. Augen und Ohren geraten dabei allerdings schnell ins Taumeln.

Sie bleiben bis zum Ortseingangsschild von **Eggerscheid** auf der Kreisstraße. Dort zweigen Sie halb links ab, in den endlich ruhigeren Hölenderweg. Die Siedlungsstraße führt in die Ortsmitte, die noch dörfliche Strukturen zeigt.

✕ **Restaurant Kessel am Pött**, gutbürgerliche Küche, täglich von 12:00 bis 14:00 und 18:00 bis 22:00

Am Restaurant biegen Sie mit der Straße rechts ab und gehen geradeaus weiter, wenn sie dann scharf nach links von der Richtung abweicht. Erst auf Pflaster und dann auf Teer geht es in die Felder. Eine Bank ⚲ lädt zur Rast ein. Erstaunlich still und friedlich liegt das Land vor Ihnen, die Autobahn erzeugt nur noch ein leises Summen. Auch die Einflugschneise nach Düsseldorf ist aus Ihrer Sicht nun nach Norden gerückt. Markierungen sind wieder rar, die Radwegweiser zeigen aber deutlich Richtung Ratingen.

Bald umfängt Sie wieder Wald. Es geht beständig abwärts, auch an einer Schutzhütte ⚲ vorbei. Sie landen an einem Gehöft vor der zweigleisigen S-Bahn-Strecke, gehen nach dem Überqueren der Gleise sofort links und weiter mit dem Radweg (Ratingen 1,7 km) noch weiter abwärts. An der **Brücker Mühle**, einer heute zum Wohnen schön hergerichteten ehemaligen Mühle aus Bruchstein und Fachwerk aus dem Jahre 1778, überqueren Sie ein Nebengleis der Bahn und dann auch den rauschenden Mühlenbach (Anger). An der folgenden Kreuzung bleiben Sie geradeaus und gehen jetzt aufwärts. Siedlungshäuser reihen sich entlang der Straße (Brückstraße) aneinander.

Nach der schnell erreichten Höhe fällt die Straße wieder ab, der Weg führt jetzt in städtische Besiedlung. An der nachfolgenden T-Kreuzung nehmen Sie halb rechts die Brückstraße. An der Einmündung der Rosenstraße haben Sie fast die Altstadt erreicht.

Drei helle Werksteinblöcke stehen übereinandergeschichtet an dieser Verzweigung. Im Kopfstein ist ein Kreuz eingemeißelt, das eher einer Markierung oder dem Fadenkreuz als dem Symbol der Christen gleicht. Im untersten Block sind beidseitig Jakobsmuscheln plastisch fein hervorgehoben. Diese Skulptur der hiesigen Künstlerin Lisa Lepper-Behl ersetzt ein älteres Holzkreuz am **Ratinger Bittweg**.

Der Bittweg der sieben Fußfälle hat nicht nur in Ratingen, sondern im gesamten Rheinland eine lange Tradition. Ursprünglich waren alle sieben Stationen vor der Stadtmauer angelegt. In Ratingen führte der Bittweg um die Stadt herum. Sich aus dem Schutz der Stadt hinauszubegeben, um dort den Bittweg zu begehen bedeutete, sein Schicksal in besonderer Weise in Gottes Hände zu legen.

Die Zahl sieben als heilige Zahl hat nicht nur in der christlichen Tradition eine besondere Bedeutung. Aus der Antike sind die sieben Weltwunder und die sieben Weltmeere bekannt. Rom wurde auf sieben Hügeln gebaut. Im Judentum gibt es den siebenarmigen Leuchter. Das Christentum kennt die sieben Tugenden, sieben Laster und die sieben Sakramente. Die Erde wurde in sieben Tagen erschaffen. Der Verliebte schwebt im siebten Himmel.

Stationskreuz

Die sieben Stationen des Bittwegs erinnern auch an die frühchristlichen Pilgerreisen. Mag sein, dass die Künstlerin aus diesem Grund die Muschel in ihrer Skulptur am Stationsweg symbolisch verwendet hat. Die sieben Stationen kann auch der Zuhausegebliebene, der nicht in der Lage ist, auf Pilgerreise zu gehen, nachvollziehen. In dieser Hinsicht lehnen sich die sieben Stationen an den Brauch der Rompilger an, die sieben Hauptkirchen dort an einem Tag zu besuchen.

Bleibt noch das ungewöhnliche Markierungs- oder Fadenkreuz zu erklären. Vielleicht war die quadratische Form des Steins Inspiration für das gleicharmige Kreuz. Kreuz und Muschel stehen hier aber miteinander in Verbindung. Der Pilger des Mittelalters hatte keine Wanderkarten für seinen Weg. Wer keinen Führer hatte, musste Wegbeschreibungen auswendig lernen, und dabei spielten herausragende Landmarken und eben

Flurkreuze, die an Verzweigungen oder auf Hügeln standen und oft von Bäumen gerahmt und weithin sichtbar waren, ein wichtiges Orientierungsmerkmal. Weg- oder Flurkreuze, Kapellen oder Heiligenhäuschen sind somit nicht nur Zeugnis des christlichen Glaubens der Bewohner einer Region dem Vorbeiziehenden Anregung zur Andacht, sondern eben auch Wegmarke, Fixpunkt und Bestätigung, auf dem richtigen Weg zu sein.

Sie wandern weiter geradeaus, jetzt in der Hochstraße. Am Hotel Bergischer Hof - wenig rechts davon liegt das Hotel Europäischer Hof -, zweigt links die Bahnstraße zum S-Bahnhof Ratingen Ost ab. Danach sind die Altstadt und bald der Marktplatz mit dem Alten Rathaus, heute Brauhaus, und der Marktkirche St. Peter und Paul erreicht.

Ratingen

 40878 02102

- **Tourist-Info**, Minoritenstraße 2-4, ☏ 550 41 11, 🖳 www.ratingen.de,
  ✉ touristinfo@ratingen.de, 🕓 Di bis Do 9:30 bis 13:00, Mo und Di 14:00 bis 16:00, Do 14:00 bis 18:00, Fr 9:30 bis 12:00, Sa 9:30 bis 13:00, vermittelt auch Privatzimmer.

- **Liebevoll in der Auermühle**, Auermühle 1, ☏ 892 98 15,
  🖳 www.liebevoll.de/auermuehle, ✉ auermuehle@liebevoll.de, Ü: DZ € 75, am Weg von Homberg nach Ratingen, ☞ Wegbeschreibung

- **Hotel Bergischer Hof**, Hochstraße 1, ☏ 84 66 36, FAX 73 09 67,
  🖳 www.bergischer-hof-ratingen.de, ✉ info@bergischer-hof-ratingen.de, 6 Zimmer, Preise auf Anfrage, am Weg, im Zentrum

- **Hotel Europäischer Hof**, Mühlheimer Straße 13, ☏ 100 48 40,
  FAX 10 04 84 33, 🖳 www.hotel-europaeischerhof.de,
  ✉ info@ hotel-europaeischerhof, 13 Zimmer, ÜF: EZ € 70, DZ € 85, am Wochenende: EZ € 60, DZ € 75, WLAN, Fön, am Weg, im Zentrum

- **Hotel/Restaurant Zu den Drei Königen**, Düsseldorfer Straße 1, ☏ 262 24, FAX 284 48, 🖳 www.schluessel-am-markt.de,
  ✉ info@schluessel-am-markt.de, ÜF: EZ € 52, DZ € 89, Messepreise auf Anfrage, im Zentrum

- **Das kleine Stadthotel**, Angerstraße 20, ☏ 856 30, FAX 85 63 30,
  🖳 www.das-kleine-stadthotel-ratingen.de,

info@das-kleine-stadthotel-ratingen.de, Ü: EZ ab € 82,50, Fr, Sa ab € 59, DZ ab € 96, Fr, Sa ab € 76, F € 7,50, WLAN, Fön, im Zentrum

- **Hotel am Düsseldorfer Platz**, Düsseldorfer Platz 1-3, ☎ 201 80, FAX 20 18 50, 🖥 www.hotel-am-duesseldorfer-platz.de,
info@hotel-am-duesseldorfer-platz.de, ÜF: EZ ab € 75, DZ ab € 85, 🐕 € 15, WLAN, Fön, im Zentrum
- **Haus Grüne Ecke**, Bechemer Str. 65, ☎ 29 98 30, FAX 29 98 37,
haus-gruene-ecke@t-online.de, ÜF: EZ € 55, DZ € 75, Nähe Stadthalle
- **Hotel Garni Zum Barbarossa**, Poststraße 68, ☎ 30 97 70, FAX 309 77 77, 🖥 www.zum-barbarossa.com, info@zum-barbarossa.de, 28 Betten, ÜF: EZ € 65, Sa, So € 49, DZ € 85, Sa, So € 69, Nähe S-Bahnhof
- **Jugendherberge Ratingen**, Götschenbeck 8, ☎ 204 00, FAX 20 40 10, 🖥 www.ratingen.jugendherberge.de, ratingen@jugendherberge.de, ÜF: EZ € 30, DZ € 50, MBZ € 19,50 p.P., Erwachsene über 27 Jahre zahlen € 4 Aufschlag, ermäßigte Preise in der Nebensaison, ✗, ➲ 3 km nördlich vom Zentrum im Wald

☺ Am günstigsten schläft man in Ratingen an Wochenenden und außerhalb der Messezeiten.

🚆 Der Bahnhof Ratingen-Ost liegt an der S-Bahn-Strecke S6 zwischen Essen und Köln-Nippes, ☞ Essen-Werden.

⌘ **LVR-Industriemuseum Textilfabrik Cromford**, Cromforder Allee 24, ☎ 86 44 90, 🕐 Di bis Fr 10:00 bis 17:00, Sa, So 11:00 bis 18:00.
Die Textilfabrik, Spinnerei Cromford wurde 1783 als erste Fabrik auf dem europäischen Festland gegründet. Zu besichtigen sind das Herrenhaus des Gründers sowie alle, vollständig erhaltenen und wieder funktionstüchtig hergerichteten Maschinen.

Das schöne, in seinen Strukturen noch mittelalterliche Zentrum von Ratingen macht es dem flüchtigen Besucher, wie es der Pilger ist, leicht, sich sofort wohl und geborgen zu fühlen. Aber wie schnell wären die Bilder und Eindrücke im Weiterziehen auch wieder vergessen oder von neuen Erlebnissen überlagert, wenn es nicht eine Besonderheit gäbe, die ein Dorf, eine Stadt unverwechselbar macht.

Ratingen ist die Stadt der Dumeklemmer. Der kleine Brunnen vor der Kirche St. Peter und Paul zeigt drei Kinder, die ihren platten D(a)umen

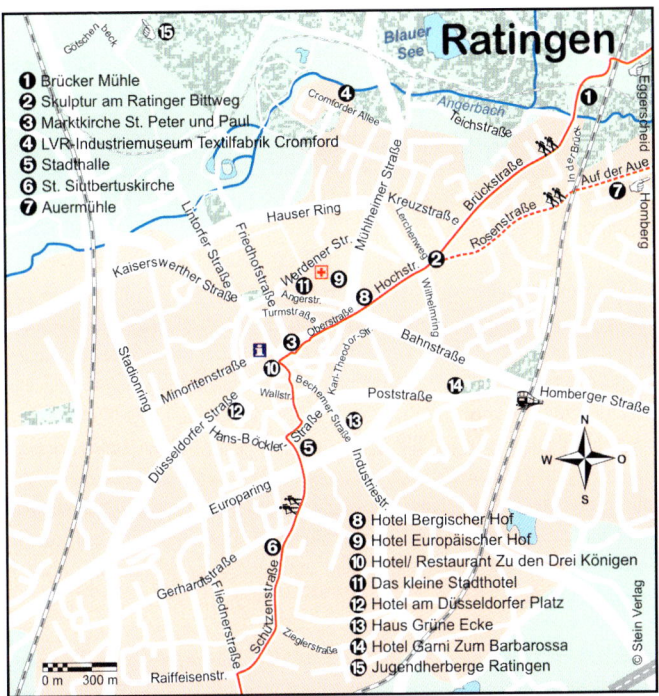

vorweisen. Die Sage, die sich um das Ereignis rankt, ist gleich mit aufgeschrieben. Der hl. Suitbert (gestorben 713), erster Abt im Kloster Kaiserswerth, das nur 20 km weiter östlich am Rhein gelegen ist, zog aus, die Ratinger zu bekehren. Diese schlugen ihm das Stadttor vor der Nase zu, sodass er sich seinen Daumen klemmte. Sein Fluch bewirkt seitdem, dass jeder Ratinger mit plattem Daumen geboren wird.

Wahrscheinlicher ist jedoch, dass die mittelalterliche Form der Wahrheitsfindung durch die Daumenschraube den Ratingern die platten Daumen beschert hat. Ratingen pflegt das Image als Dumeklemmerstadt jedenfalls. Das geht so weit, dass der Metzger „Ratinger Däumlinge" verkauft.

Wegvariante: Von Hösel über Homberg nach Ratingen ⊃ 12 km

In besonderer Weise wird in Ratingen-Homberg die Tradition der Santiago-Wallfahrt gepflegt. Seit der ehemalige Pfarrer Kurt-Peter Gerz selbst auf Pilgerschaft ging, konnte er viele Homberger begeistern, es ihm gleich zu tun. Der jährlich in Homberg stattfindende „Pilgerhock" mit Vorträgen ist dem Austausch der Pilger gewidmet.

Für den Besucher wird diese Begeisterung für den Jakobusweg in der reichen Ausstattung der St.-Jacobus-Kirche sichtbar. Neben einer Jakobusskulptur von ca. 1750 sind in den letzten Jahrzehnten mehrere neue Zeichen der Jakobusverehrung hinzugekommen. Ein Glasfenster von 1960 zeigt die Berufung des Apostels Jakobus. Vom Düsseldorfer Bildhauer Bert Gerresheim, auf dessen Arbeiten Sie am weiteren Weg noch öfter treffen werden, stammen gleich mehrere Werke. Zu sehen sind ein Tabernakel mit Szenen der mittelalterlichen Pilgerschaft, ein Jakobusleuchter und ein Jakobusreliquiar, das allerdings in einer Nische im Chor hinter Gittern steht und nur zu den Festtagen, dem Patronatstag (25. Juli) und dem Translationsfest (7. Nov.), hervorgeholt wird.

Falls Sie sich für diese Variante entscheiden, haben Sie von Werden ausgehend einen etwa 6 km weiteren Weg bis Ratingen (Werden - Hösel: 13 km) vor sich. Sie haben aber auch die Möglichkeit, in Homberg (privat) zu übernachten (Werden - Homberg: 19 km), oder auch von Ratingen mit der S-Bahn anderntags bis Hösel zurückzufahren und dort eine Halbtageswanderung über Homberg nach Ratingen zu starten oder einfach von Ratingen den Bus zu nehmen, um der Jacobuskirche einen Besuch abzustatten.

Am Oberschlesischen Landesmuseum vorbei folgen Sie der Bahnhofstraße in Hösel zum Kreisverkehr. Hier gehen Sie nur kurz rechts und biegen dann links in die Straße Peddenkamp ein. Von den letzten Häusern fällt die Straße steil in ein Bachtal ab, in dem das Sträßchen In den Höfen verläuft. Sie queren es geradeaus. Markiert ist jetzt mit dem weißen R im weißen Kreis für den Wanderweg „Rund um Ratingen"

Achtung: Auch links ist die Straße In den Höfen mit dem R markiert.

Am schnell erreichten Reitstall folgen Sie dem R halb links über den Hof. Ein schmaler, geteerter Weg führt weiter zur Höhe. Hier wird fleißig Golf trainiert. Lassen Sie sich nicht durch die Abzweigungen zum Spielfeld irritieren. Erst nach Abschlag 5 - deutlicher Hinweis am Weg - müssen Sie Acht geben. Sie passieren noch eine Spielfeldkreuzung und folgen an der darauffolgenden Waldweggabelung dann rechts weiter dem R. Am folgenden Abzweig bleiben Sie in der bisherigen Richtung. Ein schöner Waldweg führt abwärts in ein tief eingeschnittenes Tal mit Bach, den Sie an einem romantischen Winkel mit Pausenbank ⚐ erreichen.

Sie gehen links herum. Jetzt ist zusätzlich mit dem weißen X und A9 markiert. Ein von Kopfweiden gesäumter Weg führt am Rande eines wunderbaren Wiesentals zu einem breiteren Bach (Anger). Sie überqueren ihn rechts zum Gutshof Haus Anger hin, überschreiten die Bahngleise und folgen geradeaus mit den Zeichen A9, X und R.

Im Wald geht es steil aufwärts und mit dem weiterführenden Sträßchen geradeaus zur Höhe. An einer einmündenden Straße halten Sie sich rechts und erreichen eine T-Kreuzung mit weitem Blick über die Höhen des Bergischen Landes. Hier nehmen Sie rechts die Lilienstraße und bleiben zunächst auf der Höhe. (Durch die Umsetzung des noch in Planung befindlichen Autobahnbaus (A 44) kann sich der Wegabschnitt verändern.)

In der Ferne erscheinen die Kirchtürme von Homberg. Die Wegmarkierungen R und A9 weichen von Ihrem Weg ab. Sie gehen weiter geradeaus, bald durch einen Hohlweg bergab zum Ortseingang von Homberg. Die zweite Straße rechts (Wittenhausweg, markiert sind A1 und A9) ist dann Ihr Weg nach Ratingen. Aber vorher gehen Sie geradeaus, wieder ansteigend, in das Dorf. Die Seilergasse führt links aufwärts zur Kirche St.-Jacobus der Ältere. Die Dorfstraße bringt Sie weiter zur Dorfmitte, falls Sie zum Bus nach Ratingen wollen.

Homberg 🛏 ✕ ⛴ 🏨 🏧 🛒 🍷 🐾 🚌 ✉ 40882 ☎ 02102

⊙ Den Pilgerstempel erhalten Sie im Pfarrbüro der St.-Jacobus-Gemeinde, Grafshofweg 12, neben der Kirche, 🕐 Di und Fr 9:00 bis 12:00 und Do 16:00 bis 18:00

- 🛏 In Homberg haben Sie u.a. die Möglichkeit, privat zu übernachten.
- ◆ **Bernd Schlierkamp**, Dorfstraße 59, ☎ 505 62
- ◆ **Gitta Neunzig**, Kirchfeldstraße 16, ☎ 511 71
- ◆ **Claudia Volke**, Rosendalstraße 114, ☎ 318 59
- ◆ **Dirk von den Berken**, Rosendalstraße 116, ☎ 517 03
- ◆ **Reinhold Haverkamp**, Ahornstraße 6, ☎ 514 43, ✉ reinhaver@web.de, ÜF: EZ ab € 45, DZ € 90
- ◆ **Gästehaus Kaufmann**, Hermann-Stehr-Straße 7, ☎ 95 08 72, FAX 95 08 71, ✉ Info-gaestehaus-kfm@t-online.de, Preise auf Anfrage
- ✝ **Kath. Pfarrkirche St. Jacobus der Ältere**, 🕰 Kernzeit: Von 10:00 bis 17:00 ist sicher geöffnet.
- 🚌 Der Bus 761 verkehrt etwa stündlich zwischen Ratingen Mitte oder Ratingen Ostbahnhof und Dorfstraße Homberg.

Berufung des Apostels Jakobus - Fenster in der St. Jacobus-Kirche

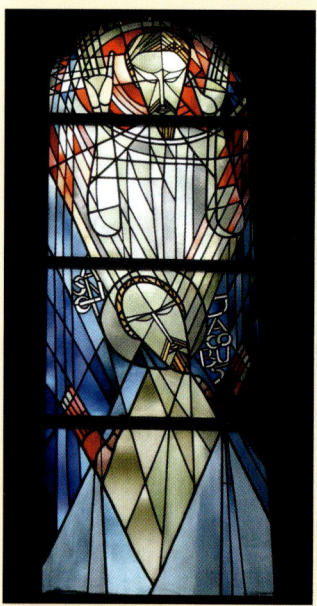

Das oben erwähnte Talsträßchen führt abwärts durch Feld und Wald. An einem Siedlungsplatz folgen Sie dem Sträßchen links- und wieder rechtsherum. Wenn dieses dann links in eine andere Richtung strebt, biegen Sie rechts in den Hommerichweg ein, der weiter im schönen Tal abfällt. Sie überqueren den erreichten Bach halb rechts zu einem Hof hin und laufen dann bald durch den Autobahntunnel (A 3) und den sich anschließenden Buchen-Eschen-Wald. Am Waldrand weichen Sie geradeaus von dem nach rechts knickenden und seine Teerdecke verlierenden Sträßchen ab (die Markierungen sind etwas versteckt angebracht). Es geht wieder abwärts in ein Bachtal.

Sie erreichen einen Teerweg (das ist wieder der Hommerichweg), überqueren links den Bach und gehen bis kurz vor die Auermühle ✕ ☕. Hier folgen Sie der Markierung des A1 und A9 und steigen links am Geländer die Böschung hinauf. Nun sehen Sie unterhalb das Restaurant liegen und erreichen die Straße, der Sie zum Wanderparkplatz Auf der Aue folgen. Halb rechts wandern Sie jetzt auf der Straße weiter in derselben Richtung (Auf der Aue) nach Ratingen. Nachdem Sie die S-Bahn-Strecke gequert haben, führt die Rosenstraße wie bisher in südwestlicher Richtung weiter zur Ecke Brückstraße (Station des Ratinger Bittwegs). Wenn Sie dort halb links gehen, sind Sie wieder auf dem offiziellen Weg.

13. Etappe: Von Ratingen nach Neuss

➲ 21 km, ⏳ 6 Std.

Am Marktbrunnen, der Ereignisse der Ratinger Geschichte zeigt, biegen Sie links in die Bechemer Straße ein. Das nächste Gässchen gehen Sie rechts und sofort wieder links hinter die Fußgängerzone. Dann queren Sie die Wallstraße und laufen durch den Stadtgarten zur Stadthalle (Dumeklemmerhalle). Das war das Beamtengässchen.

Die erreichte Straße (Hans-Böckler-Straße) wandern Sie rechts und gehen dann wieder links durch die Schützenstraße. Sie überqueren den Europaring und behalten die bisherige Richtung bei. An der Gabelung nach der katholischen St.-Siutbertus-Kirche halten Sie sich halb rechts (Schützenstraße) und biegen etwas später an einer Kreuzung links in die Fliednerstraße ab. Diese führt unter der S-Bahn-Strecke hindurch ins Grüne. Am Nesselhof folgen Sie dem Hauptweg linksherum, durchkreuzen ein Wäldchen, gehen nach einem Rechtsschwenk links zur Autobahn und darüber hinweg.

An der nächsten Gabelung folgen Sie geradeaus der Straße Am Bauenhaus. Am gleichnamigen ✕ ☕ Café/Restaurant beginnt der Wald. Sie halten sich links an den Bauenhäuser Weg, vorbei an einer Übersichtskarte zum **Aaper Wald**, einem größeren Waldgebiet am Stadtrand von Düsseldorf (Stadtwald). Laut LVR leitet sich Aap von Apa ab, einem alten Wort für Wasser.

🚴 Radfahrer bleiben besser auf der Straße.

Fußgänger nehmen den parallelen Fußweg, der mit einem weißen D auf schwarzem Grund markiert ist. Nach einer kleinen Weile zweigt ein schmaler Pfad - markiert ist mit dem D - links ab und erreicht die Straße wieder. Dort halten Sie sich rechts und biegen wenige Meter weiter wieder halb links auf einen schönen Waldweg ab.

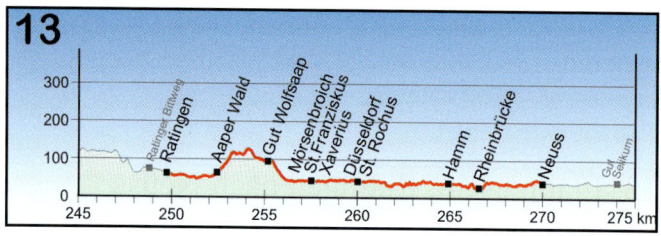

♺   Radfahrer folgen besser weiter der Straße.

Vor einem Gebäude (Gut Wolfsaap, Reiterhof und Waldgasthof) an einem Wanderparkplatz ist die Straße wieder erreicht. Sie gehen kurz nach links und am Parkplatz wieder rechts am Reiterhof entlang und dann links entlang der Wiesen wieder in den Wald. Ein Spielplatz mit Schutzhütte liegt am Weg. Bleiben Sie jetzt besser auf dem schönen Waldsträßchen geradeaus, das erst eben und dann leicht abwärts weiterführt. (Der mit D markierte Weg macht einen Schlenker und weicht dann von Ihrem ab.) Noch einmal steht eine baugleiche Schutzhütte mit Bänkchen am Weg.

Dann öffnet sich der Wald für ein Gemüsefeld. Sie gehen zwischen Feld und Wald weiter und erreichen Wanderparkplatz und Straße. Dann laufen Sie links die Rennbahnstraße bis zum ✗ ♨ Café/Restaurant Zum Trotzkopf und biegen dahinter rechts von der Straße ab. Gegenüber steht das Vier-Sterne-Hotel Rolandsburg in **Düsseldorf-Grafenberg**.

Erst durch Wald und dann in der Verlängerung über den Rolanderweg im beginnenden Düsseldorfer Stadtgebiet pilgernd treffen Sie auf die Fahneburgstraße und kommen auf ihr halb links zur stark befahrenen Lenaustraße (auch Straßenbahn). Diese queren Sie geradewegs und bleiben nun eine Weile auf dem beginnenden Mörsenbroicher Weg. Am Ende dieser Straße steht an einer Straßenkreuzung die eindrucksvolle ✝ Backsteinkirche **St. Franziskus Xaverius** in Düsseldorf-Mörsenbroich (Vorraum geöffnet), die früher einmal den Platz bestimmte. Die Kirche wird heute vom ARAG-Turm am ARAG-Platz überragt. Ansässig ist hier die Unternehmenszentrale des größten deutschen Versicherungskonzerns in Familienbesitz.

Diese große Doppelkreuzung umrunden Sie am besten links herum. Sie gehen am ARAG-Bürohaus mit Bank und Gaststätte entlang und überqueren dann den **Kittelbach**.

Düsseldorf ist im Delta der Düssel erbaut. Im Stadtgebiet teilt sich das Flüsschen in vier Arme. Einer davon ist der Kittelbach (📷 Seite 1), der hier wieder unter der Kreuzung verschwindet.

Danach queren Sie die zweite Straße, gehen rechts am ARAG-Turm vorbei und zweigen dann links in die Münsterstraße ab.

☺ Möglich ist es auch, an der straßenabgewandten Seite über den ARAG-Platz und am Turm linksherum zu gehen und sich dort ein bisschen umzusehen (☕ Café im Erdgeschoss).

Die Münsterstraße quert die Gleise der Bahn an der S-Bahn-Station Düsseldorf-Derendorf. Die Straße zeigt danach eine lebendige städtische Infrastruktur 🏛 🏦 ✕ 🛎 ☕. Vielerlei Verführungen ergeben sich durch dicht gesäte und gut besuchte Mittagsrestaurants. Sie gehen weiter Richtung Westen. Dann finden Sie einen kleinen, mit Platanen bestandenen Platz. Hier biegen Sie links in die Eulerstraße ab, halten sich an der katholischen Pfarrkirche St. Dreifaltigkeit in dieser Straße halb rechts und gehen vorbei am städtischen Kinderhilfezentrum. In der Verlängerung führt dann die Prinz-Georg-Straße geradeaus an einem Graben (nördliche Düssel) entlang zur modernen **Rochuskirche** im Stadtteil Pempelfort.

St. Rochuskirche in Düsseldorf-Pempelfort

☦ Das ungewöhnlich gestaltete Kirchengebäude des bereits verstorbenen, in Düsseldorf geborenen Architekten Schneider-Esleben ersetzt seit 1955 einen neoromanischen Vorgängerbau, der im Krieg zerstört wurde. Allein der alte Turm erhebt sich noch als Mahnmal an dieser Stelle.

Der Zentralbau zeigt drei die Dreifaltigkeit symbolisierende Hohlformen, die zu einer eiförmigen Kuppel zusammengefügt sind. Auch die Eiform ist bewusst gewählt, als Symbol für die Auferstehung Christi. Gestützt wird das Dach von den zwölf Aposteln in Form von zwölf schlanken Säulen. An den Nahtstellen der drei Außenschalen sind Lichtleisten eingefügt. Die Innenausstattung hat der Düsseldorfer Akademieprofessor Ewald Mataré gestaltet.

◆ **St. Rochus**, Pastoralbüro: Barbarastraße 9, 40476 Düsseldorf, ☎ 02 11/946 84 80, FAX 94 68 48 122, ✉ pastoralbuero@kath-derendorf-pempelfort.de, 🕐 Mo bis Fr 9:00-12:00, Mo bis Do 15:00-17:00, Fr 17:00-20:00, Sa 10:00-12:00

Vor der Kirche steht **Rochus von Montpellier** (gestorben 1327), der auf seiner Pilgerreise nach Rom bei der Pflege Pestkranker half. Bert Gerresheim hat ihn als Pilger in Bronze gegossen dargestellt.

Am Turm der alten Kirche ist eine weitere Plastik von diesem Künstler zu sehen. Die Christusfigur ist dem im Konzentrationslager Auschwitz ermordeten Franziskanerpater Maximilian Kolbe gewidmet.

Sie folgen weiter der Prinz-Georg-Straße. Die führt halb links um eine Gaststätte herum, heißt kurz Duisburgerstraße und wird in der Verlängerung zur Jakobistraße. Am 🏛 **Düsseldorfer Schloss Jägerhof**, im Stil den französischen, spätbarocken Lustschlössern nachempfunden, ist heute das Goethe-Museum untergebracht. Hier wechseln Sie die Richtung. Markiert ist rechts entlang der Jägerhofstraße. Vielleicht spazieren Sie aber lieber durch den sich vom Schloss aus öffnenden Schlosspark, an dem die Jägerhofstraße entlangführt. Damit Sie die Orientierung behalten, ist gleich links, am Eingang zum Park, eine Übersichtstafel angebracht.

Mit der Jägerhofstraße queren Sie die Hofgartenstraße und wandern weiter geradeaus, jetzt in der Maximilian-Weyhe-Allee. Links und rechts erstreckt sich der **Hofgarten**, angelegt nach den Plänen von M. F. Weyhe. Auch die klassizistische Toranlage, die Sie erreichen, das **Ratinger Tor,** ist Teil des Entwurfes für den Hofgarten. Gegenüber dem Tor beginnt die Ratinger Straße, der Sie folgen. ✗ Restaurants, ☕ Cafés und kleine Läden verführen zum Bummeln. Rechter Hand steht die ehemalige Kreuzherren-Klosterkirche von 1438. Infolge der Säkularisation 1803 wurde sie zweckentfremdet, heute wird sie wieder als Kirchenraum genutzt.

Weiter führt die Straße Altestadt zum **Stiftsplatz** und direkt zum Rhein.

Düsseldorf   🅿 ✉ 🏨 ✗ ☕ 🅰 ✚ BANK ≋ 🚊 ♥ 🚗 🚚 ① 0211

🅘 **Tourist-Information Altstadt**, Marktstraße/Ecke Rheinstraße, Nähe Rathaus, ☎ 17 20 28 40, FAX 172 02 93 10, 💻 www.duesseldorf-tourismus.de, 🕐 Mo bis So 10:00 bis 18:00

- ⊙ Den Pilgerstempel (und Auskünfte zur Kirche) erhalten Sie im **Pastoralbüro** der Kirchengemeinde St. Lambertus, 🕮 Mo bis Fr 10:00 bis 12:30, Mi und Fr 15:00 bis 17:00
- 🛏 Das umfangreiche Angebot an Hotels und Privatzimmern überblicken am besten die Mitarbeiter des Tourismusbüros. Wenden Sie sich gegebenenfalls an obige Adresse. Ich führe hier nur die Jugendherbergen auf, die selbstverständlich auch Erwachsene einquartieren.
- 🏠 **Jugendherberge Düsseldorf**, City-Hostel, Düsseldorfer Str. 1, ☏ 55 73 10, FAX 57 25 13, 🖥 www.duesseldorf.jugendherberge.de, ✉ duesseldorf@jugendherberge.de, ÜF: EZ € 50, DZ € 71,50, VBZ € 114 bzw. € 27,50/Person, stark erhöhte Preise zu den Messen, Gruppen und Familien mit Kinder erhalten maßvolle Standardpreise, ✕. ➲ 1,2 km, über die Rheinkniebrücke nach Oberkassel
- ♦ **A&O Hostel**, Düsseldorf Hauptbahnhof, Corneliusstr. 9, ☏ 339 94 48 00, 🖥 www.aohostels.com, Ü: ab € 8/Person, ➲ 2 km
- 🚂 Wieder begleitet eine Bahnstrecke den weiteren Weg (Regionalbahn Düsseldorf - Bedburg). Unterwegsbahnhöfe nahe dem Wanderweg sind: Neuss, Holzheim (b. Neuss), Kapellen-Wevelinghofen, Grevenbroich, Gustorf, Frimmersdorf und Bedburg (Erft).
- ✝ **Backsteinkirche St. Lambertus**, 🕮 Mo bis Do 8:30 bis 18:00, Fr 11:00 bis 18:00, Sa 8:30 bis 18:00, So und Feiertag 9:00 bis 18:00, kath. Kirchengemeinde St. Lambertus Düsseldorf, Stiftsplatz 7, ☏ 13 23 26, FAX 323 77 68, 🖥 www.lambertuskirche.de, ✉ buero@lambertuskirche.de, Kirchenführungen für Gruppen nach Vereinbarung

Der Jakobsweg durch die Landeshauptstadt Düsseldorf gibt einen wunderbaren Einblick in die Vielfältigkeit dieser modernen Großstadt am Rhein. Mit dem Gang durch den lebendigen Stadtteil Pempelfort haben Sie bereits ein Stück des täglichen urbanen Lebens aufgespürt, das sonst nicht auf dem touristischen Programm steht, aber auch einige Sehenswürdigkeiten passiert. Die Atmosphäre der Altstadt, die Sie am Stiftsplatz berühren, ist dem ganz entgegengesetzt. Wären da nicht einige wenige Gruppen und Einzelbesucher, die hier herumspazieren, könnte man sie fast als ausgestorben beschreiben. Das wird abends und nachts, vielleicht auch an Wochenenden, ganz anders sein, gibt Ihnen aber jetzt Gelegenheit, sich in Ruhe umzuschauen.

13. Etappe: Von Ratingen nach Neuss

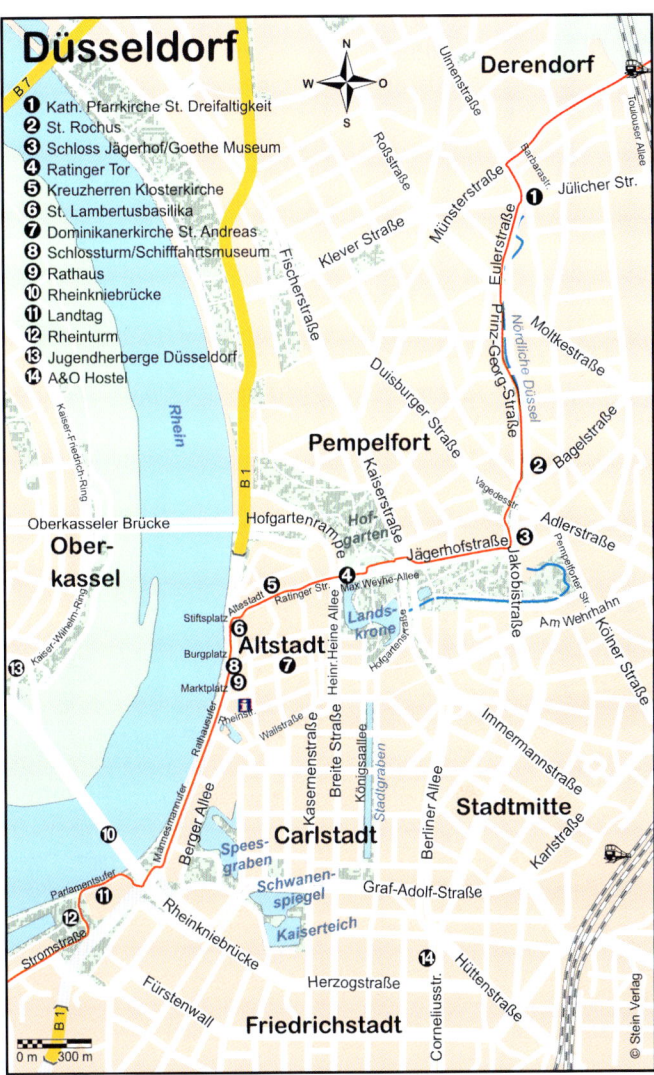

Im Mittelpunkt des Interesses steht am Stiftsplatz die **St.-Lambertus-Basilika**. Sie beherbergt den Schrein des hl. Apollinaris, des Düsseldorfer Stadtpatrons. Eine kleine Jakobuszeichnung, erst jüngst wieder freigelegt, ist im Chorraumgewölbe rechts oben zu sehen. Sie erinnert daran, dass St. Lambertus bei ihrer Erbauung als Pilgerkirche gedacht war. Auch an der Außenfassade ist eine kleine Pilgerfigur zu entdecken. Im Schriftenstand am Eingang können Sie zum besseren Verständnis der vielen Details Informationsbroschüren erwerben. Sehr interessant fand ich auch das Heft über den Stadtpatron St. Apollinaris, das ausführlich und verständlich die Geschichte des Reliquienkults der Christenheit erzählt.

Nicht weit entfernt von St. Lambertus steht die frühbarocke **Dominikanerkirche St. Andreas**. Auch hier ist eine Jakobusfigur, mit Pilgerstab, Kalebasse und Muschel, zu sehen.

Rheinuferpromenade und Rheinkniebrücke Düsseldorf

Die Müller-Schlösser-Gasse führt vom Stiftsplatz zum Burgplatz mit dem Schlossturm, in dem heute ein Schifffahrtsmuseum untergebracht ist. Hier fließt die nördliche Düssel in den Rhein. Im Fokus des Interesses der

Besucher steht an dieser Ecke das **Stadterhebungsmonument**, ein wildes Getümmel, das ein Kapitel der Stadtgeschichte abbildet und von Bert Gerresheim in Bronze gegossen wurde.

Vom südlichen Platzende führt links die Kurze Straße und in der Verlängerung die Andreasstraße zur **St.-Andreas-Kirche**. Weiter südlich erreichen Sie den Marktplatz mit dem **Rathaus** und dem **Jan-Wellen-Denkmal** (*Johann Wilhelm* von Pfalz-Neuburg, Herzog von Jülich-Berg). Sie könnten sich noch weiter durch die Altstadt treiben lassen, markiert ist allerdings vom Stiftsplatz aus entlang der Rheinuferpromenade, welche übrigens auch die Trasse der B 1 ist, die Sie noch immer begleitet. Zu sehen ist von ihr aber nichts, denn sie verläuft im Untergrund.

Unter der Rheinkniebrücke hindurch erreichen Sie den **Landtag** und danach den **Rheinturm**, der bestiegen werden kann. Knapp am Turm vorbei orientieren Sie sich halb rechts zum Park und zum kleinen Jachthafen (alter Zollhafen). Am Hafen gehen Sie links entlang. Rechts läuft man sich fest, es sei denn, man nutzt die dortige Fußgängerbrücke, die in hohem Bogen die Hafeneinfahrt quert, und umrundet die Hafenhalbinsel im inneren Rheinknie. So käme man auch nach Düsseldorf-Hamm und zur Neusser Rheinbrücke - eine erwägenswerte, allerdings auch etwas weitere Wegalternative.

Medienhafen Düsseldorf, Neuer Zollhof von Frank O. Gehry

Seit der Privatisierung von Rundfunk und Fernsehen ist im Düsseldorfer Hafengelände mit dem Landtag, dem Rheinturm, dem Neubau der WDR-Landesstudios und den modernen Büro- und Wohnquartieren ein attraktives Zentrum für Unternehmen aus den Bereichen Werbung, Kunst, Medien etc. entstanden (**Medienhafen**). Die auffälligsten Bauten auf dem Gelände des Neuen Zollhofs schuf kein Geringerer als der US-amerikanische Architekt und Designer Frank Owen Gehry, der insbesondere durch den eigenwilligen Bau des Guggenheim Museums in Bilbao von sich reden machte. Spannend ist aber auch die Durchmischung von Neubauten mit attraktiven älteren Hafengebäuden. Einen schönen Überblick bekommen Sie von der am Ende des Hafenbeckens querenden (➲ 100 m) Fußgängerpassage.

Eng an den Gehry-Bauten entlanggehend bleiben Sie bis zur Fußgängerpassage am Hafenbecken. Dort wenden Sie sich links, gehen über den Zollhof und weiter geradeaus bis zur Hammerstraße. Auf dieser wandern Sie rechts bis zur Straßenkreuzung und dort geradeaus mit der beginnenden Plockstraße durch die Bahnunterführung. Gleich danach biegen Sie rechts in die Hammer Dorfstraße ab. Diese Straße führt ins Zentrum von **Düsseldorf-Hamm**.

- **Bäckerei**, Gasthof & Hotel Knell, Hammer Dorfstr. 118, 40221 Düsseldorf-Hamm, ☎ 02 11/39 00 10, FAX 30 81 11, 📱 01 51/54 61 23 45, 🖥 www.hotel-knell.de, ÜF: EZ € 58, DZ € 82
- ♦ **Hotel Landhaus Hamm**, Blasiusstraße 3, 40221 Düsseldorf-Hamm, ☎ 02 11/30 46 14, FAX 398 16 66, 🖥 www.hotel-braemswig.de, ✉ info@landhaus-hamm.de, ÜF: EZ € 55, DZ € 82

In Hamm ist Düsseldorf noch ein Dorf. Viele Gärtnereien säumen den Weg. Der Dorfplatz heißt „de Bläak" (Bleiche). Ein kleiner Lebensmittelladen, zwei Bäckereien und vier Gasthöfe sorgen für das leibliche Wohlergehen, die neoromanische Pfarrkirche St. Blasius für das geistige. Hamm ist ein ruhiger Ort am Rhein, der sich auch gut zum Übernachten eignet.

Vom Dorfplatz halten Sie sich links und gehen in die Hammer Dorfstraße. Schon bald treffen Sie auf ein zweites kleines Zentrum mit der **St.-**

Rochus-Kapelle und einem Gasthof in einem schönen Backsteinbau (barocker Giebel), der Ende des 17. Jh. errichtet wurde. Sie gehen hier halb links in die Straße Auf den Steinen. Sie führt zum Rhein und dann zur Rheinbrücke, die Brücke dann nach Neuss.

🚲 Radfahrer werden vorher durch einen Wegweiser halb links von der beginnenden Uferpromenade zum Beginn der Josef-Kardinal-Frings-Brücke geleitet, könnten aber auch wie die Fußgänger an der Promenade bleiben. Es stellt kein Problem dar, das Rad den unter der Brücke beginnenden, geteerten Weg zur Rheinquerung hochzuschieben.

☺ Kein Vergnügen ist es allerdings trotz separatem, breiten Fuß- und Radweg, bei dem starken Verkehr über die Brücke (Bundesstraße 1) zu gehen. Auch der weitere Weg nach Neuss führt überwiegend durch ein Gewerbegebiet, das nicht für Fußgänger gemacht ist.
Gleich links auf der Brücke befindet sich eine 🚋 Straßenbahnhaltestelle. Mit der Straßenbahn 709 könnten Sie direkt nach Neuss fahren. An der Haltestelle Neuer Markt können Sie zentral aussteigen oder bis zum Bahnhof (🛏 mehrere Hotels) durchfahren. Die Gehzeit verringert sich dann um etwa 1 Std. (3,5 km).

Ein schöner Blick bietet sich von hier allerdings auf die Skyline von Düsseldorf. Auch St. Blasius grüßt aus Hamm herüber. Von der Brücke geht es direkt auf die Autobahn Richtung Krefeld, Köln und Aachen. Für Fußgänger und Radfahrer ist der Weg am Brückenende rechts abwärts markiert, aber 🚲 Radfahrer können auch geradeaus Richtung Neuss auf einem Radweg bleiben.
Links gehen Sie ein kurzes Stück unter Linden über den Rheindamm, am 🛏 Swissôtel vorbei. Wieder bietet sich ein schöner Blick über die Rheinwiesen hinweg nach Düsseldorf. Die parallel verlaufende Rheinallee macht einen Linksknick und wird zur Hammer Landstraße. Hier müssen auch Sie vom Damm herunter- und in dieselbe Richtung gehen. Sie laufen immer geradeaus. Entlang der Rennbahn dann endlich ist ein Zeichen der Stadt zu sehen. Die Kirche lugt hervor und es gibt einige Spaziergänger. Am Hafenbecken vorbei betreten Sie die Stadt am **Quirinius-Münster** zu Neuss.

Wenige Schritte weiter treffen Sie auf den Neuen Markt mit der 🚋 Straßenbahnhaltestelle. Rechts herunter führen die Einkaufsstraße und auch die Schienen der Straßenbahn zum Bahnhof. Im gegenüberliegenden Rathaus ist die Touristeninformation untergebracht.

Neuss 🛈 🛌 ✕ ☕ 👤 ✚ BANK 🏊 🛒 🍽 ♀ 🚌 🚉 ✉ 41460 ☎ 02131

- 🛈 **Tourist Information Neuss**, Rathausarkaden, Büchel 6, ☏ 403 77 95, FAX 403 77 97, 💻 www.neuss-marketing.de, ✉ tourist-info@neuss-marketing.de, 🕐 Mo bis Fr 9.00 bis 14:00 und 14:30 bis 18:00, Sa 9:00 bis 14:00
- 🛌 ✕ **Swissôtel**, Rheinallee 1, ☏ 77 00, FAX 77 13 67, 💻 www.swissotel-duesseldorf.de, 241 Zimmer, Ü: EZ und DZ ab € 75, am Weg (vor der Stadt)
- ♦ **Novotel am Rosengarten**, Selikumer Straße 25, ☏ 26 20, FAX 26 21 00, 💻 www.novotel.com, ✉ H5416@accor.com, 360 Betten, Ü: EZ und DZ ab € 65, F € 16, am Weg
- 🛌 **Binnewies City Hotel**, Adolf-Flecken-Straße 18-20, ☏ 22 70, FAX 22 71 11, 💻 www.binnewiescityhotel.de, ✉ info@binnewiescityhotel.de, 80 Betten, ÜF: EZ € 56, DZ € 76, zu Messezeiten teurer, günstigere Wochenendpreise auf Anfrage. Nähe Bahnhof
- ♦ **Hotel Mirage**, Krefelder Straße, ☏ 15 10 30, FAX 15 10 37 77, 💻 www.aurumhotels.de (➔ Hotel Mirage anklicken), ✉ info@mirage-neuss.de, ÜF: EZ € 55, DZ € 65. Nähe Bahnhof
- ♦ **Kolpinghaus**, Burggraben 1, ☏ 22 50, 💻 www.kolpinghaus-neuss.de, ✉ neusskolpinghaus@aol.com, Ü: EZ ab € 28, DZ ab € 46 (gilt nicht zu Messezeiten), WLAN, 🕐 Rezeption werktags 8:30 bis 19:00, Innenstadt
- ♦ **Alexandra Kern**, Liedmannstraße 13, ☏ 291 71 77, 📱 01 60/557 25 19, ✉ alexandras-gaestezimmer@t-online.de, 5 Betten, Ü: EZ € 35, DZ € 58, Innenstadt
- ♦ **Matthias und Stefanie Arendt**, Görlitzer Straße 6, ☏ 92 16 35, FAX 690 32 36, ✉ matthias-arendt@t-online.de, Ü: DZ € 70, DBZ € 85, VBZ € 95, hinter dem Swissôtel an der Josef-Kardinal-Frings-Brücke
- ⌘ **Clemens-Sels-Museum**, Am Obertor, ☏ 90 41 42, 💻 www.clemens-sels-museum-neuss.de, 🕐 Di bis So 11:00 bis 17:00, Einblicke in die Ur- und Frühgeschichte und die römische Zeit der Stadt, Sammlung alter und neuer Kunst etc.
- 🚆 Neuss liegt an der Regionalbahnstrecke Düsseldorf-Bedburg, 👉 Düsseldorf.

Das 2.000 Jahre alte Neuss, heute eine Großstadt, zählt zu den ältesten Städten Deutschlands. Bereits im Jahre 16 v. Chr. errichteten römische Soldaten an der Mündung der **Erft** in den Rhein eine erste Siedlung. In der ersten Hälfte des 1. Jh. entstand dann die römische Legionsstadt Novaesium. Dass aber ausgerechnet ein römischer Tribun Stadtpatron und Schutzheiliger der Neusser wurde, hat mit der Gründung durch die Römer eher nichts zu tun.

Die Gebeine von Quirinius von Rom, der zum christlichen Glauben konvertiert war, verfolgt und um 115 n.Chr. Geburt hingerichtet wurde, kamen um 1050 in die Stadt. Papst Leo IX schenkte diese einer Legende zufolge seiner Schwester, Äbtissin im Kanonissenstift zu Neuss. Zuvor war der Märtyrer in Rom begraben. Das **Quirinius-Münster** in Neuss, errichtet ab 1209, verwahrt die Reliquie in einem wertvollen Schrein und entwickelte sich in der Folge zu einem der bedeutendsten mittelalterlichen Pilgerziele des Rheinlands. Bis heute hält die Verehrung an. Die Pilgerfahrten konzentrieren sich um den 30. April, dem Translationsfest des Stadtpatrons.

Im **Clemens-Sels-Museum**, am Obertor von Neuss, sind viele Zeugnisse rund um die Quirinius-Pilgerschaften aufbewahrt.

Vor dem Quirinius-Münster steht seit 2007 eine lebensgroße, vom Düsseldorfer Künstler Bert Gerresheim geschaffene Jakobusfigur, die Jakobus als Pilger zeigt (📷 Titelbild). An den 1887 in Neuss geborenen Kölner Erzbischof Josef Kardinal Frings erinnert eine Bronzeplastik am Kirchenportal.

Novesia, abgeleitet von dem römischen Siedlungsnamen Novaesium ist auch der Name einer ehemaligen Schokoladenfabrik in Neuss (1860 bis 1980). Die Marke Novesia Gold-Nuss wird bis heute von der Firma Trumpf produziert.

14. Etappe: Von Neuss nach Grevenbroich

➲ 20 km, ⌛ 5 Std.

Der heutige Weg führt in weiten Teilen am Ufer des schönen und mitunter noch seinem natürlichen Lauf folgenden Flüsschens Erft entlang. Die Wegmarkierungen sind auf der gesamten Wegstrecke von Neuss bis Aachen vorbildlich platziert, sodass Sie meine Wegbeschreibung vielleicht nur noch in Zweifelsfällen zu Rate ziehen müssen.

14. Etappe: Von Neuss nach Grevenbroich

Am Rathaus wenden Sie sich links mit den Schienen der Straßenbahn nach Südosten und queren eine Kreuzung geradeaus in die Oberstraße zum **Obertor**, dem einzig erhaltenen, mittelalterlichen Stadttor. Seit 1950 befindet sich hier das **Clemens-Sels-Museum.** Das Pilgerzeichen ist rechter Hand angebracht. Ein Pfeil zeigt nach halb rechts und meint den Straßenverlauf. An der Bushaltestelle Stadthalle biegen Sie rechts in den Park ein, gehen am Stadtgraben entlang, dann links über die Holzbrücke und wieder rechts weiter entlang des Wassergrabens.

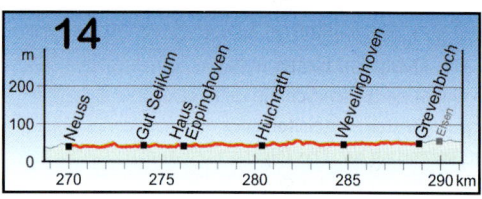

Am Biergarten bzw. an der Terrasse des Restaurants/Hotels am Rosengarten (Novotel) gehen Sie links vorbei und am Ende der Hotelanlage rechts über die Brücke aus dem Park hinaus. An der erreichten Nordkanalallee geht es links bis zum Alexius-Krankenhaus und dann rechts in den Selikumer Weg (Pilgerweg zur Cornelius-Kapelle). Der schöne Weg führt am bewaldeten Ufersaums der Obererft entlang. Steinerne Kreuze mit eingravierten Weisheiten begleiten den Weg.

Nach der Bogenbrücke über die Bahn zeigt der Pfeil des Pilgerwegs nach links und wieder halb rechts durch den Wald, weiter Richtung Corneliuskapelle. Der bisher parallel verlaufende, mit dem weißen X markierte Wanderweg zweigt rechts ab. Sie bleiben auf dem Hauptweg und laufen unter der Autobahn hindurch. Danach beginnen Besiedlung und der Corneliusweg. Vorbei an einem Bildstock des hl. Cornelius und der Marienkapelle von 1638 queren Sie bald eine Straße zum **Kinderbauernhof** der Stadt Neuss hin. Davor halten Sie sich rechts. Hühner verschiedenster Rassen genießen die grüne Streuobstwiese.

Danach biegen Sie links von der Straße ab Richtung Corneliuskapelle und Schloss Reuschenberg. Noch vor dem Erreichen der Kapelle zeigt die Markierung rechts durch ein Gatter des Bauernhofareals.

⇦   Wenn Sie hier noch über die Bachbrücke etwa 100 m weitergehen, finden Sie die **Corneliuskapelle**. Als ich ankam, war geöffnet und man war eingeladen, bei Kerzenschein und meditativer Musik zu verweilen.

Das heutige **Gut Selikum**, früher Schloss Reuschenberg, ein gepflegter Backsteinbau im Stil der Region steht, gegenüber.

Vor der Brücke gehen Sie also nach rechts, dem Lauf des Erftwassers entgegen. Sie laufen an Arealen mit verschiedenen Haustierrassen vorbei und verlassen das Gelände wieder durch ein Gatter. (✋ Zu beachten ist, dass die Zugangstore ab 19:00 verschlossen werden.) Links erreichen Sie ein Wehr, das noch aus der Franzosenzeit (zwischen 1794 bis 1814) stammt. Das Wasser der Erft wird hier aufgeteilt.

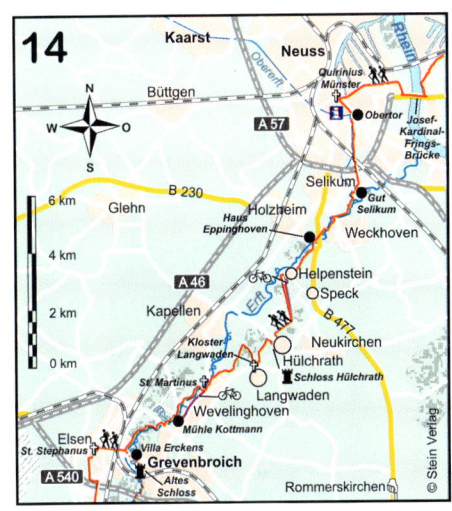

Der Weg führt jetzt bei guter Markierung durch den Reuschenberger Wald, die Erft fließt hier breit und schön im freien Lauf und erscheint ungeteilt. Markiert ist auch wieder zusätzlich mit dem weißen X (X2), das noch deutlicher ins Auge springt. Den Park verlassen Sie an einem Tor nahe einer Brücke.

Über die Brücke erreicht ein Radweg Ihren Weg und biegt ein. Sie bleiben geradeaus am Ufer und folgen dem X2 und der gelben Muschel. An einer Querstraße gehen Sie links mit der Brücke über den Fluss in den Stadtteil **Neuss-Weckhoven**.

🛏 **Gästehaus Kirschbäumchen**, Am Kirschbäumchen 4, 41466 Neuss-Weckhoven, ☏ 01 73/302 51 37, FAX 021 31/470 88 05, 🖥 www.gaestehaus-kirschbaeumchen.de, ✉ info@gaestehaus-kirschbaeumchen.de, 8 Betten, Ü: EZ € 35, DZ € 52, Frühstück € 7,50

Bei den ersten Häusern biegen Sie rechts auch schon wieder mit dem Radweg Richtung Grevenbroich in den Burgweg (auch X2) ab. Vor dem historischen Gebäude mit dem Stauwehr (Firma BATA) gehen Sie nach links und wandern entlang der Erft weiter. Fuß- und Radweg führen flussaufwärts. Auf der bald folgenden Brücke wechseln Sie die Flussseite, bleiben dem Weg aber treu, kreuzen eine Straße und gehen weiter geradeaus. Der Radwegweiser zeigt nach Rommerskirchen und Speck, der Weg verläuft jetzt auf einer Nebenstraße.

Barocker Torbau, Haus Eppinghoven

Sie erreichen den Gutshof **Haus Eppinghoven**, der aus einem Zisterzienserinnenkloster (1805 aufgehoben) hervorgegangen ist. Die barocke Toranlage stammt noch aus dieser Zeit. Gegenüber steht die ehemalige Mühle, die dem Kloster zum Broterwerb diente. Links pilgern Sie über die Brücke Richtung Rommerskirchen und Speck, danach zweigt der mit X markierte Weg als schmaler Fußweg rechts ab.

☺ Es ist möglich, dem schmalen Pfad entlang der Erft (X) zu folgen (Wegalternative nach Helpenstein).

Der Pilgerweg bleibt geradeaus auf der Zufahrtsstraße zum Gutshof, sich vom Fluss entfernend. Bevor die Fahrstraße erreicht ist, nehmen Sie rechts den geteerten Wirtschaftsweg. Die freie Feldlandschaft ermöglicht einen weiten Blick nach vorn. Am Horizont dampft und qualmt es aus vielerlei Kühltürmen und Schornsteinen der Kraftwerksstandorte im Braunkohletagebaugebiet Frimmersdorf, Neurath und Niederaußem.

An der erreichten Siedlung (Helpenstein) bleiben Sie in derselben Richtung, jetzt auch wieder mit dem weißen X (Habernussstraße, Grafenstraße). Am Waldrand gehen Sie halb links auf einen **Bahndamm** hinauf und oben wieder links, begleitet vom dichten Grün des Busch- und Baumwerks auf ihm entlang. Eine Eisenbahn hat dieser Anfang des 20. Jh. aufgeschüttete, schnurgerade Damm nie gesehen. Die geplante Trasse vom Ruhrgebiet Richtung Frankreich wurde nie fertiggestellt.

Unterwegs finden Sie eine Pausenbank ⊼. Etwas später ist nach einer Brücke rechts markiert. Steile Stufen führen hinunter.

🚲 Radfahrer nehmen schon vorher eine der Abfahrten links und folgen dem parallelen, geteerten Feldweg, bis sie unter der Brücke durchfahren können.

Geradeaus (südwestliche Richtung) entfernen Sie sich durch die Felder vom Bahndamm. Vor Ihnen ragt eine Burganlage wegweisend in den Himmel.

Am Siedlungsbeginn ist der Weg links durch das Sträßchen Fleckenweiher markiert und etwas später rechts zum Sebastianusplatz mit der neoromanischen Backsteinkirche St. Sebastianus in **Hülchrath**.

☕ **Kleines Café**, Am Zolltor 13, 🕐 Sa bis Mi von 10:00 bis 12:30 und 14:00 bis 18:00

Durch die Straße Am Zolltor werden Sie, die Dorfstraße querend, bis vor das 🏰 **Schloss Hülchrath** (Privatbesitz, eine Besichtigung ist nicht möglich) geführt. Am Wassergraben wenden Sie sich nach rechts und gehen wieder rechts zur Dorfstraße zurück. Auf dieser laufen Sie links wieder zum schönen Dorf hinaus. Nach dem Ortsausgangsschild wandern Sie noch über die Brücke eines Grabens, biegen dann aber links in den schmalen Fußweg zwischen Feld und Uferbewuchs ein, der bald auch durch Wald führt.

Wenn das Gelände wieder offener wird, kommt die Sitzbank ⅎ mit Blick zurück zur Burg gerade richtig. Wenig weiter zweigt der Weg dann eindeutig markiert vom nur noch als Trampelpfad geradeaus weiterführenden Pfad ab. Im Schatten der Bäume bleibend erreichen Sie einen Parkplatz am **Kloster Langwaden** ✕, das schon in Sichtweite ist.

✞   Seit 1964 haben Zisterziensermönche aus dem nordböhmischen Ossegg in dem barocken Gebäudekomplex eines ehemaligen Prämonstratenserinnenklosters eine neue Heimat gefunden. Bereits 1145 wurde das Kloster gegründet, Anfang des 18. Jh. entstand dann die barocke Anlage aus Feldbrandstein. Der ursprünglich vierflügelige Bau ist in der Zeit der Franzosenherrschaft und der damit verbundenen Säkularisation des Klosters seit 1802 zu einer dreiflügeligen Schlossanlage umgebaut worden. Auch die Klosterkapelle wurde damals abgerissen. Erhalten ist der mit einer Feldbrandziegelmauer umfriedete, kreuzförmig aufgeteilte Klostergarten. Vom Brunnen im Zentrum überblickt eine von den Zisterziensermönchen mitgebrachte Madonnenfigur das Areal. Leider ist der vielfältig in Mischkultur mit Obst und Gemüse bebaute und nach Bioland-Richtlinien bewirtschaftete Garten außer im Rahmen von Führungen nicht zu besichtigen, da er den Mönchen als Ort der Stille, der Klausur, dient. Die Produkte des Gartens lassen sich aber käuflich erwerben.

St. Bernard von Clairvaux am Kloster Langwaden

Madonnenfigur im Klostergarten

Die Mönchsgemeinschaft, unterstützt durch weltliche Mitarbeiter, gibt arbeitslosen, alleinstehenden Männern Wohnmöglichkeit und Arbeit, betreibt neben dem 1 ha großen Garten, der noch um eine Freilandfläche von 3 ha erweitert wird, ein Restaurant und ein Gästehaus für Menschen, die „Erholung an Leib und Seele suchen, für ein paar Tage die klösterliche Atmosphäre genießen wollen oder sich zur inneren Einkehr zurückziehen möchten". Außerdem pflegen sie die umfangreichen Parkanlagen.

Pilger sind hier herzlich willkommen.

- **Kloster Langwaden**, Langwaden 1, ☎ 021 82/880 20, FAX 88 02 12, 🖳 www.klosterlangwaden.de, ✉ pforte@klosterlangwaden.de, ÜF: EZ € 45, DZ € 66, DBZ € 87, ⛺ Campingmöglichkeit im Park pro Person € 3,50, ✗
- **Klosterrestaurant**, Speisen à la carte, Kaffee und Kuchen, 🕙 Di bis Sa 12:00 bis 23:00, So und Feiertage 11:30 bis 23:00
- Im Klosterrestaurant können Sie einen Pilgerstempel erbitten.

Am Klosterparkplatz ist der breite Weg durch den Klosterforst rechts markiert. An einer Wegkreuzung am Waldrand biegen Sie dann links ein. Wieder geht es durch den Wald, dann aber hinaus in die Felder. Schöne Einblicke sind hier in das angrenzende Niederungsgebiet (Erftwiesen, NSG) möglich.

Nach und nach entwickelt sich Besiedlung. **Wevelinghoven** ist erreicht.

Feldbrandziegel

Deutlich lassen sich neuere von älteren Ziegelhäusern auch hier in Wevelinghoven anhand des vielfältigen Rots der alten Steine differenzieren. Ich fragte einen Anwohner, der gerade mit der Maurerkelle in der Hand sein schönes Häuschen reparierte, nach Art und Herkunft der Steine. Das Wort Feldbrand fiel sofort, aber das Haus hatten seine Vorfahren gebaut und an Genaueres konnte er sich nicht erinnern, nur dass der Ton vor Ort dem Boden entnommen wurde.

Das ist auch kein Wunder, denn dieses spezielle Verfahren wird seit etwa 150 bis 200 Jahren nicht mehr praktiziert. „Bis zur industriellen Revolution war die Herstellung von Ziegeln Handarbeit", erklärt ein Heimatverein aus Weseke. Erfahrene Ziegelmeister zogen zumeist im Wandergewerbe von Feldbrand zu Feldbrand. Die geformten Tonsteine (oft in Holzformen gepresst und ausgeschlagen) wurden nach fachgerechter Trocknung an einem möglichst windgeschützten Ort, nach einem genau festgelegten System in Form eines Meilers zum Brennen aufgebaut. Als Brennstoff dienten Kohle und Holz. Je nachdem, an welchem Ort im Meiler die Ziegel nun lagen, ergaben sich unterschiedliche, stark oder schwach gebrannte Qualitäten, die auch unterschiedlichen Einsatzzwecken dienten. Am wertvollsten waren die roten Klinker, die in der Mitte des Brands gelegen hatten.

Die Römerstraße führt geradeaus durch den Ort, vorbei an der Backsteinkirche St. Martinus. Gleich danach biegen Sie rechts in den Klosterweg ab.

🚲 Radfahrer bleiben noch geradeaus auf der Dorfstraße. Erst die übernächste Straße rechts (Brückenstraße) führt dann zur Mühle Kottmann an der Erft. Nach der Brücke biegen Sie links in den erst ab hier etwas breiteren Uferweg ein.

Fußpilger erreichen schon hier, nach der Brücke links (Hans-Gottfried-Bernrath-Weg), den schmalen, romantischen Uferpfad entlang der Erft. Rechter Hand fällt ein exakt kegelförmiger Erdhügel auf. „Das ist eine **Motte**", rief ein Angler auf meine Frage hin vom anderen Flussufer erklärend herüber. Die Dorfjugend trifft sich in der dort oben errichteten Hütte. Ursprünglich aber war der Gipfel des künstlich errichteten Erdhügels Standort eines Wohnturms, einer Hausanlage. Diese Art Wohnburg ist hier in der Erftniederung häufiger zu sehen. Der Hügel schützt das Haus vor Hochwasser.

Zur Rechten haben Sie Holunderwiesen, auf der anderen Flussseite grenzen die Grundstücke der Anwohner oft ohne Zaun ans Wasser. Wieder bietet sich eine Gelegenheit zum Innehalten auf einer der Pausenbänke ⊼.

An der Mühle Kottmann (Mehl-, Schrot-, Grieß- und Kleieprodukte, Backmischungen, Saaten und Körner) wird der Weg breiter. Nach der Gartenbrücke stellt sich wieder Besiedlung ein. Die nächste Brücke führt dann zur Stadtparkinsel von Grevenbroich. Wenn Sie ins Stadtzentrum wollen, könnten Sie hier schon durch die Parkanlage spazieren. Markiert ist weiter geradeaus in die Siedlung hinein und bis zum Kreisverkehr.

Die erste Straße rechts, durch Poller für den Verkehr verschlossen, ist die Bahnhofstraße und führt zum Bahnhof. Die zweite (rechtsherum gezählt) ist die Rheydter Straße, auf der Sie Ihren Weg am Platz der deutschen Einheit vorbei fortsetzen. Die erste Straße nach links führt in die Innenstadt.

Grevenbroich

📧 41515 ☎ 02181

🅸	**Stadtmarketing/Tourismus**, Am Markt 2, ☎ 60 82 43, FAX 608 82 43, 💻 www.grevenbroich.de/stadtmarketing, ✉ robert.jordan@grevenbroich.de, 🕐 Mo bis Mi 8:00 bis13:00, Do 8:00 bis 12:30 und 13:30 bis 17:00
🛏 ✕	**Hotel Sonderfeld**, Bahnhofsvorplatz 6-8, ☎ 227 20, FAX 22 72 60, 💻 www.hotel-sonderfeld.de, ÜF: EZ € 59, DZ € 90, reduzierte Preise an Wochenenden, 🕐 Rezeption: Mo bis Fr 6:15 bis 23.30, Sa und So 7:00 bis 12:30 oder nach Vereinbarung, ⮕ 300 m (Bahnhof)
♦	**Hotel zur alten Schmiede**, Karl-Oberbach-Str. 25/Südwall 2, ☎ 21 49 70, FAX 214 97 10, 💻 www.hotel-alte-schmiede.net, ÜF: EZ € 58, DZ € 89, Fön, WLAN, ⮕ 300 m (Innenstadt)
♦	**Hotel Elsen**, Rheydter Straße 77, ☎ 491 20, FAX 164 65 14, 💻 www.hotel-elsen.de, ✉ info@hotel-elsen.de, Preise auf Anfrage, am Weg

- **Hotel Stadt Grevenbroich**, Röntgenstraße 40, ☎ 30 48 oder 475 77 70, FAX 37 05, 🖥 www.hotel-grevenbroich.de, ✉ reservierung@hotel-grevenbroich.de, ÜF: EZ ab € 50, DZ ab € 80, ↪ 400 m (Innenstadt)
- Grevenbroich liegt an der Regionalbahnstrecke Düsseldorf-Bedburg, ☞ Düsseldorf.
- **Villa Erckens**, Museum der Niederrheinischen Seele, Am Stadtpark, ☎ 60 86 56, 🖥 www.museum-villa-erckens.de, 🕐 Mi, Do, Sa und So 11:00 bis 17:00 Fr 9:00 bis 13:00

Broich bedeutet „Bruch" oder „feuchte Niederung". Der Name Kaster leitet sich vom lateinischen Wort „castrum" für Burg oder Befestigungsanlage ab.

Hinter Grevenbroich beginnt eine neue Welt. Riesige Löcher sind in die nun fast erreichte Bördelandschaft (die Jülicher Börde erstreckt sich zwischen Erft und Eifel) gefräst. Die hier im Tagebau geförderte Braunkohle (Garzweiler I) wird zur Gänze in Grevenbroich (an zwei Kraftwerksstandorten) verheizt. Kunstberge aus Abraummaterial sind in die Landschaft gesetzt. Am Kraftwerk Frimmersdorf, dem bisher größten Kraftwerkskomplex der Region, führt der Weg direkt vorbei. Inzwischen wird es vom erst 2012 in Betrieb gegangenen Braunkohlekraftwerk der Superlative überragt, dem zweitgrößten Komplex in Europa im benachbarten Neurath. Ein dritter Standort der Braunkohleverstromung außerhalb des Stadtgebiets von Grevenbroich, Niederaussem, stößt vom Weg aus sichtbar im Süden seine „Wolken" in den Himmel.

Grevenbroich zählt dank seiner Lage in der Kölner Bucht zu den wärmsten Regionen Deutschlands. Durch die geballte Kohleverbrennung vor Ort wird es messbar weiter aufgeheizt. 60 % der Verbrennungsenergie werden selbst bei den modernsten Kraftwerkstechniken an die unmittelbare Umgebung verschwendet, vor allem ins Wasser der Erft geleitet. Eine Nutzung der Abwärme entwickelt sich erst in bescheidenem Ausmaß, hier durch die Angliederung einer Gärtnerei, und ist eher als Alibinutzung anzusehen. Die Braunkohleverstromung gilt als die schmutzigste Art der fossilen Energieerzeugung mit dem im Verhältnis größten Kohlendioxydausstoß.

Die vielen Angler sind zufrieden, jedenfalls was den Ertrag angeht. Ungewöhnlich fischreich sei die Erft. Sie fürchten diesbezüglich eher ein Ende des Tagebaus, wenn die Erft nicht mehr zusätzlich vom Kühlwasser gespeist wird. Aber das wird frühestens in 40 Jahren sein, denn solange gilt die Betriebsgenehmigung für das neue Kraftwerk in Neurath.

Villa Erckens im Park von Grevenbroich

Die Stadt Grevenbroich zeigt sich im Innenstadtbereich mit austauschbaren Einkaufstraßen, wirkt aber durch seine die Stadt durchziehenden Parkanlagen am Uferbereich der Erft lebendig. Der **Hans-Gottfried-Bernrath-Park** lässt sich auf einem kleinen Abendspaziergang noch erkunden. Mit seinen Wasseradern, Totarmen und Tümpeln, der Wasserturmskulptur am Stadtarchiv auf der Stadtparkinsel und der **Villa Erckens**, einer klassizistischen Industriellenvilla - heute Museum der Niederrheinischen Seele -, bildet er ein kleines Juwel der Zerstreuung.

15. Etappe: Von Grevenbroich nach Kaster

➲ 14 km, ⌛ 4 Std.

Der Jakobsweg verläuft durch die Grevenbroicher Stadtteile Elsen, Gustorf und Gindorf nach Frimmersdorf. Eine Alternative für diejenigen, die eine „grüne" Wegstrecke bevorzugen, ist der Wanderweg X2, der zwischen Altem Schloss und Erftmühle beginnt, südlich am Ufer der Erft verläuft und nach Frimmersdorf führt. Vom Kraftwerk bis vor Kaster verläuft er parallel zum Jakobsweg.

🥾 Sie folgen der Rheydter Straße, wandern durch die Unterführung und befinden sich danach auf dem Energieweg, der sich mit einem ausgemusterten „Läufer einer Niederdruck-Teilturbine eines 600 MW Dampfturbosatzes aus dem Kraftwerk Neurath" der RWE Energie AG (Rheinbraun) ankündigt. Etwas später wechselt die Markierung zur linken Straßenseite. Dann geht es mit Blick auf die Kirche links in die Straße Elsener Haus.

Vor der Kirche St. Stephanus biegen Sie rechts ab und an der nächsten Querstraße links in die Deutsch-Ritter-Allee. Der Name der Straße sowie der am Weg liegende Deutschorden-Kindergarten weisen auf den hier in **Grevenbroich-Elsen** aktiven, sich sozial engagierenden Deutschritterorden hin.

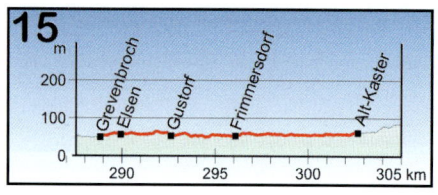

Die nächste Straße rechts heißt Herrenhof. Hier gehen Sie bis zum Ende der Siedlung und dann links am Siedlungsrand den geteertem Weg entlang auf die Kirche und das Kraftwerk am Horizont zu. An einer Feldwegkreuzung vor einem landwirtschaftlichen Betrieb laufen Sie geradeaus über den Betriebshof. Vor der Autobahn schwenken Sie nach links und laufen kurz an ihr entlang, um dann rechts auf der Kreisstraße unter ihr hindurchzugehen. Geradeaus folgen Sie danach dem Radweg, der sich von der Straße wieder entfernt. Sie erreichen **Gustorf**, Stadt Grevenbroich. Vorbei an Gasthof und Metzgerei treffen Sie auf die Pfarrkirche St. Maria Himmelfahrt.

15. Etappe: Von Grevenbroich nach Kaster

Landhotel Lindenhof, Marienplatz 7, 41517 Grevenbroich-Gustorf,
℡ 021 81/706 47 10, FAX 706 47 20, 🖥 www.landhotel-lindenhof.com,
✉ info@landhotel-lindenhof.com, Preise auf Anfrage, Restaurant: ab 17:30

Die Pfarrgemeinde Gustorf gehört zu den ältesten Pfarreien des Kölner Erzbistums. Die schon von Weitem sichtbare, neugotische, katholische Pfarrkirche St. Maria Himmelfahrt stammt aus den 1870er-Jahren. Bekannt wurde die auch als **Erftdom** betitelte Kirche vor allem durch die romanischen Chorschranken, von denen drei Reliefplatten erhalten sind, die sich aber im Rheinischen Landesmuseum Bonn befinden. Lediglich Kopien sind in der Taufkapelle angebracht. Um eine Öffnung außerhalb der Gottesdienstzeiten könnten Sie sich am Pfarrbüro gleich neben der Kirche bemühen.

◆ Am Marienplatz 2, ℡ 021 81/427 27, ✉ pfarrbuero.gustorf@elsbach-erft.de, Mo, Mi, Fr 9:00 bis 11:00, Di, Do 15:00 bis 17:00

Sie gehen an der Kirche links herum und an der folgenden Kreuzung (der Radwegweiser zeigt hier geradeaus über das Gleis) wieder rechts, bis Sie die K 43 erreichen. (Aus nicht nachvollziehbaren Gründen ist am Joseph-Bremer-Platz vor der Einmündung ein Schlenker durch die Provinzstraße markiert. Bleiben Sie hier einfach geradeaus und biegen Sie nicht ab. Wenige Schritte weiter finden Sie die Markierung wieder.) (Bäckerei/Café)

Etwas weiter, kurz vor dem Bahnhof Frimmersdorf, folgen Sie der Straße links über die Schienen und gehen auf das **Kraftwerk Frimmersdorf** zu. Rechter Hand sehen Sie einen Getränkehandel mit Kiosk. Direkt danach biegen Sie rechts in einen Feldweg ab. (Der Radweg und auch der Energiepfad sind wieder da.)

Angesichts der rauchenden Schornsteine und dampfenden Kühltürme mutet es zunächst etwas sonderbar an, dass dieses Gebiet als Landschaftsschutzgebiet ausgewiesen ist. Doch geben Sie Acht! Gleich am Beginn des Weges überqueren Sie ein Wasserloch, das beinahe ganz mit schwimmenden Pflanzen überwuchert ist. Die Erft drückt hier ihr Wasser in das Waldgebiet und hat einen wunderbaren **Bruchwald** gezaubert.

Retten was zu retten ist, Bruchwald am Kraftwerk Frimmersdorf

An der folgenden Gabelung halten Sie sich weiter geradeaus, an der T-Kreuzung geht es kurz links und wieder mit dem Weg rechts herum, hautnah am Industriegelände entlang. Eine Ruhebank ⚎ am von Deichen gesäumten Ufer der Erft ermöglicht es, das Szenario in Ruhe zu betrachten. Wasser strömt vom Gelände in die Erft. Über Bandanlagen erreicht die Braunkohle das Kraftwerk. Von den insgesamt vierzehn, teils über 50 Jahre alten Kraftwerksblöcken sind seit Anfang 2013 nur noch zwei in Betrieb. Da dies aber die beiden größten sind, stehen immer noch mehr als ein Drittel der ursprünglichen Gesamtleistung zur Verfügung.

Nach der Pausenbank knickt der Weg rechts ab und führt zu einem Sträßchen, auf dem Sie links die Erft überqueren. Weiter geht es mit dem Sträßchen unter den Bandanlagen und Rohrleitungen und an der Straßenverzweigung halb rechts unter den Freileitungen hindurch. Das Kraftwerk lassen Sie jetzt hinter sich.

Wieder rechts passieren Sie das angrenzende Umspannwerk. Dann macht der Gartenweg einen Linksknick und erreicht am Ortsrand von Frimmersdorf wieder das Ufer der Erft. Schon bald gehen Sie rechts über die Brücke und weiter links auf der Betriebshofstraße, die dann in einen angenehmen Rad- und Fußweg am Erftufer ihre Verlängerung findet. Nicht viel weiter halten Sie sich an einer Verzweigung halb links und laufen unter einer Brücke hindurch am Ufer weiter.

Nach längerem Gang entlang eines Kunstberges **(Frimmersdorfer Höhe)**, der mit Windkraftanlagen bestückt ist, biegt Ihr Weg an einer Gabelung entlang eines Nebenbaches rechts vom Ufer und vom weiterführenden Hauptweg (X2) ab, knickt nach rechts ab und steigt links zu einer Straßenbrücke an. Geradeaus führt ein schmaler Pfad weiter durch jungen Wald. Wieder zweigen Sie links über eine Brücke ab. Der Radwegweiser zeigt nach Bedburg-Kaster noch 3,5 km an.

Nach der Brücke nehmen Sie rechts den Wirtschaftsweg. Wenn der Feldweg nach links führt, bleiben Sie auf dem geteerten Weg rechts und laufen dann weiter geradewegs am Waldrand entlang. Über den Waldsaum ragt eine Kirchturmspitze. Dort müssen Sie hin.

Auch der Waldrandweg knickt nach links ab. Hier biegen Sie halb rechts in einen fast parallel verlaufenden Weg ab und dringen in den Waldsaum ein. An einem Querweg gehen Sie dann rechts und wieder links, jetzt entlang des Kasterer Sees (Relikt eines alten Tagebaus). Am Seeende folgen Sie dem erreichten breiten Weg nach links, weiter im schattigen Wald wandernd. An einem Bildstock geht es dann rechts auf einem Parkweg durch das Stadttor von **Alt-Kaster**.

Bedburg-Kaster 🛏️✕🚶‍♂️➕ BANK ☕🍴🏪🚌 ✉️ 50181 ☎ 02272

- ⊙ Einen Pilgerstempel gibt es im **Pastoralbüro**, Bedburg-Kaster, Von-Hochstaden-Str. 8 im neuen Kaster (gegenüber der Grundschule), ☎ 25 72, während der Öffnungszeiten: Mo bis Fr 9:00 bis 12:00 sowie 15:00 bis 16:00, Fr bis 18:00
- 🛏️✕ **Landhaus Daniels Hof**, Restaurant, Cafe, Alt-Kaster, Hauptstraße 3, ☎ 98 00, FAX 98 02 00, 🖥 www.danielshof.de, ✉ info@danielshof.de, ÜF: EZ ab € 99, DZ ab € 133
- ♦ **Haus Breuer**, St.-Rochus-Straße 28, Neu-Kaster, ☎ 93 04 93, FAX 93 04 95, 🖥 www.restaurant-haus-breuer.de,
✉ restaurant@restaurant-haus-breuer.de, Preise auf Anfrage
- 🛏️ **Fremdenzimmer Lindner**, Friedlandstr. 38, Neu-Kaster, ☎ 45 57 + 52 35, 📱 01 72/209 34 46

🚌 Vom Rathaus in Neu-Kaster fährt regelmäßig ein Bus bis zum Bahnhof Bedburg, 🚆 von dort Züge Richtung Köln und Düsseldorf. Auch in Kirchherten sind die Buslinien noch auf Bedburg ausgerichtet, ab dem Weiler Mündt dann auf Jülich.

✝ **Pfarrkirche St. Georg**, Alt-Kaster. Der Vorraum ist geöffnet, durch die Glastür lässt sich die barocke Inneneinrichtung betrachten. Infos dazu hängen aus.

Das mittelalterliche Kaster (Erfttor)

Das winzige Städtchen Kaster ist ein lebender Anachronismus. Es ist sozusagen aus der Zeit gefallen, indem es sein Wachstum mit dem Beginn der Industrialisierung eingestellt hat. Noch im Jahre 1939 zählte Kaster genauso viele Einwohner wie 1861 und war auch nach dem Zweiten Weltkrieg mit nur 731 Einwohnern (1955) die zweitkleinste Stadt Deutschlands. Und dieser Tatsache verdankt es sein Überleben. Erhalten blieb eben auch eine in sich geschlossene, mittelalterliche Stadtanlage und die erwies sich im 20. Jh. als ein perfekter Schutz vor den feindlichen Übergriffen der gefräßigen Braunkohlebagger.

Durch das Erfttor tritt der Besucher in diese alte Welt ein, spaziert vergnügt ein wenig die Hauptstraße entlang und ist schon zum zweiten Tor wieder hinausgeraten. Aufgehalten wird er vielleicht durch eine Stippvisite bei der barocken Backsteinkirche **St. Georg**. Ein Blick durch die Glaswand des Vorraums ist gestattet. Auch der Gasthof lockt mit Pfannekuchen zu Mittag. Es bleibt der ein oder andere Winkel, in den man neugierig hineinguckt. Ein Hoftor ist offen und zeigt einen umbauten Innenhof. Mal gibt es Fachwerk, aber immer Ziegel, auch verputzt. Häuser stehen mal mit der Traufe, mal mit einem barocken Giebel zur Straße.

Und dann geht man doch hinaus zum Tor und denkt: Ach, hier ist die Stadt. Da gibt es Pizzeria und Bank und Bäcker. Aber das ist nicht mehr Kaster. Das sind Epprath, Morken-Harff und Königshoven. Diese Städte waren nicht so alt wie Kaster, sind in das große Loch gefallen und von den Braunkohlebaggern gefressen worden. Den Bewohnern hat man vor der Niederpforte Kasters ein neues Zuhause geschaffen.

☺ In Kaster oder auch in der neuen Stadt davor könnten Sie bleiben. Sie könnten aber nach dieser recht kurzen Etappe auch noch ein Stück weiterziehen, zum Beispiel bis Kirchherten, das nahe am unten beschriebenen weiteren Weg liegt und auch ein nettes Örtchen mit ausreichend Infrastruktur ist (➲ 7 km).

16. Etappe: Von Kaster nach Jülich

➲ 25 km, ⏳ 7 Std.

🚶 Vom Niedertor folgen Sie geradeaus der Hauptstraße, passieren Supermarkt, die evangelische Kirche, das 🛏 Hotel Breuer, eine Bäckerei, eine 💰 Bank und eine 🅰 Apotheke. Fast am Ende der städtischen Infrastruktur, gegenüber dem ☕ Café Oebel, biegen Sie rechts in die Gustav-Heinenmann-Straße ein.

Wenn Sie zum Pastoralbüro ⊙ gehen wollen, bleiben Sie noch wenig weiter in dieser Richtung und gehen dann links in die Harffer Schlossallee. Die nächste Straße rechts ist dann die Von-Hochstaden-Straße.

An der Gustav-Heinenmann-Straße liegt rechter Hand das Rathaus und davor die 🚌 Bushaltestelle. Auch wenn die Siedlungsstraße bald nach links führt, bleiben Sie noch bis zum Waldkindergarten geradeaus. An der dortigen Kreuzung folgen Sie links dem sanft ansteigenden Schotterweg zwischen Hecke und Wald auf eine Höhe hinauf, wieder in eine Senke und wieder hinauf. Sie passieren einen Bildstock und bleiben immer auf dem Feldweg. Es eröffnet sich welliges Land, bebaut mit Weizen, Kartoffeln und Zuckerrüben.

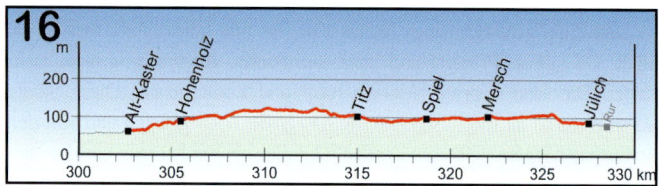

Am dritten Heiligenhäuschen wechseln Sie dann links mit der Straße die Richtung. Rückwärtig können Sie zu den Kraftwerken Frimmersdorf und Neurath blicken.

Nach der Schützenhütte Königshofen gibt es eine T-Kreuzung. Hier gehen Sie rechts auf die Windräder am Horizont zu. An der nächsten Kreuzung, im **Weiler Hohenholz,** sehen Sie rechts ein braunes Hinweisschild zum nahe gelegenen, noch Kaster zugerechneten Gut Hohenholz. Ihr Weg führt hier weiter geradeaus.

Gut Hohenholz, Hotel Restaurant, ☎ 40 75 00, FAX 407 50 20,
  www.guthohenholz.de, info@guthohenholz.de, Preise auf Anfrage,
  ↪ 600 m

Die leichte Anhöhe mit weitem Blick beschert dem Pilger ein Déjà-vu: Die Landschaft gleicht der Börde am Nordrand des Haarstrangs. Scheinbar unendlich erstrecken sich wieder die Felder, jetzt auch mit Möhren und Kohl bebaut. Im Süden erscheint ein Höhenzug, dessen Ausmaße es schwer machen, zu realisieren, dass dies ein Kunstberg ist. Es ist die Halde am Nordrand des Tagebaus Hambach (**Sophienhöhe**). Und noch etwas ist anders: Die Windparks sind hier deutlich kleiner und am Horizont ragen kranartige, zum Tagebau gehörende Werkzeuge (Absetzer) aus den Feldern.

16. Etappe: Von Kaster nach Jülich

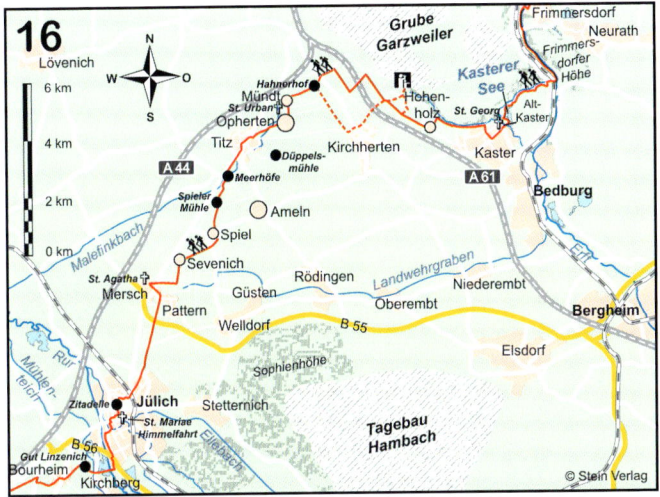

An einer weiteren Straßenkreuzung ist rechts ein Abstecher zu einem Aussichtspunkt am Südostrand der Grube Garzweiler I möglich, auch für Fußgänger.

⇔ Die nächste Straße links führt durch ein Tal. Im Tal beginnt links ein abkürzender, allerdings nicht gepflegter, anfangs durch den Wald führender Feldweg zurück zum Pilgerweg. Aber vorher wandern Sie noch der Straße nach rechts aufwärts folgend bis an den Rand des Tagebaus. Der Kohleabbau selbst ist allerdings schon weit nach Westen vorgerückt. 2012 fand ich diesen Bereich schon fast wieder verfüllt. Um die Braunkohle freizulegen, bewegt der Tagebau Garzweiler jährlich gut 140 Millionen m³ Abraum, also Löß, Kies und Sand.

Der erste Abraum wird in Halden aufgeschichtet und mit dem weiteren aus dem Vortrieb (den im Bau befindlichen Gruben) wird die hinterlassene Grube wieder verfüllt. Am Ende bleibt ein Loch riesigen Ausmaßes (⊃ 800 m) (📷 Seite 236).

Tagebaugebiet Garzweiler

Der Jakobsweg behält die Richtung bei und führt wieder abwärts in eine Senke.

⇔ Hier könnten Sie links nach Kirchherten zur Übernachtung, aber auch auf eine abwechslungsreichere **Wegalternative** abbiegen. Sie bleiben am Ortsrand von Kirchherten, überqueren geradeaus die Landstraße und nehmen wenig weiter an einer Wegkreuzung rechts den Feldweg, der wieder nördlich auf den Hahnerhof gerichtet ist.

Kirchherten ⊃ 1,5 km 🛏 ✕ 🍷 ☕ 🚌 📧 50181 ☎ 02463

🛏 ✕ **Hotel Deutsches Haus**, St.-Martinus-Straße 1, Bedburg-Kirchherten,
☎ 991 60, 💻 www.kirchherten.de/jansen/kjansen, 🍴 Restaurant: ab 18:00,
So 12:00 bis 14:00, Mi Ruhetag

🛏 **Pension Am Rosenstock**, Bedburg-Kirchherten, Am Rosenstock 60,
📞 01 78/74 83 941, 💻 www.pensionamrosenstock.info,
✉ gabizweber@pensionamrosenstock.info, 6 Betten, Ü: EZ € 35, DZ € 50

Der markierte Weg strebt geradeaus wieder zur Höhe hianuf, mitten durch den Windpark. An einer versetzten Kreuzung - noch nicht am letzten Windrad - gehen Sie dann links auf die Autobahn zu. Eine Markierung fand ich am Abzweig nicht.

Nach der Autobahnbrücke wandern Sie noch bis zur nächsten Kreuzung und dort wieder rechts in die Weite. Links herüber ist die Kirche von Kirchherten zu sehen. An der dann erreichten T-Kreuzung geht es links auf die bereits seit Längerem sichtbare Landstraße mit den Alleebäumen zu und geradeaus darüber hinweg. An der folgenden Verzweigung versteckt sich in einem Wäldchen linker Hand der **Hahnerhof**, auf dessen Grund auch eine dem hl. Irmundus geweihte Kapelle steht (➲ 300 m).

Sie laufen geradeaus am Waldrand durch eine Bachsenke und steigen wieder auf die kleine Höhe. Dort gehen Sie links in den Weiler **Mündt** und weiter geradeaus. Rechts ist ein Abstecher zur Kirche empfehlenswert.

⇔ Vor der Kirche St. Urban, aus Tuffstein und Ziegel gebaut, fallen gut erhaltene Grabkreuze aus dem 17. und 18. Jh. ins Auge. Gegenüber steht das Pfarrhaus, neben der Kirche ein großer Hof.

Alte Grabkreuze vor der Kirche St. Urban in Mündt

Vorbei am Friedhof und Gut Klosterhof St. Anna erreichen Sie **Opherten**. Links zweigt der Irmundusweg ab, halb rechts die Urbanstraße. Diese führt Sie weiter durch das Dorf. An der T-Kreuzung folgen Sie rechts dem Radweg (2 km bis Titz) in die Bergstraße und biegen dann gleich links in die Titzerstraße ein. Es geht wieder zum Dorf hinaus und auf die nächste Kirche zu.

Linker Hand erscheint auf einer Anhöhe gelegen eine historische Windmühle im Bild. Es ist die **Düppelsmühle**, eine heute stillgelegte Bockwindmühle aus dem 16. Jh. auf den Höhenrücken Düppel.

Dann ist auch schon **Titz** erreicht. Am Kreisverkehr vor dem alten Speicher gehen Sie rechts. Der Radwegweiser zeigt Richtung Jülich. Zunächst geht es zur Ortsmitte 🞩 BANK ✗ 🏁 🍺.

Pension Alright Overnight, Linnicherstraße 3, 52445 Titz, ☎ 024 63/90 56 55, 01 79/771 62 15, 01 73/811 10 56, Ü: € 20/Person,

An der Durchgangsstraße gehen Sie links und dann wieder halb rechts auf die Kirche zu. Die recht groß wirkende Backsteinkirche St. Cosmas und Damian (⇔ Abstecher, nicht geöffnet) lassen Sie rechts liegen, gehen an der folgenden Kreuzung links in die Amelner Straße und auf der wieder erreichten Durchgangsstraße wieder rechts zum Kreisverkehr. Geradeaus, auf separatem Radweg, wandern Sie auf Jülich zu. An der 🚌 Bushaltestelle Meerhof (Bus Richtung Jülich und Titz) zweigen Sie links von der Straße ab. Vor den **Meerhöfen** (zwei nebeneinanderliegende Hofstellen alteingesessener Familien) biegen Sie rechts in den Feldweg ein (Ruhebank 🪑 und Wegkreuz).

Der Feldweg führt an der Grabenbrücke, jenseits der im dichten Bewuchs kaum sichtbaren Meerhöfe, nach links und wieder nach rechts. Er läuft mit dem beginnenden geteerten Wirtschaftsweg auf die nächste Hofanlage, die **Spieler Mühle,** zu. Hier erfuhr ich mehr: Die Meerhöfe sind ältere Vierseithofanlagen in Familienbesitz. Mit jeweils etwa 100 ha Eigenland wirtschaften sie erträglich. Die Hofanlage hier an der Spieler Mühle ist neu aufgebaut und bedarf der 170 ha Pachtland, um das Auskommen einer Familie zu sichern, denn auch der Eigentümer des Ackerlandes will bezahlt sein.

In den großen Hallen werden Kartoffeln, die zurzeit den Haupterwerb des Betriebes ausmachen, gelagert. Auf etwa 70 ha wachsen diese für die Pommes-Frites-Industrie. Im Übrigen werden hier Zucker(rüben), Raps für den Tank und Weizen angebaut. Mit 80 bis 100 von 100 möglichen Bodenpunkten zählen diese Böden zu den ertragreichsten Deutschlands.

Sie gehen links am Hof vorbei, auf dem Wirtschaftsweg bleibend. Es geht auf **Spiel** (von Kirchspiel, Urpfarrei) zu. An der Kreuzung vor dem Ortseingang gehen Sie weiter geradeaus und dann in der Ortsmitte rechts, Richtung Kirche. Vor einem Hof biegen Sie aber noch einmal links ab. Wieder ist die Kirche aus Ziegeln und Tuffstein gebaut. Gehen Sie rechts an ihr vorbei, hinter der Friedhofsmauer links zur T-Kreuzung und dort wieder links zum Dorf hinaus. An der nächsten Kreuzung nehmen Sie rechts den Sevenicher Weg.

Linker Hand ist die Sophienhöhe schon näher gerückt. In **Sevenich** biegen Sie nach einem Goldfischteich links in den nicht geteerten Feldweg ein.

🚲 Radfahrer können geradeaus zur L 241 und dort links nach Mersch fahren.

Wenn Sie schon in Höhe des Dorfes **Mersch** sind, ist der Pilgerweg rechts zur Kirche in der Ortsmitte ausgewiesen. (Um etwas abzukürzen, könnten Sie noch bis zur bereits sichtbaren, auffälligen Scheune in derselben Richtung weiter und dort rechts bis zur Patterner Gasse gehen. Links am Kindergarten Spatzennest vorbei gelangen Sie wieder auf den Weg.)

Markiert ist durch den Pfaffenpfad zur Landstraße, geradeaus führt dann die Straße Schwarzer Weg zur ✝ **St.-Agatha-Kirche** (Bruchstein und Ziegel, leider nicht geöffnet).

Vor der Kirche geht es links wieder zur Landstraße zurück und geradeaus darüber hinweg in die Patterner Gasse. Kurz nach dem Ortsausgangsschild knickt die Straße an einem kleinen Platz mit Wegkreuz nach links ab. Sie zweigen hier die Richtung beibehaltend ab (von links gezählt der erste Abzweig) und gehen am Sportplatz entlang auf dem gepflasterten Vogelbaumweg weiter. Von der Brücke über die B 55 ist der Wasserturm von Stetternich sehr schön zu sehen. Linker Hand steht ein Kurzwellensender am Weg. Er gehört zur Rundfunk Sendeanstalt Jülich.

Sie erreichen eine Straße und gehen mit dem Radweg weiter geradeaus. An einem kleinen Gewerbegebiet gibt es eine Kreuzung. Sie behalten die bisherige Richtung bei und laufen auf der Haubourdinstraße weiter. Auch an der

Neusser Straße wechseln Sie noch nicht die Richtung, sondern pilgern durch die Bahnunterführung und biegen erst nach den beiden Tankstellen rechts in die Breslauer Straße ein. An der folgenden T-Kreuzung geht es dann links in die Kurfürstenstraße und am beginnenden Wäldchen laufen Sie rechts auf einem Fußweg an ihm entlang.

Links zweigen Sie bald über eine Lieferantenzufahrt zur bedeutendsten Sehenswürdigkeit der Stadt, der Jülicher **Zitadelle**, ab. Der Pilgerweg führt mitten hindurch und gibt einen schönen Einblick in die mittelalterliche Festungsanlage. Durch ein tunnelartiges Tor betreten Sie den Innenhof. Gleich nach der Tordurchfahrt führt Sie der Pfeil nach links und direkt wieder nach rechts durch den Hof hinter das Schloss im Zentrum (heute Gymnasium). Einige Ruhebänke ⊼ stehen passend bereit, um den schönem Blick, der sich hier auf die Fassade der Schlosskapelle bietet, zu vertiefen. Danach halten Sie sich rechts und wenig weiter wieder links und verlassen durch einen zweiten Tunnel die Anlage in den Park an der Jülicher Altstadt. (Die Tore der Burg sind bis 22:15 geöffnet.)
Geradeaus geht es durch den Park in die Stadt. Am Parkrand beginnt gleich die Fußgängerzone (Kölnstraße). Hier ist auch ein Stadtplan einzusehen. Rechts führt Ihr Weg weiter Richtung Altes Rathaus und Markt.

☺ Wenn Sie am Parkrand geradeaus (Poststraße) und an der Großen Rurstraße dann links gehen, passieren Sie den Schwanenteich mit den dort angesiedelten ⇌ Übernachtungsmöglichkeiten. Hinter dem Teich rechts führt die Bahnhofstraße zum 🚂 Bahnhof.

Am Marktbrunnen ist links herüber zur Kirche St. Mariae Himmelfahrt markiert. Achten Sie bei einem Besuch auch auf das moderne Fenster, das den Apostel Jakobus darstellt. Wenn Sie an der Kirche rechts gehen und weiter der Kleinen Rurstraße folgen, treffen Sie auf das **Aachener Tor**.

Jülich   🖳⇌✕🛒♨✚🏦🏊🎪🍴🚌🚏 ✉ 52428 ☏ 02461
⇌ ✕ **Hotel Alte Post**, Baierstraße 4a, ☏ 971 70, FAX 97 17 40,
🖳 www.alte-post-juelich.com, ✉ info@alte-post-juelich.de, 26 Betten,
ÜF: EZ € 55, DZ € 77, 🚗 Abholservice. Zentrum

Jülicher Zitadelle

- **Stadthotel Jülich**, Baierstraße 1, ☏ 93 11 90, FAX 93 11 91,
  🖥 www.stadthotel-juelich.de, ✉ kontakt@stadthotel-juelich.de, ÜF: EZ € 59,
  DZ ab € 69, Zentrum
- **Hotel Am Hexenturm**, Große Rurstraße 94, ☏ 970 60, FAX 546 84,
  🖥 www.hotel-hexenturm.de, ✉ info@hotel-hexenturm.de, ÜF: EZ ab € 59,
  DZ ab € 90, DBZ € 130, am Aachener Tor
- **Hotel Drei Musketiere**, Lorsbecker Straße 11, ☏ 71 11, FAX 340 46 21,
  🖥 www.hotel-drei-musketiere.com, ✉ info@hotel-drei-musketiere.com,
  ÜF: EZ € 47, DZ € 75, DBZ € 85, mit Etagendusche: EZ € 30, DZ € 60,
  ➲ 500 m (Südstadt)
- **Hotel Kaiserhof**, Bahnhofstraße 5, ☏ 680 70, FAX 68 07 77,
  🖥 www.kaiserhof-juelich.de, ✉ info@kaiserhof-juelich.de, 60 Betten,
  ÜF: EZ € 67, DZ € 92, DBZ € 115, Rabatt an Wochenenden,
  ➲ 150 m (am Schwanenteich)
- **Pension Central**, Düsseldorfer Straße 11, ☏ 34 11 16, FAX 93 61 29,
  🖥 www.pension-central-juelich.de, ✉ info@pension-central-juelich.de,
  Ü: EZ € 32, DZ € 52, Zentrum

🛏 **Haus Gabriella**, Dr.-Weyer-Straße. 11, ☎ 550 53, 🖥 www.haus-gabriella.de, ÜF: EZ € 55, DZ € 80, ➲ 300 m (Nähe Schwanenteich)

🚆 Jülich hat einen Bahnhof, an dem die Rurtalbahn Linnich - Düren hält. In Düren gibt es Anschluss Richtung Köln oder Aachen.

🚌 Etwa stündlich fahren Busse vom Aachener Tor in Jülich nach Aldenhoven (9 km). Am Aachener Tor befindet sich auch ein Taxistand.

Überregional bekannt wurde Jülich durch das frühere Kernforschungszentrum und heutige Forschungszentrum im Wald von Stetternich.

Aachener Tor oder Hexenturm

Jülichs Geschichte beginnt ähnlich wie die von Neuss mit den Römern, die hier am Übergang der Via Belgica über die Rur eine erste Siedlung bauten. Die heutige Stadtanlage geht zurück auf eine mittelalterliche, damals hochmoderne und nördlich der Alpen sehr selten anzutreffende Befestigungsanlage, die nach dem Idealbild der italienischen Renaissance errichtet wurde. Napoleon erweiterte sie durch einen Brückenkopf an der Rur.

Im Zweiten Weltkrieg wurde die Stadt fast vollständig zerstört, basierend auf dem alten Grundriss aber wiederaufgebaut. Erhalten bzw. renoviert wurden die an die Altstadt angrenzende Zitadelle und ein Teil des Schlossbaus, das heutige Gymnasium. Dies ermöglicht den Besuchern, sich ein Bild von dieser ganz besonderen Art des Städtebaus des 16. Jh. zu machen.

Ein weiteres Relikt aus dieser Zeit ist das Aachener Tor, auch Hexenturm genannt, auf Ihrem Weg am Stadtausgang gelegen.

17. Etappe: Von Jülich nach Aachen
➲ 34 km, ⧖ 9,5 Std.

Die heutige Etappe ist eigentlich viel zu lang, jedenfalls dann, wenn man die vielen Schönheiten am Weg genießen will. Ich überlasse es Ihnen, die Strecke aufzuteilen, da es auf unterschiedliche Weise möglich ist. Auf der Hälfte des Weges, etwa bei km 17, liegt Kinzweiler. Dort gibt es eine ⌂ Pension und Ausweichquartiere in Eschweiler, die mit dem 🚌 Bus zu erreichen sind. Weitere Quartiere gibt es in Aldenhoven (unsicher, ☞ Aldenhoven) nach 9 km und in Broichweiden nach 23 km bzw. 25 km. Es gibt auch die Möglichkeit, die Strecke mit dem Bus abzukürzen oder vom Weg aus komfortabel (ohne umzusteigen) zur Übernachtung nach Jülich oder Aachen zu fahren und den Weg am nächsten Tag fortzusetzen (☞ 🚌 Jülich/Würselen-Broichweiden).

Geradeaus wandern Sie durch das Aachener Tor (⌂ Hotel am Hexenturm), queren danach aber gleich links herüber die Große Rurstraße und folgen der abzweigenden Straße Am Aachener Tor. Als Nächstes wechseln Sie wieder rechts in die Rurpforte. Die Straße erinnert an die Pforte, welche durch die Vormauer der alten Stadtbefestigung führte.

Sie bleiben kurz in dieser Richtung, laufen dann links an der Schule entlang durch die Parkanlage und überqueren rechts einen Bach. Links führt die Lorsbecker Straße zum 🛏 Hotel Drei Musketiere. Sie laufen aber geradeaus

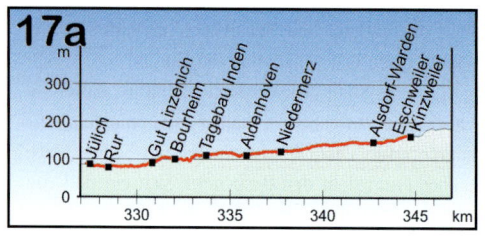

durch die Bergische Straße, passieren eine Kreuzung, ohne die Richtung zu wechseln, und erreichen am Rurufer einen Rad- und Spazierweg unter Kastanien, dem Sie links folgen. Am Ende der Allee gehen Sie rechts unter der Rur-Straßenbrücke (B56) hindurch und danach links herum durch schöne Kleingartenanlagen. Ihr Weg erreicht eine Straße. Dort laufen Sie rechts bis in die Kurve unter der Freileitung und weichen dann wieder rechts davon ab, jetzt auf eine alte Bahntrasse schwenkend. Auf schönem Weg inmitten eines Gehölzstreifens könnten Sie nun auf dieser Trasse bis Aldenhoven pilgern.

Am Wellpappewerk am Ortsrand von Kirchberg überqueren Sie die Straße und wandern in der bisherigen Richtung weiter. Etwas weiter erscheint rechter Hand das **Gut Linzenich**. Direkt am Weg liegt nur die Kapelle, von der dann eine Kastanienallee einen Blick zum ehemaligen Wasserschloss hin eröffnet (Privatbesitz). Der Jakobsweg unternimmt von hier noch einen Schlenker, weicht links vom Radweg ab, führt durch die Felder auf eine Höhe und geradeaus durch eine Siedlung (Linzenicher Weg).

Sie bleiben bis zu einer Gabelung in dieser Richtung, gehen dort rechts bis zur T-Kreuzung und dann geradeaus die Treppen abwärts. (🚲 Radfahrer können diese umfahren.) Kurz haben Sie die Kirche von **Bourheim** im Blick, die der Grund für diesen Schlenker ist.

✝ **Kath. Pfarrgemeinde Hl. Maurische Märtyrer**, Bourheim, St.-Mauri-Str. 5, ☎ 024 61/29 33. Der Westturm wurde im 12. Jh. gebaut. Der Kirchenraum stammt aus dem 18. Jh. und zeigt eine barocke Ausstattung, der Hauptaltar eine Plastik der maurischen Märtyrer. Bei der angegebenen Kontaktnummer erfahren Sie die Öffnungszeiten.

17. Etappe: Von Jülich nach Aachen

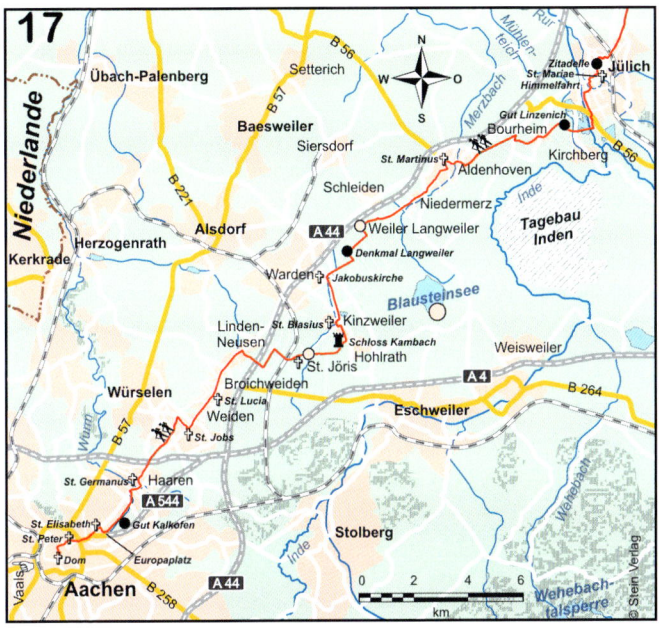

Am Dorfplatz ist weiter links an einem größeren Hof entlang markiert und dann geradeaus in die Straße Zur Fuchskaul. Am Siedlungsende folgen Sie halb rechts dem Wirtschaftsweg aufwärts und erreichen den mit 110 m höchsten Punkt von Jülich - jedenfalls war er das, bevor es die Sophienhöhe gab. Ein **Wegkreuz unter Linden** markiert den Aussichtspunkt. Richtung Süden blicken Sie über bereits rekultivierte Flächen des Tagebaus Inden bis zum Kraftwerk Weisweiler ⊤.

Wenig weiter erreichen Sie eine Straße. Dieser folgen Sie kurz nach rechts und erreichen wieder den Rad- und Fußweg auf der Bahntrasse. Links gehen Sie weiter nach Aldenhoven. Nach etwa 2 km (anfangs geht es durch ein Gewerbegebiet, dann zwischen Siedlungshäusern hindurch) taucht ein kleines, grünes Ortsschild von **Aldenhoven** am Radweg auf. Hier biegen Sie rechts, stadtwärts, vom Radweg ab. An einem Kiosk ⚥ erreichen Sie eine Querstraße, halten sich links und wandern durch den Ort.

Aldenhoven

- **Hotel/Gasthof Schäfer**, gasthof-schaefer.com, stand 2012 zum Verkauf, eine Wiedereröffnung bleibt abzuwarten.

Aldenhoven ist seit 1659 und bis heute Marienwallfahrtsort. Verehrt wird eine 1654 von Dietrich Mülfahrt aus Aldenhoven in einem Lindenbaum entdeckte Statue der Muttergottes. Bei anschließenden Andachten sahen er und zwei Freunde in der Nähe mehrmals ein unerklärliches Leuchten. Zahlreiche wundersame Heilungen werden mit der Figur in Verbindung gebracht. Heute steht eine Kopie der Madonna in der aus dieser Zeit erhaltenen Kapelle. Das Original wurde gestohlen und nicht wieder aufgefunden, berichtet der Landschaftsverband Rheinland. Neben der Kapelle steht die Wallfahrtskirche St. Martinus aus den 1950er-Jahren.

Hofverkauf in Aldenhoven

Der Weg durch Aldenhoven ist kurzweilig. Im schönen Gebäude einer alten Schule ist ein Schulmuseum untergebracht, ein Gemüsehof hält sein Tor zur Straße hin offen, am Turm einer alten Stadtbefestigung hängen Wappen und Erinnerungen an vergangene Kriege, es gibt eine Bäckerei/Café, einen Imbiss und einen kleinen Laden. An der Kirche St. Martinus gehen Sie nach links und finden dahinter die achteckige Gnadenkapelle. Hier biegen Sie dann scharf links in die Dietrich-Mülfahrt-Straße.

Rechts hinter den Häusern liegt das **Bergbaumuseum Aldenhoven** am Weg.

- ◆ 1. April bis 31. Okt.: So 14:00 bis 17:00, Do 17:00 bis 22:00, nach Vereinbarung jederzeit: 024 64/247, FAX 83 87

Nachdem Sie das Rathaus passiert haben, treffen Sie wieder auf die Radweg(bahn)trasse, die hier zur Niedermerzer Straße ausgebaut ist. Dieser Straße folgen Sie nach rechts und bleiben eine ganze Weile auf ihr (am Kreisverkehr geradeaus).

An einem Wegkreuz endet der Ort. Sie behalten die bisherige Richtung bei, auch an der großen Straßenkreuzung am Rande von **Niedermerz**, wo eine neue Siedlung beginnt. Im Zentrum, das aus nicht mehr als einer versetzten Straßenkreuzung besteht, fällt ein Hinweis auf den Weiler Langweiler sofort ins Auge.

Geradeaus folgen Sie der Langweilerstraße aus dem Dorf hinaus. Linker Hand zieht die Kirche im Altdorf an Ihnen vorüber. Nach Überquerung des Merzbaches begleitet ein Radweg die kaum befahrene Straße. Bevor die Straße dann über die schon länger parallel verlaufende Autobahn führt, biegen Sie links Richtung **Weiler/Langweiler** ab. Wenig weiter erreichen Sie den Ort, der aus planmäßig angelegten, modernen und gleichartigen landwirtschaftlichen Höfen besteht. An der Gabelung am Dorfplatz halten Sie sich links und biegen wenig weiter noch einmal links ab.

Sie gehen zwischen den Lagerhallen zweier Höfe hindurch und erreichen eine Allee, der Sie bis zur nächsten Kreuzung mit Radwegweiser (🚲 Richtung Alsdorf) folgen. Hier gehen Sie rechts bis zum Windrad. Neben dem Windrad markieren sieben junge Linden in der Nachfolgelandschaft des Bergbaus den Ort, an dem einmal das Örtchen Langweiler lag. Es musste nach 1.100-jähriger Existenz dem Tagebau Zukunft West der Rheinischen Braunkohle AG weichen. Auf einer Tafel wird die Geschichte skizziert. 650 Bewohner wurden 1969 umgesiedelt, einige wenige in den neuen Weiler Langweiler. Ein Großteil der Bewohner entschied sich aber für ein Neubaugebiet in Kinzweiler.

Leider vermisste ich hier an dieser T-Kreuzung die sonst so gute Markierung. Sie folgen dem Radweg nach links. Am nächsten Abzweig ist die Markierung wieder da. Der Pfeil zeigt nach rechts, jetzt entlang einer Schatten spendenden Hecke. Der Weg führt bald unter einer Straße hindurch und erreicht **Warden**. Die Ortsmitte ist von älteren Hofstellen geprägt. Die Tordurchfahrten weisen zur Straße. An einem schon etwas wacklig wirkenden Fachwerkbau findet sich ein Hinweis auf die hier einmal etablierte

Gerichtsbarkeit (Schöffengericht der Freien Herrlichkeit Warden), die von vor der napoleonischen Zeit noch bis zum Jahre 1793 bestand.

Gleich danach kreuzt eine Straße in der Ortsmitte. Etwa 150 m rechts steht seit 1932 eine **Jakobuskirche**, leider verschlossen. Geradeaus gehen Sie durch die Jakobstraße (Wegweiser zeigen Richtung Eschweiler/Kinzweiler), nehmen aber schon wieder den nächsten Abzweig links in die Dr.-Lausberg-Straße. Am Friedhof mündet diese in die Landstraße nach **Kinzweiler**, eine wenig befahrene Bergahorn-Allee. Auch an der folgenden Straßenkreuzung laufen Sie weiter geradeaus.

Am Beginn des Ortes Kinzweiler zweigen Sie rechts in die Kalvarienbergstraße ab. Wenig weiter folgen Sie links dem schmalen Heckenweg zur Bruchsteinkirche **St. Blasius**.

Kinzweiler 52249 02403

- **Pension Billablick**, Oberstraße 5, ☎ 50 36 53, FAX 50 36 53,
  www.zimmer-eschweiler.de, Pension-billablick@web.de,
  Preise auf Anfrage, ↻ 600 m südlich im Ortsteil Hehlrath (Sie folgen der Kambachstraße und in der Verlängerung der Straße Am Maxweiher vom Schloss Kambach aus weiter südlich. An der erreichten Wardener Straße gehen Sie links und wieder rechts in die Oberstraße.)

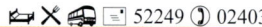
Die Buslinie 28 verbindet Warden, Kinzweiler (Haltestelle Kinzweiler Pannestraße oder Kinzweiler Burg), Kambach, Hehlrath und Eschweiler (Bushof). Sie verkehrt Mo bis Fr halbstündlich, Sa und So stündlich.

Eschweiler 52249 02403

- **Hotel Kaiserhof**, Dürener Straße 1, ☎ 50 73 63, FAX 50 39 09,
  www.kaiserhof-eschweiler.de, info@kaiserhof-eschweiler.de,
  Ü: EZ € 40, DZ € 70
- **Hotel Landhaus**, Stich 39, ☎ 951 09 05, FAX 951 09 89,
  www.hotel-landhaus-eschweiler.de, landhaushotel@googlemail.com,
  14 Betten, Ü: EZ € 44, DZ € 69, F € 4,90
- **Parkhotel**, Parkstraße 16, ☎ 787 70, FAX 368 09,
  www.parkhotel-eschweiler.de, 35 Betten, ÜF: EZ € 47, DZ € 85,
  DBZ € 115
- Bus 28, Kinzweiler

✞   Die Kirche St. Blasius liegt idyllisch etwas oberhalb der Kirchstraße, gleich neben dem dicht bewaldeten Kegel einer Niederungsmotte, einem ehemaligen Wohnberg oder Burghügel. Aus dem Graben, der sie umgibt, steigt heute ein Stationsweg hinauf, der sich um den Berg windet und zur Kreuzwegkapelle auf den Gipfel hinaufführt.

⇔   Wenn Sie die Kirchstraße unterhalb der Kirche rechts heraufgehen, können Sie sich den schönen Backsteinkomplex der 1786 errichteten Oberen Mühle ansehen. Bis 1950 war die Mühle in Betrieb, heute sind die Gebäude zu Wohnungen umgebaut. Würden Sie dieser Straße weiter folgen, kämen Sie auch nach St. Jöris und würden 500 m abkürzen.

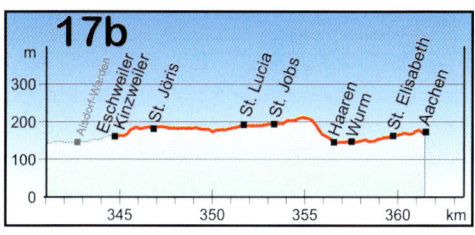

Unterhalb der Kirche gehen Sie die Kirchstraße links herunter und biegen an der Verzweigung rechts in die Kambachstraße ein. Hier fällt das **Haus Kambach** auf, das in dieser Form seit 1701 dort steht (ehemaliges Lehnsgut der Kölner Dompropstei). Die Kambachstraße führt zum ♜ **Schloss Kambach**, einer ehemaligen dreiflügeligen Wasserburg aus Backstein. Sie beherbergt heute das ✕ Schlossrestaurant am Golfplatz.

🍴   Mi bis Sa 18:00 bis 24:00, Anmeldung erwünscht

Am Schloss folgen Sie rechts dem Kiesweg zwischen Weißdornhecken aufwärts. Mitten durch das Areal des Golfplatzes führt der Weg über eine Höhe hinweg bis nach **St. Jöris,** ohne die Richtung zu wechseln. In der Verlängerung des Feldwegs führen Georgsweg und Neusener Straße zu einer Teichanlage mit Sitzbänken und Schutzhütte ⌂ an der 1274 gegründeten **Zisterzienserinnen-Klosterkirche St. Jöris**. Seit 1986 befinden sich hier das Kulturzentrum und das Standesamt.

Ein ✕ Gasthof (🍴 Mo, Di, Do und Fr. ab 15:00, So ab 10:00) steht auf Höhe der St.-Georgs-Kirche. Sie behalten die bisherige Richtung bei.

Am Ortsrand verjüngt sich die Straße zum Feldweg. Es geht auf die nahe Autobahn zu. Noch vor der Brücke zeigt der gelbe Pfeil dann aber nach links. (🚲 Radfahrer fahren Richtung Eschweiler, Würselen.) Auf schnurgeradem Weg geht es in die Weite der Börde.

An der folgenden Kreuzung überqueren Sie rechts die Autobahn und wandern nach **Linden-Neusen**. Am Friedhof vorbei geht es zur katholischen Kirche St. Sebastian und dort weiter nach links. Leider ist die Straße, die über Broichweiden nach Aachen führt und der Sie jetzt eine Weile immer geradeaus folgen, zeitweilig etwas laut. Trotzdem bleibt der Weg spannend und bietet einiges an Abwechslung. Die Ortsteile von Würselen (Linden-Neusen, Vorweiden, Broichweiden und Weiden), die Sie durchwandern, reihen sich entlang der Straße aneinander, fast nahtlos zu einer Stadt verdichtet. Immer wieder erinnern landwirtschaftliche Höfe, die sich mit ihren Toren zur Straße hin öffnen, sowie kleinere Handwerksbetriebe an den ländlichen Ursprung des Ortes. Die städtische Infrastruktur erreicht ihren Höhepunkt in Broichweiden, das sich zum Zentrum auf dieser Achse entwickelt hat.

Würselen-Broichweiden

52146) 02405

- **Hotel Mennicken**, Jülicher Str. 80, ☎ 730 58, FAX 710 95, 🖥 hotel-mennicken.de, ✉ hotel.mennicken@t-online.de, 28 Betten, ÜF: EZ € 45, DZ € 70, Restaurant: 11:00 bis 24:00, an Sonn- und Feiertagen aber von 15:00 bis 18:00 geschlossen. Am Ortseingang von Broichweiden
- ♦ **Hotel/Restaurant St. Jobser Hof**, ☎ 90 75 und 90 76, 📱 01 70/38 11 786, 🖥 www.hotel-st-jobser-hof.de, ÜF: EZ mit Etagendusche € 32, DZ € 60, Apartment: EZ € 49, DZ € 82, DBZ € 95, Restaurant: Mo bis Do 11:00 bis 14:00 und 17:00 bis 23:30, Sa von 11:00 bis 14:00 und 18:00 bis 23:30, So 11:00 bis 14:00

Zwischen Linden-Neusen (⊃ 22 km) und St. Jobs (⊃ 26 km) gibt es mehrere Bushaltestellen der Linie 11, die zwischen Aachen Hbf und Alsfeld halbstündlich (So stündlich) verkehrt. Bushaltestellen am Weg sind: Broichweiden Linden/Kirche, Broichweiden Linden/Ziegelei, Broichweiden Vorweiden, Weiden Kirche, Weiden Wersch und Broichweiden Sankt Jobs. So ist es ohne Aufwand möglich, die Etappe hier zu unterbrechen, in Aachen zu übernachten und am anderen Morgen wieder zurückzukehren.

Nachdem Sie das Hotel passiert haben, teilt sich der Verkehr. Sie halten sich halb links. Etwas weiter steht eine Schokoladenfabrik der 1688 in Aachen gegründeten und lange ganz auf die Herstellung von Printen spezialisierten heutigen Henry Lambertz GmbH & Co. KG (Kinkartz) am Weg. Vor Ihnen erscheint dann die **St.-Lucia-Kirche**, die wie der Turm einer Burg etwas erhöht liegt und die Straßenflucht bestimmt.

> ✞ **Kath. Pfarrkirche St. Lucia**, Broichweiden, täglich von 9:00 bis 17:00. Die Innenausstattung des 1904 fertiggestellten neugotischen Backsteinbaus erhielt seit 1995 eine künstlerische Ausgestaltung durch den Alsdorfer Professor Ludwig Schaffrath.

St. Lucia

Noch etwa 1,5 km weiter sehen Sie zunächst rechter Hand das 🛏 Hotel Jobser Hof und danach die 🚌 Bushaltestelle St. Jobs. Danach biegen Sie rechts in die Dobacher Straße ab. Aber vorher werfen Sie vielleicht noch einen Blick auf die ✞ **Jobser Kapelle** von 1988, die linker Hand an dieser Kreuzung steht. Es ist bereits der vierte Bau an dieser Stelle, der die Statue des alttestamentlichen Hiob von ca. 1780 beherbergt. Leider ist sie nicht immer geöffnet.

Sanft abwärts wandern Sie in eine Senke. Bevor es wieder leicht aufwärts geht, biegen Sie links in die Salmanusstraße (Wegkreuz mit Ruhebank ⚬) ab.

An einem weiteren Wegkreuz älterer Art unter drei Linden führt ein Feldweg in der Verlängerung der Straße aus der Siedlung hinaus, führt vor dem

Krankenhaus linksherum und erreicht eine Siedlungsstraße. Dort ist halb links markiert, die Richtung wird im Wesentlichen beibehalten. (Da dies 2012 noch in der Entwicklung befindliches Baugebiet war, kann es hier zu kleineren Veränderungen kommen.) An der folgenden Straßenkreuzung durchlaufen Sie noch ein Gewerbegebiet, in dem Sie auch 🛒 Discounter finden.

Doch dann geht es in der bisherigen Richtung (Südwest) ins Grüne. Erst Feld, dann Wald und Wiesen, dann fällt das Sträßchen deutlich ab. In der Weite vor Ihnen ist das Aachener Becken zu sehen. Wie in einer Schüssel liegt Aachen im Tal, allseits umgeben von Höhen. Den Schüsselrand steigen Sie nun hinunter. Das Sträßchen führt links unter der Autobahnbrücke hindurch. Danach beginnt wieder Besiedlung - **Haaren** ist erreicht. Weiter geht es beständig bergab (Würseler Straße). An der ℞ Apotheke Am Denkmal (hier auch 🛒) gehen Sie halb rechts in die Alt-Haarener Straße, die immer noch abwärts führt, und passieren die ✝ Kirche St. Germanus (1892). Der Vorraum ist geöffnet. ☞

An der T-Kreuzung folgen Sie rechts weiter der Alt-Haarener Straße. Linker Hand belebt bald ein weiß getünchter, mittelalterlicher Bau mit mächtigen Arkaden das Straßenbild. Der frühere **Zehnthof** ist heute zur privaten Nutzung umgebaut.

Ein klarer Bach wird überquert und dann ein einzelnes Gleis. Gleich danach überqueren Sie links noch einmal den Bach und wechseln jetzt von der lauten Straße in eine Grünanlage. Es geht am Bach, der **Wurm** heißt, entlang.

Die hier noch schwache Wurm ist der einzige Fluss, der den Aachener Kessel durchbricht, allerdings erst, nachdem er sich mit dem übrigen ins Becken strömenden Wasser gestärkt hat. Nördlich fließt das Wasser zur Rur ab, die wiederum die Maas speist.

An einer T-Kreuzung gehen Sie rechts (🚴 Richtung Vaals NL, Dom, Markt) weiter am Ufer der Wurm entlang, unter einer Straßenbrücke hindurch und zur nächsten Brücke hinauf. Die Straße wird überquert, Treppen führen zum in derselben Richtung weiterführenden Radweg. (🚴 Radfahrer umfahren diese Stelle.) Mit Blick auf ein Hochhaus, das aus dem Grün ragt, wechseln Sie die Bachseite.

Links herüber sehen Sie jetzt das **Gut Kalkofen** liegen. Es geht auf das 1305 zum ersten Mal erwähnte Rittergeschlecht Kalkofen zurück und befindet sich in Privatbesitz.

Zuletzt nehmen Sie den Weg rechts herauf zum Europaplatz. Ein kreisrundes Rondell mit Teich und Wasserspielen wird vom Verkehr umfahren. Dem Radwegweiser folgend halten Sie sich rechts, biegen die erste Straße rechts wieder ab und haben jetzt den Stadtbereich erreicht. Ein süßlicher, etwas aufdringlicher Duft nach verschiedenen Aromen macht sich breit. Er entweicht der Marmeladenfirma von Zentis, die an der folgenden T-Kreuzung steht.

Hier biegen Sie links in die Jülicher Straße ein. Rechter Hand begeisterten mich die Glasfassaden der ehemaligen, 1928 im internationalen Stil erbauten Schirmfabrik Emil Brauer, die heute dem **Ludwig Forum** für Internationale Kunst (zeitgenössische Kunst) ein würdiges Umfeld gibt.

Gleich danach steht die neugotische ✞ Kirche St. Elisabeth am Weg. Pfarrpatronin ist Elisabeth von Thüringen, die ungarische Prinzessin (1207 bis 1231), die auf der Wartburg in Eisenach lebte und ihr kurzes Leben Bedürftigen und Kranken widmete.

Danach bieten sich eine Reihe von kleineren ⌂ Hotels für eine Übernachtung an (Krone, Granus, All Season, Royal).

An der großen Straßenkreuzung (Innenstadtring) - Sie sind übrigens zuletzt auf der Trasse der Bundesstraße 1 gelandet - zeigt der gelbe Pfeil rechts über die Ampelanlage, wieder links über den Ring und dann halb rechts in eine Nebenstraße (Alexanderstraße). Linker Hand liegt die ✞ Kirche **St. Peter**.

Etwas weiter, am **Hotmannspief**, einem Brunnenobelisken mit vier gleichen, vergoldeten Frauenreliefs, ist ein Wegweiser angebracht. Links herunter zeigt er zum **Elisenbrunnen** und zur Touristeninformation. Sie gehen aber geradeaus durch die Fußgängerzone Richtung Rathaus, Markt und Dom. An der Verzweigung bleiben Sie halb rechts auf dem rosa Pflaster.

Vorbei an der Kirche **St. Nikolaus** erreichen Sie den Markt und das **Rathaus**. Südlich schließen sich **Katschhof** und **Dom** an.

Aachen

≣ 52062 ◐ 0241

- **Tourist Info**, Elisenbrunnen, Friedrich-Wilhelm-Platz, ☏ 180 29 60 oder -61, FAX 180 29 69, 🖥 www.aachen-tourist.de, ✉ info@aachen-tourist.de, Mo bis Fr 9:00 bis 18:00, Sa 9:00 bis 14:00, 1. April bis 24. Dez. zusätzlich Sa bis 15:00, So 10:00 bis 14:00

- Einen Pilgerstempel gibt es im gegenüber der Kirche St. Jakob angesiedelten Einzelhandel: **Fleischerei Rövenich**, **Biomarkt Vital**, tägl. außer So von 7:00 bis 19:00, sowie im Pfarrbüro, Mo 10:00 bis 12:00, Mi 15:00 bis 17:00 und Fr 10:00 bis 12:00, vor und nach den Messen auch in der **Sakristei**

- **Hostel Aachen**, Mauerstraße 116, ≣ 52064, ☏ 430 52 88 und 20 50 81 29 (täglich ca. 11:00 bis 22:00), 🖥 www.hostel-aachen.de, ✉ rezeption@hostel-aachen.de, Ü: EZ € 36, DZ € 52, MBZ € 21/Person, Nähe Jakobskirche

- **Pension domicil Bad Aachen**, Lütticher Straße 29, ≣ 52064, ☏ 705 12 00, FAX 705 12 59, 🖥 www.pension-domicilaachen.de, ✉ info@pension-domicilaachen.de, Ü: EZ ab € 44, DZ ab € 53, DBZ ab € 71, Rezeption: Mo bis Fr 7:00-20:00, Sa, So und Feiertage von 9:00-13:00

- **Kath. Ordensgemeinschaft der Elisabethinnen e.V.**, Preusweg 2, ≣ 52074, ☏ 98 09 03 60, FAX 70 69 98, 🖥 www.elisabethinnen.de, ✉ info@elisabethinnen.de, 14 Zimmer, auch für Pilger, Kostenbeiträge auf Anfrage

- **Hotel Granus**, Passstraße 2a, ☏ 15 20 71, FAX 155 66 60, 🖥 www.hotel-granus.de, info@hotel-granus.de, ÜF: EZ ab € 70, DZ ab € 90, DBZ ab € 100, inhabergeführtes Hotel mit gutem Frühstück, Nähe Innenstadt und Carolus Thermen, direkt am Weg

- **Jugendherberge Aachen**, Maria-Theresia-Allee 260, ≣ 52074, ☏ 71 10 10, FAX 711 01 20, 🖥 www.aachen.jugendherberge.de, ✉ aachen@jugendherberge.de, ÜF: EZ € 44, DZ € 72, MBZ € 26/Person

- ☺ Zur Vermittlung weiterer Unterkünfte wenden Sie sich am besten an die Tourismus Information Aachen.

- ✝ **Karlsdom Aachen** (📷 Seite 256), April bis Dezember 7:00 bis 19:00, Januar bis März 7:00 bis 18:00 (keine Besichtigung während der Gottesdienste), Messe: Mo bis Fr 7:00 und 10:00, Sa 7:00, 8:00 und 10:00, So 7:00, 8:00, 10:00 und 11:30, ökumenische Mittagsmeditation: Di bis Fr 13:30 bis 13:45, Führun-

gen vom Treffpunkt neue Dominformation: Mo 11:00 und 12:00, Di bis Fr 11:00, 12:00 14:30, 15:30, Sa, So 13:00, 14:00, 15:00 und 16:00. Führungen für Gruppen ab 10 Personen bedürfen der rechtzeitigen Voranmeldung (☏ 47 70 91 27 oder FAX 47 70 91 50)

♦ **Kath. Pilgerkirche St. Jakob** (📷 Seite 267), ✉ 52064, Jakobsplatz 5,
💻 www.st-jakob-aachen.de, ✉ post@st-jakob-aachen.de

🏊 **Carolus Thermen**, Stadtgarten/Passstraße 9, ☏ 18 27 40,
💻 www.carolus-thermen.de, 🕑 tägl. 9:00 bis 23:00

Vielleicht waren es bereits in der Jungsteinzeit die bis zu 74°C warmen Quellen, die Menschen im Aachener Becken siedeln ließen. Nachweislich wurde hier jedenfalls 2.500 bis 3.000 Jahre v.Chr. Feuerstein abgebaut. Die

Römer bauten hier ihre Thermen und Karl der Große eine Pfalz. Noch heute ist Aachen Kurort. Das warme Wasser dient sowohl der Heilbehandlung als auch dem Vergnügen. In den modernen Carolus Thermen können Sie es ausgiebig genießen.

Karlsdom Aachen

Das Zentrum Aachens geht auf die Kaiserpfalz und die Pfalzkapelle von Karl dem Großen zurück. Am Rathaus ist noch ein Turm der ab 789 errichteten Pfalz, das älteste Bauwerk Aachens, erhalten. Das Oktogon der Pfalzkapelle bildet den zentralen Teil des heutigen Doms, enthält an originalen Bestandteilen allerdings nur noch die schmiedeeisernen Gitter und die 12 schlanken byzantinischen Säulen im ersten Stock sowie den Krönungsstuhl.

Karl der Große wurde 814 in der Pfalzkapelle begraben, seine Gebeine aber später gehoben und in einem wertvollen Schrein im Chor der Kirche aufgebahrt. Am besten erkunden Sie den Dom im Rahmen einer Führung, denn nur dann kommen Sie nah an den Schrein heran, der sonst unzugänglich im Chor steht. Auf den Dachflächen zeigen reliefartige Darstellungen Szenen aus dem Feldzug Karls gegen die Mauren, einer Legende nach zur Befreiung des Jakobusgrabes, das anderen Quellen zufolge allerdings erst einige Jahre nach seinem Tod entdeckt wurde.

Aachen wurde Krönungsstadt für die nachfolgenden Könige des Frankenreichs und damit doch so etwas wie eine Hauptstadt des Wander(reise)königtums. In gewisser Weise ist sie auch heute wieder Krönungsstadt. Denn sicher nicht unbedacht wurde der Krönungssaal im Rathaus als Ort für die Verleihung des Internationalen Karlspreises ausgewählt, eine Auszeichnung für diejenigen, die Herausragendes für den Zusammenhalt des neuen Europa geleistet haben. Die Auszeichnung impliziert die ethische Verpflichtung, dies weiterhin anzustreben.

Aachen ist Ziel des großen Pilgerwegs durch Nordrhein-Westfalen und war in früherer Zeit (seit dem 12. Jh.) auch Etappenort für Pilger auf ihrem Weg zum Grab des Apostels. Von Aachen können Sie über Lüttich, Paris und Tour weitergehen. Jakobus begleitet Sie, zumindest mit seinen Blicken. Die steinerne Jakobusstatue an der Domfassade, an Pilgerstab und Muschelsymbol im Sockel zu erkennen, unter den vielen Figuren nicht ganz leicht auszumachen, schaut streng nach Südwesten, wo weit in der Ferne der Apostel Jakobus begraben liegt.

Zumindest schnuppern könnten Sie schon einmal. Unweit von Markt und Rathaus steht die Jakobuskirche in der Jakobusstraße, welche die Grosskölnstraße, über die Sie den Markt erreicht haben, verlängert. Es war die erste Station der Pilger früherer Zeiten, wenn sie sich von Aachen aus auf den Weg machten. Hier bekommen Sie auch einen ⊙ Pilgerstempel.

Weiterführende Literatur:

Belgien: Jakobsweg Via Mosana von Jens Warnsloh, Conrad Stein Verlag, OutdoorHandbuch Band 139, ISBN 978-3-89392-539-1, € 9,90 (beschreibt den Weg von Aachen über Liège und Namur nach Brûly)

Kleines Nachwort

Erwitte - Mühlenteich und Pfarrkirche St. Laurentius

Wie jeder Mensch habe auch ich meine eigene Sicht auf die Dinge und filtere aus dieser aus dem vielen Wahrnehmbaren der im Gehen vorbeiziehenden Umgebung. Manches mögen Sie anders sehen, oder Sie sehen Dinge, die ich übersehen habe.

Betrachten Sie meine Auswahl der Beschreibungen von Sehenswertem am Weg als Angebot. Nicht alles müssen Sie sehen und aufnehmen. Ich wünsche Ihnen vor allem einen entspannten Weg. Machen Sie den Weg zu Ihrem eigenen. Freuen würde ich mich über Ihre Kommentare.

Trotz sorgfältiger Recherche können sich Fehler eingeschlichen haben. Naturgemäß ändern sich auch Dinge am Weg: Hotels oder Pensionen und auch Stempelstellen können schließen oder neue entstehen, der Wegeverlauf kann sich ändern. Was immer Ihnen auffällt, schreiben Sie es mir. Ich werde alles sorgfältig lesen und für eine Neuauflage berücksichtigen. Die nachfolgenden Pilger werden es Ihnen danken.

martinsimon.mettingen@web.de

Werden Sie Fan unter
www.facebook.com/outdoorverlage

Mehr Infos über die Outdoor-Verlage finden Sie auf Facebook:

- Neue Bücher
- Messetermine & Veranstaltungen
- Fotos
- Neuigkeiten aus den Verlagen
- Tipps der Autoren
- Outdoornews
- Ihre Fragen und Kommentare

Anzeige

Unterwegs auf den Pilgerwegen mit OutdoorHandbüchern - Der Weg ist das Ziel aus dem Conrad Stein Verlag

ISBN 978-3-86686-262-3
Band 262, € 12,90 [D]

ISBN 978-3-86686-344-6
Band 301, € 12,90 [D]

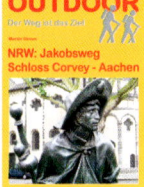

ISBN 978-3-86686-147-3
Band 147, € 16,90 [D]

ISBN 978-3-89392-539-1
Band 139, € 9,90 [D]

ISBN 978-3-86686-338-5
Band 189, € 9,90 [D]

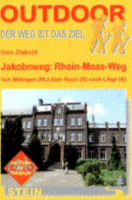

ISBN 978-3-86686-225-8
Band 225, € 12,90 [D]

ISBN 978-3-86686-316-3
Band 288, € 12,90 [D]

ISBN 978-3-86686-255-5
Band 255, € 9,90 [D]

ISBN 978-3-86686-241-8
Band 241, € 12,90 [D]

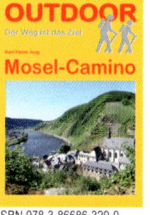

ISBN 978-3-86686-320-0
Band 291, € 9,90 [D]

ISBN 978-3-86686-258-6
Band 258, € 12,90 [D]

ISBN 978-3-86686-267-8
Band 235, € 12,90 [D]

ISBN 978-3-86686-142-8
Band 142, € 14,90 [D]

ISBN 978-3-86686-155-8
Band 155, € 12,90 [D]

ISBN 978-3-86686-274-6
Band 238, € 14,90 [D]

ISBN 978-3-86686-368-2
Band 314, € 14,90 [D]

ISBN 978-3-86686-243-2
Band 243, € 14,90 [D]

ISBN 978-3-86686-188-6
Band 188, € 12,90 [D]

ISBN 978-3-86686-416-0
Band 187, € 12,90 [D]

ISBN 978-3-86686-328-6
Band 294, € 14,90 [D]

Unterwegs auf den Pilgerwegen mit OutdoorHandbüchern - Der Weg ist das Ziel aus dem Conrad Stein Verlag

Österreich: Jakobsweg
ISBN 978-3-86686-311-8
Band 157, € 16,90 [D]

Österreich: Wallfahrten nach Mariazell
ISBN 978-3-86686-373-6
Band 224, € 14,90 [D]

Weststeirischer Jakobsweg
ISBN 978-3-86686-379-8
Band 316, € 12,90 [D]

Schweiz: Jakobsweg vom Bodensee zum Genfersee
ISBN 978-3-86686-391-0
Band 117, € 14,90 [D]

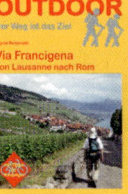
Via Francigena von Lausanne nach Rom
ISBN 978-3-86686-281-4
Band 201, € 16,90 [D]

Italien: Trans-Apennin Via degli Dei - Götterweg
ISBN 978-3-86686-091-9
Band 91, € 12,90 [D]

Italien: Franziskusweg
ISBN 978-3-86686-358-3
Band 186, € 12,90 [D]

Deutschland Frankreich: Jakobsweg Trier - Vézelay
ISBN 978-3-86686-257-9
Band 194, € 14,90 [D]

Frankreich: Jakobsweg Via Lemovicensis
ISBN 978-3-86686-396-5
Band 166, € 14,90 [D]

Deutschland Frankreich: Jakobsweg Trier - Le Puy
ISBN 978-3-86686-211-1
Band 211, € 16,90 [D]

Frankreich: Jakobsweg Via Podiensis
ISBN 978-3-86686-287-6
Band 128, € 14,90 [D]

Frankreich: Jakobsweg Via Gebennensis
ISBN 978-3-86686-340-8
Band 281, € 14,90 [D]

Frankreich: Rögardaniweg GR 700 Pilgerweg nach Saint-Gilles-du-Gard
ISBN 978-3-86686-362-0
Band 311, € 12,90 [D]

Frankreich: Jakobsweg GR653 Via Tolosana
ISBN 978-3-86686-162-6
Band 162, € 14,90 [D]

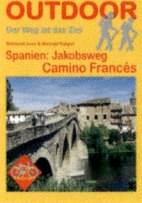
Spanien: Jakobsweg Camino Francés
ISBN 978-3-86686-381-1
Band 23, € 14,90 [D]

Spanien: Jakobsweg - Via de la Plata, Mozarabischer Jakobsweg
ISBN 978-3-86686-251-7
Band 116, € 14,90 [D]

Spanien: Mozarabischer Jakobsweg von Granada nach Mérida
ISBN 978-3-86686-227-2
Band 227, € 9,90 [D]

Spanien: Jakobsweg Camino de Levante von Valencia nach Zamora
ISBN 978-3-86686-271-5
Band 271, € 14,90 [D]

Nordspanien: Jakobsweg
ISBN 978-3-89392-549-0
Band 149, € 9,90 [D]

Spanien: Jakobsweg Küstenweg
ISBN 978-3-86686-405-4
Band 71, € 16,90 [D]

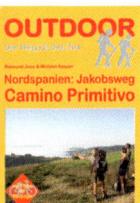  

Jeweils beschriebener Wegverlauf siehe Karte auf den folgenden Seiten!

Alle Bücher können in jeder Buchhandlung, in vielen Ausrüstungs- und Sportgeschäften oder unter www.conrad-stein-verlag.de bestellt werden.

Conrad Stein Verlag, Kiefernstr. 6, 59514 Welver, ☎ 023 84/96 39 12

ISBN 978-3-86686-382-8
Band 141, € 14,90 [D]

ISBN 978-3-86686-383-5
Band 185, € 14,90 [D]

ISBN 978-3-86686-230-2
Band 230, € 16,90 [D]

ISBN 978-3-86686-394-1
Band 197, € 9,90 [D]

ISBN 978-3-86686-917-2
Band 14, € 7,90 [D]

ISBN 978-3-86686-343-9
Band 300, € 5,90 [D]

ISBN 978-3-86686-153-4
Band 153, € 7,90 [D]

ISBN 978-3-86686-125-1
Band 125, € 12,90 [D]

Besuchen Sie uns doch einmal auf unserer Homepage.

Dort finden Sie ...

... aktuelle Updates zu diesem Outdoor-Handbuch und zu unseren anderen Reise- und Outdoor-Handbüchern,

... Zitate aus Leserbriefen,

... Kritik aus der Presse,

... interessante Links,

... unser komplettes und aktuelles Verlagsprogramm & viele interessante Sonderangebote für Schnäppchenjäger.

www.conrad-stein-verlag.de

Buchtipps aus dem

Bergwandern

Tim Castagne
OutdoorHandbuch Band 9
Basiswissen für draußen
96 Seiten ▶ 20 farbige Abbildungen
20 Illustrationen

ISBN 978-3-86686-009-4

>> **KanuMagazin** zu den OutdoorHandbüchern aus dem Conrad Stein Verlag: *„der perfekte Einstieg ins Leben abseits der Stadt."*

Essbare Wildpflanzen

Hartmut Engel & Iris Kürschner
OutdoorHandbuch Band 5
Basiswissen für draußen
144 Seiten ▶ 84 farbige Abbildungen
78 farbige Zeichnungen

ISBN 978-3-86686-375-0

>> Zeitschrift **Auf einen Blick**: *„Wertvolle Hinweise zum Sammeln, zur Zubereitung und auch zum Anbau gibt das Buch Essbare Wildpflanzen."*

Spuren und Fährten

Harmut Engel & Stefan Zabanski
OutdoorHandbuch Band 30
Basiswissen für draußen
107 Seiten ▶ 16 farbige Abbildungen
39 Illustrationen

ISBN 978-3-86686-353-8

>> **Lauffeuer**: *„Das Buch kann dazu anregen, sich bewusster mit der Vielfalt der Natur auch vor der eigenen Haustür auseinander zu setzen."*

Conrad Stein Verlag

Radreisen

Andreas Bugdoll
OutdoorHandbuch Band 34
Basiswissen für draußen
160 Seiten ▶ 58 farbige Abbildungen
4 farbige Skizzen und Illustrationen

ISBN 978-3-86686-034-6

>> **trekkingguide.de:** „*Gewohnt kompakt, handlich und leicht, aber mit einer großen Menge Information.*"

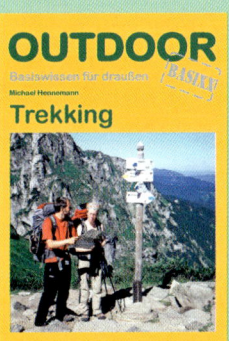

Trekking

Michael Hennemann
OutdoorHandbuch Band 7
Basiswissen für draußen
96 Seiten ▶ 25 farbige Abbildungen
4 farbige Illustrationen

ISBN 978-3-86686-354-5

Der Nachfolgeband des Klassikers „Wildniswandern" - ein hilfreicher Ratgeber für alle, die gerne mit Rucksack und Zelt in der Natur unterwegs sind.

Wetter

Michael Hodgson & Meno Schrader
OutdoorHandbuch Band 13
Basiswissen für draußen
91 Seiten ▶ 32 farbige Abbildungen
21 farbige Illustrationen

ISBN 978-3-86686-013-1

>> **Nordis:** „*... jeder kann lernen, wie man mit und ohne Instrumente zu einem echten Wetterfrosch wird. Ein handliches Büchlein für unterwegs.*"

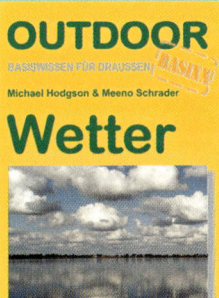

Buchtipps aus dem Conrad Stein Verlag

Karte · Kompass · GPS

Reinhard Kummer
OutdoorHandbuch Band 4
Basiswissen für draußen
128 Seiten ▶ 85 farbige Abbildungen

ISBN 978-3-86686-404-7

>> **Berlin Alpin**: *„Diese kleine Navigationslehre enthält die Grundkenntnisse der Standortbestimmung mit den 3 Navigationsmitteln Karte, Kompass und GPS."*

Trekking ultraleicht

Stefan Dapprich
OutdoorHandbuch Band 184
Basiswissen für draußen
160 Seiten ▶ 47 farbige Abbildungen
9 Illustrationen

ISBN 978-3-86686-395-8

>> **Mittelbadische Presse**: *„Die 9,90 Euro für das Buch lohnen sich - damit aus der Wandertour keine Wandertortur wird."*

Fahrradfahren ultraleicht

Roland Schmellenkamp
OutdoorHandbuch Band 286
Basiswissen für draußen
128 Seiten ▶ 31 farbige Abbildungen
2 Illustrationen

ISBN 978-3-86686-308 8

>> **tz**: *„Ein umfassendes und mit konkreten Produkttipps gespicktes Buch."*

Index

Pilgerkirche St. Jakob Aachen

A

Aachen	254
Aaper Wald	205
Abreise	21
Aldenhoven	246
Alhausen	66
Anreise	20
Ausrüstung	23

B

Bad Driburg	70
Bad Sassendorf	116
Bad Sassendorf-Lohne	114
Bad Westernkotten	105
Bahn	21
Baldeneysee	185
Barkhausen	89
Bedburg-Kaster	231
Bochum	164
Bochum Höntrop	173
Bökenförde	103
Bourheim	244
Brackel	146
Brakel	61
Brücker Mühle	197
Büderich	133
Bus	21

C/D

Campen	38
Corvey	45
Dahl	79
Dellwiger Bach	159
Dorstfeld	158
Dortmund	150
Dortmunder Rennbahn	147
Dreckburg	92
Düsseldorf	209
Düsseldorf-Grafenberg	206
Düsseldorf-Hamm	214

E

Eggerscheid	197
Emscher	158
Engelsburg	172
Erft	18
Erwitte	107
Eschweiler	248
Essen	28
Essen-Freisenbruch	176
Essen-Kettwig	192
Essen-Steele	176
Essen-Werden	187
Essener Stadtwald	181
Etappen	28

F

Feiertage	29
Feldbrandziegel	224

G

Geld	30
Geseke	100
Gradierwerk	96, 117
Grevenbroich	225
Grevenbroich-Elsen	228
Gustorf	228
Gut Kalkofen	252
Gut Linzenich	244
Gut Selikum	219

H

Haaren	252
Hahnerhof	237
Hallerey	158
Harpen	162
Haus Dellwig	159
Haus Eppinghoven	220
Haus Holte	162
Haxter Warte	80
Heder	97
Helfs Hof	175
Hellweg	13
Hemmerde	135
Hennekendorf	99
Hohenholz	234
Holtum	134
Homberg	195, 203
Hösel	196
Höxter	50
Hülchrath	221

I

Informationen	30

J

Jakobsweg	14
Jakobusgesellschaften	30
Jülich	240

K

Kinzweiler	248
Kirchherten	236
Kittelbach	207
Klima	31
Kloster Langwaden	222
Kornharpen	163
Kraftwerk Frimmersdorf	229
Kütfelsen	94

L

Linden-Neusen	250
Lohner Warte	113
Lusebrink	111
Lütgendortmund	161
Lütmarsen	55

M

Maas	252
Markierung	32
Marten	159
Mersch	239
Mintarder Ruhrtalbrücke	194
Mündt	237

N

Naturschutzgebiet Sültsoid	97
Neuasseln	146
Neuss	216
Neuss-Weckhoven	219
Niedermerz	247
Nordrhein-Westfalen	16

O

Opherten	238
Ostönnen	127
Ovenhausen	56

P

Paderborn	81
Papiermühlenschleuse	190

Paradiese	126
Pilgerherbergen	37
Pilgerpass	34
Pilgerstempel	35

R

Radfahrer	36
Radtourenkarte	40
Ratingen	199
Reisezeit	31
Rellinghausen	180
Rindersberger Mühle	195
Rur	252

S

Salzkotten	95
Salzschöpfanlage	95
Schallern	114
Schloss Hülchrath	221
Schloss Jägerhof	209
Schloss Kambach	249
Schmerlecke	112
Schwaney	75
Soest	119
Spiel	239
Stockum	136
Störmede	102

T

Tagebau Inden	245
Titz	238
Trinken	27

U

Unna	139
Unna-Massen	143
Unterkunft	37
Updates	38
Upsprunge	98

V

Völlinghausen	111

W

Wambel	148
Wanderkarten	38
Warden	247
Wattenscheid	173
Werl	132
Westönnen	129
Wevelinghoven	224
Wewer	90
Wickede	145
Wurm	252
Würselen-Broichweiden	250

Z

Zeche Langenbrahm	180